POST-AI 시대

삼성전자의 성장동력은
어디에 있나

– 삼성전자의 12가지 혁신안을 중심으로 –

첫 번째 파트는 삼성전자의 혁신 DNA가 어떻게 12대 핵심 기술 분야를 중심으로 진화하고 있는지를 보여준다. AI가 지배하는 세상의 두 가지 원칙을 출발점으로, 반도체·디스플레이·NAND와 같은 전통적 주력 사업이 어떻게 기술·예술·인간의 오케스트라적 융합을 통해 미래의 가치를 만들어내는지를 탐구한다. 특히 HBM과 차세대 메모리는 단순한 성능 향상을 넘어, AI 서버와 클라우드 인프라의 심장부를 차지하며 국가 경쟁력과 직결되는 산업으로 조명된다. 여기서 삼성전자는 하이닉스·TSMC와의 치열한 경쟁 속에서 단순한 생산능력이 아닌 학습곡선과 비용곡선에서의 우위가 얼마나 지속가능한 지배력을 결정짓는지를 구체적 수치와 모델로 제시한다. 또한 차세대 디스플레이 기술은 단순한 화면 기술을 넘어 인간 경험의 확장을 겨냥한다. 울트라 고해상도의 미학과 초저전력 구조 혁신은 "자연과 예술, 기술의 교차점"으로 재해석되며, 이는 삼성전자가 단순 제조업체가 아닌 사회·문화적 아이콘으로 진화하고 있음을 보여준다.

두 번째 파트는 '기술 혁신의 확장판'이라 할 수 있다. 자율주행, 전장 반도체, 모듈형 배터리, 헬스케어 웨어러블, 스마트가전, 스마트 팹,

6G, 그리고 양자컴퓨팅까지 차세대 성장 엔진이 될 분야들이 그 무대다. 자율주행차와 전장 반도체는 규제·표준·안전성 확보라는 현실적 제약 속에서 발전경로가 설계된다. 모듈형 배터리와 스마트 팹은 지속가능성, 효율성, 탄력성을 모두 요구하며, 이는 조직의 적응력과 현장 존중 문화가 성패를 가른다는 점을 일깨운다. 헬스케어 웨어러블과 스마트가전 분야는 인간 삶의 질을 높이는 동시에 고객 경험(UX) 차별화와 감정인식 AI 등 인간–기계 상호작용의 진화를 선도한다. 삼성은 이 영역에서 단순한 기술회사가 아닌 생활 혁신자로 자리매김하려 한다. 특히 6G와 초저지연 통신 기술은 글로벌 표준 선점 싸움을 불러오며, 통신 네트워크에서의 게임이론적 균형이 중요한 분석 틀로 활용된다. 양자컴퓨팅과 에너지 솔루션은 장기적 관점에서 시장에 진입할 로드맵과 국제협력 전략을 필요로 한다. 이는 단순 기술 개발이 아니라 인재, 조직, 국가 전략의 총체적 결합을 요구하는 영역이다.

세 번째 파트의 초점은 기술이 아니라 사람과 조직이다. 협업 구조 설계, 글로벌 파트너십, 현지화 전략 등은 모두 기술혁신을 현실로 연결시키는 다리 역할을 한다. 삼성전자가 세계 각국에서 시장 침투율을 확보하는 과정은 단순 판매 전략이 아니라 인적자본 기반 글로벌 협력 구조로서 분석된다. 또한 POST-AI 시대의 위기와 기회 속에서 결국 해답은 인재와 조직문화로 모아진다. 혁신을 주도하는 연구개발 인력, 융합적 사고를 실현할 수 있는 창의적 인재, ESG와 사회적 책임을 강조하는 지속가능 경영 구조가 삼성을 미래로 이끄는 세 발자국이다. 여기서 중요한 점은, 기술 혁신만으로는 변화를 주도할 수 없다는 것이다. 게임이론적 협업, 내쉬균형을 기반으로 한 조직 구조, 사회적 수용성을 갖춘 ESG 전략이 함께할 때 삼성은 글로벌 초경쟁 속에서도 지속 가능한 경쟁우위를 달성할 수 있다.

이 책은 단순히 삼성전자의 사업계획을 요약하는 기록이 아니다. 경제학·조직이론·기술혁신 연구의 통합적 프레임워크를 통해, 어떻게 초국적 기업이 불확실성의 시대에 균형점을 찾고 기술−인간−사회가 결합하는 새로운 질서를 설계하는지를 담아낸다. 독자는 본서를 통해, 삼성의 12대 혁신 기술과 신성장 동력이 글로벌 경쟁 속에서 어떤 생존 공식을 가지는가, 하이닉스·TSMC·애플·화웨이와 같은 다국적 경쟁자들의 대응 전략을 어떻게 분석하고 예측할 수 있는가, 기술혁신의 원천이 제품보다 사람과 조직 운영 원리에 있다는 점, 그리고 POST-AI 시대에 지속가능한 기업은 단순히 투자가 아니라 협업·창의성·책임성을 동시에 갖춰야 한다는 시사점을 얻게 될 것이다.

『POST-AI 시대, 삼성전자의 성장동력은 어디에 있나』는 기술 기업의 운명을 좌우하는 결정적 질문들—"무엇을 만들 것인가? 어떻게 실행할 것인가? 결국 누가 해낼 것인가?"—에 답하는 책이다. 독자는 이 책을 통해 한 기업의 사례를 넘어서, 21세기 글로벌 경제 패러다임의 심장부에 도달할 것이다.

C O N T E N T S

CONTENTS

CONTENTS

우리는 지금, 인류 역사에서 가장 역동적인 전환점 위에 서 있다. 불과 몇 년 전만 해도 인공지능은 하나의 도구였지만 이제는 산업, 정치, 문화 전반을 재편하는 핵심 질서로 자리 잡았다. 수많은 기업과 국가가 이 질서 속에서 생존을 모색하고 있으며, 단 한 번의 기술 선택이 곧 세대 전체의 미래를 결정짓는 시대가 되었다. POST-AI 시대의 본질은 불확실성이다. 기술의 격차는 눈 깜짝할 사이에 좁혀지고, 글로벌 공급망은 경로를 잃은 강물처럼 요동친다. 지정학적 갈등, 과학적 패러다임의 전환, 그리고 새로운 사회 규범의 등장은 기업의 전략을 하루아침에 무력화시키기도 한다. 그러나 역설적으로 바로 이러한 불확실성 속에서 혁신의 기회가 숨어 있다.

삼성전자의 역사는 도전과 응전의 연속이었다. 반도체를 선택했을 때도, 휴대전화를 세계 시장에 내놓았을 때도, 모두가 불가능하다고 했던 영역을 개척하며 회사를 글로벌 리더의 자리에 올려놓았다. 하지만 지금의 상황은 과거와 다르다. 단순히 더 빠른 칩, 더 밝은 화면을 만들어내는 것만으로는 경쟁우위를 지킬 수 없다. 이제는 기술의 속도와 방향이 인류 사회 전체와 어떻게 공존할 수 있는지를 함께 보여주어야 하기 때문이다. 그 출발점이 바로 '혁신을 어떻게 조직하고 실행할 것인가?'라는 질문이다.

이 책은 삼성전자가 직면한 도전들을 단순히 나열하는 것이 아니라, 그것을 통해 우리 시대 기업 전략의 보편적 원리를 찾아내려 한다. Part 1은 세계를 지배하는 AI의 원칙과 삼성전자가 내놓은 12대 혁신을 다룬다. 여기서 우리는 기술이 예술적 미학과 인간 경험을 끌어안으며 새로운 질서를 만들고 있다는 사실을 보게 된다. 반도체와 디스플레이가 더 이상 단순한 부품이 아니라 '미래 문명의 기반'이라는 것을 이해할 수 있을 것이다.

Part 2는 미래 산업의 첨병들을 탐색한다. 자율주행차, 모듈형 배터리, 헬스케어 웨어러블과 스마트가전, 스마트 팹과 산업용 로봇, 6G와 양자컴퓨팅은 모두 거대한 가능성과 불확실성을 동시에 품고 있다. 각 영역은 단순한 기술투자가 아니라 정책, 규제, 국제협력, 인재 배치가 얽힌 복합게임이다. 이는 우리가 살아가는 일상의 영역과 직결된다. 우리의 이동, 우리의 건강, 우리의 가정, 우리의 일터까지 혁신의 파장이 스며든다. 삼성전자가 여기에 어떤 해법을 제시하는지는 곧 한 개인의 삶의 방향성에도 영향을 미칠 것이다.

Part 3는 결국 '사람과 전략'으로 귀결된다. 조직 문화와 협업 구조, 글로벌 파트너십, 그리고 인재 관리 없이는 어떠한 기술도 힘을 발휘할 수 없다. 기술은 사람의 의지와 선택으로 움직인다. 이 책의 마지막 부분에서 우리는 게임이론적 협업, ESG 책임 경영, 인적자본 중심 전략을 통해 기업이 어떻게 지속성을 획득할 수 있는지를 본다. 이는 기업 독자들에게는 생존 전략을, 일반 독자들에게는 사회와 기술의 공존에 대한 성찰을 제공할 것이다.

나는 이 책을 통해 독자들이 단순히 삼성전자의 성공 전략을 배우는 것을 넘어, 앞으로 우리가 마주하게 될 새로운 세상에서 무엇을 선택해야 하는지 생각하기를 바란다. 인공지능은 인간의 사고를 능가할 수 있지만, 그 방향을 결정하는 것은 여전히 인간이다. 기술이 세상을 바꾸는 속도가 아무리 빠르더라도, 그 속도 위에서 균형을 잡아줄 지혜와 의지는 우리의 몫이다.

POST-AI 시대는 거대한 불안과 동시에 거대한 기회다. 본서는 그 두 얼굴을 직시하면서, 한 기업의 사례를 통해 우리 모두가 나아갈 길을 모색하도록 돕는 작은 나침반이 되고자 한다. 독자 여러분이 이 책의 장을 넘길 때마다, 기술 너머의 인간적 가치와 전략적 통찰이 교차하는 지점을 발견하기를 바란다. 결국 시대를 만드는 것은 기계가 아니라 사람이며, 진정한 혁신은 언제나 인간의 손끝에서 시작된다는 사실을 이 책을 통해 확인하게 될 것이다.

Part 1

기술 혁신과 핵심 성장동력

1장

미래를 결정하는 12가지 혁신

세상을 지배하는 AI의 두 가지 원칙

:: 1. 서론

인공지능(AI)은 이미 산업과 사회 전반의 구조를 근본적으로 바꾸고 있으며, 기계가 인간의 사고와 판단 일부를 대체하고 다양한 영역에서 혁신적인 성과를 도출하는 시대가 도래했다. 모든 패러다임 변환의 중심에는 AI가 존재하며, 앞으로도 그 중요성은 더욱 커질 전망이다. 그러므로 현대사회에서 AI의 본질을 제대로 이해하려면, AI의 발전 과정과 현재 상황을 먼저 파악해야 한다.

1956년 미국 다트머스 대학에서 존 매카시(John McCarthy) 등 주요 연구자들이 여름 워크숍(Dartmouth Summer Research Project on Artificial Intelligence)을 통해 "Artificial Intelligence"라는 용어를 처음 공식적으로 제안하고, AI를 독립된 학문 분야로 출범시켰다. 대부분의 AI 연대표는 이 회의를 AI 학문의 출발점으로 본다.

이저럼, AI는 1956년 다트머스 회의에서 "인공지능"이라는 용어가 처음 등장하며 학문 분야로 시작되었고, 2012년 딥러닝 혁명(AlexNet)을 기점으로 실용적 성과를 내기 시작했으며, 이는 현대 AI 대중화의 출발점이 되었다. 2020년 GPT-3와 같은 대규모 언어모델이 등장하면서 생성형 AI의 가능성이 부각되었고, 2022년 ChatGPT, Stable Diffusion 등이 일반 대중에게 널리 보급되며 AI가 일상생활에 본격 진입했다.

2021년부터는 사전 학습된 모델의 성능을 향상시키는 사후 학습(Post-training) 기법들이 연구되기 시작했으며, 2023년 이후 파인튜닝, RLHF 등의 기술이 산업에서 광범위하게 활용되고 있다.

현재는 생성형 AI가 상용화된 AI의 중심 세상이며, 이는 곧 AI가 일상화된 이후의 새로운 패러다임이 시작된 POST-AI시대로 접어든 것으로 평가되고 있다. 이러한 발전 과정을 통해 AI는 고유의 구조적 특성과 변화 속도에 대한 근본적 원칙을 보여주고 있어 AI 효율성의 원칙과 AI 발전속도의 원칙에 대한 논리적 정리를 통해 인공지능이 앞으로 우리 사회에 가져올 변화의 본질을 탐구할 필요가 있다.

:: 2. AI 효율성의 원칙

AI 효율성의 원칙은 동일한 자원(시간, 비용, 에너지 등)을 투입했을 때 기존보다 더 높은 산출(작업량, 정확도, 생산성 등)을 내는 AI의 구조적 특성을 의미한다. 이 원칙은 AI 도입 전후의 성과 차이를 정량적으로 설명할 수 있도록 공식과 실제 수치로 뒷받침한다.

적용 가정

- 투입 자원: 시간, 비용, 에너지로 한정한다.
- 산출 지표: 작업량, 분류 정확도, 생산성 등 다양한 결과지표로 삼는다.
- 비교 방법: 동일한 자원 투입 기준, 산출만 달라진다.
- 생산성 평가: 혁신 효과를 현실 업무 환경에 가정하여 점수화한다.

│ 실현 요소

- 반복 작업 자동화: 단순하고 반복적인 업무를 빠르고 정확히 처리한다.
- 대규모 데이터 분석: 방대한 데이터를 신속하게 분석하여 핵심 패턴을 도출한다.
- 최적화 및 의사결정 지원: 복잡한 문제에 대한 최적 해법을 제시한다.
- 특화 하드웨어: GPU·NPU 등 연산 특화 장치로 처리속도와 에너지 효율을 극대화한다.
- 지속적 학습·개선: 최신 데이터를 통해 AI가 스스로 성능을 발전시킨다.

수식과 실제 수치 예시

공식: 효율성(E)=산출(작업량, 정확도, 생산성 등)÷
투입(시간, 비용, 에너지)

예시:
- AI 미도입: 10시간에 5건 처리 → E = 0.5
- AI 도입: 10시간에 10건 처리 → E = 1.0
- AI 고도화: 10시간에 20건 처리 → E = 2.0

AI를 도입하는 것만으로도 동일 자원에서 두 배의 효율성을, 생산성 극대화 시에는 네 배의 효율성 극대화를 실현할 수 있다. 이는 산업 현장, 사무 자동화, 의료 영상 판독, 금융 리스크 예측, 공급망 운영, 24시간 챗봇 등 다양한 분야에서 이미 검증되고 있다.

주요 적용 분야

- 산업 자동화
- 사무 자동화(문서 작성, 스케줄 관리, 이메일 분류 등)
- 의료 영상 판독 및 진단 지원
- 수요 예측 및 리스크 관리
- 공급망·에너지·자원 최적화
- AI기반 고객센터 및 챗봇

이와 같은 구조는 투입 대비 산출을 극대화하는 혁신과 경쟁력 확보의 근간이다.

:: 3. AI 발전속도의 원칙

AI 발전속도의 원칙은 인공지능 기술이 얼마나 빠른 속도로 발전하고, 이 변화가 사회와 산업에 어떤 영향을 미치는가를 설명한다. 이를 위해 명확한 수식과 실제 사례를 근거로 삼는다.

주요 개념과 공식

- 무어의 법칙: 약 18~24개월마다 컴퓨터 연산 성능이 두 배 된다.
- AI 발전속도: 최근 3.4개월마다 AI 성능이 두 배로 가속화된다.

공식:
핵심 개념과 수식

무어의 법칙은 18~24개월마다 컴퓨터 연산 성능이 2배로 진행된다. 그러나 AI 발전은 최근 이보다 훨씬 빠른 약 3.4개월마다 AI 성능이 2

배로 가속화된다.

$$\text{AI 성능}(t) = \text{AI 성능}_0 \times 2^{\frac{t}{T_{AI}}}$$

AI 성능 0은 기준 시점의 AI 성능, T는 AI 성능이 두 배로 늘어나는 기간(최근 약 3~4개월)으로 정의한다.

10년간 성장 배수를 비교하면, 무어의 법칙이 약 100배의 성능 향상을 보이는 데 비해, AI 발전 속도는 동일 기간 내에 약 10만 배의 성능 향상을 기록한다.

| 실제 성장 사례

예시: 2017년에는 이미지 분류 모델을 학습하는 데 13일이나 걸렸지만, 불과 1년 뒤인 2018년에는 같은 작업이 단 88초 만에 완료될 정도로 극적인 속도 혁신이 이루어졌다. 비용 역시 같은 기간 동안 2,323달러에서 12달러로 대폭 감소했다. 이러한 변화의 배경에는 몇 가지 주요한 요인이 존재한다. 첫째, 방대한 데이터가 기하급수적으로 쏟아져 들어오면서 AI 모델이 더 풍부한 정보 속에서 학습할 수 있게 되었다. 둘째, GPU와 TPU 등 AI 특화 하드웨어가 등장하고 지속적으로 발전하면서 연산 속도와 효율성이 크게 향상되었다. 셋째, 딥러닝과 트랜스포머 같은 신기술 알고리즘이 개발되어 모델의 학습 방식이 혁신적으로 효율화되었다. 넷째, 클라우드 및 분산 컴퓨팅 인프라가 확장되며 수많은 컴퓨팅 자원을 농시에 사용할 수 있게 되어 대규모 연산이 단시간에 가능해졌다. 이 모든 변화가 합쳐지며 연산, 개발, 서비스 전 과정의 비

용이 급격히 하락함으로써 AI 혁신의 장벽이 낮아지고, 기업과 연구기관 모두에게 새로운 가능성이 열렸다.

│ 선순환 효과

AI의 '선순환' 효과란 무엇인가?

이는 더 많은 데이터·자원을 시스템에 투입, 또다시 기술 혁신이 가속된다는 의미다. 무어의 법칙이 트랜지스터 집적도 중심의 하드웨어 성장 곡선을 그렸다면, AI 발전속도의 원칙은 데이터·알고리즘·인프라·비용의 총체적 진화를 포괄한다. 이 원칙을 통해 AI의 혁신 속도는 "몇 개월마다 두 배"라는 새로운 기준으로 재정의되고 있다.

:: 4. 두 원칙의 의미

AI 효율성의 원칙과 발전속도의 원칙은 인공지능 산업 전반에 걸쳐 전략과 혁신의 기준을 제시한다. 전자는 "동일 자원으로 더 많은 산출"이라는 구조적 특성을, 후자는 "몇 개월마다 두 배" 혁신이라는 전례 없는 성장 속도를 보여준다. 이 두 원칙을 이해하는 것이 AI 시대의 경쟁력 확보와 미래 예측의 핵심이다. 산업, 서비스, 연구 등 모든 영역에서 이러한 원칙이 어떤 방식으로 적용되고 있는지 지속적으로 관찰해야 한다.

:: 5. 결론

AI는 효율성과 발전속도라는 두 축을 기반으로, 기술적·경제적·사회적 혁신을 실현하고 있다. 동일한 자원으로 더 큰 산출을 가능케 하며, 기존 정보기술의 발전 속도를 훨씬 뛰어넘는 초고속 성장 곡선을 그리고 있다. 이 두 원칙은 기업과 사회가 앞으로의 변화를 이해하고 주도할 전략적 기준이 된다. AI의 미래를 준비하려면, 이들 원칙을 바탕으로 새로운 기회와 위험에 유연하게 대응해야 한다.

삼성전자 12대 혁신제품의 미래: 기술·예술·인간의 오케스트라

:: 1. 서론

빔하늘에 별을 그리던 고흐가 오늘날 스마트 기기를 손에 쥐었다면, 그는 "데이터의 길도 곡선이 아름답다"고 말했을 것이다. 베토벤이 교향곡 9번에서 다양한 선율을 하나로 엮어 환희의 예술을 완성했듯, 삼성전자 12대 혁신제품의 미래는 기술의 박자와 인간 경험의 선율이 교차하는 거대한 오케스트라다. 기술과 예술, 삶이 어우러질 때 비로소 사용자 삶에 새로운 가치와 감동이 싹튼다. 전 세계 주요 언론들은 "혁신제품은 삶 속을 흐르는 새로운 멜로디"라고 평가하며, 이 제품군의 미래가 개인과 사회에 미칠 파급을 주목한다.

:: 2. 혁신 패러다임과 미래 트렌드

삼성의 12대 제품 포트폴리오(QLED MicroLED TV, AI 냉장고, 초절전 패널, 6G 모듈, Exynos 통합칩, 폴더블 갤럭시, AI 워치·AI 링, 스마트 인솔, 바이오센서, 친환경 반도체, 지능형 팹, AI 클라우드 서버)는 미래 산업과 라이프스타일의 변곡점을 이끈다. QLED MicroLED TV는 집 안 전체를 미술관으로, AI 냉장고는 데이터를 기반으로 식단과 건강관리를 혁신한다. 6G, 첨단 칩, 클라우드 서버 등은 초연결 사회의 확장과 새로운 네트워킹 패러다임을 이끈다. 시장조사기관과 국제기구 분석에 따르면, AI 융합 가전, 헬스케어, 차세대 통신, 친환경 반도체의 연평균 성장률은 2030년까지 15%~30%에 이른다. 이처럼 혁신제품들은 각자 기능을 뛰어넘어 데이터, 네트워크, 감성, 사회제도와 융합하며 파급효과를 확장한다.

이 단원에서 공식은 아래와 같다.

$$\text{미래 산업 성장률} = \text{혁신제품별 연평균성장률} \times \text{시장 점유율} \times \text{융합효과 계수}$$

이 공식을 통해 단일 제품의 진화만이 아니라 전체 산업 생태계에 미치는 복합적 혁신 파급을 설명한다. 나머지 요소(화질 엔진, 아트모드, 식단 추천, 6G 전송효율 등)는 AI, 네트워크, 연동 플랫폼 등이 세부적으로 구현함을 말로 서술한다.

:: 3. 실제 혁신제품 변화 사례

QLED MicroLED TV는 AI 화질 엔진과 예술작품 모드를 통해 거실을 갤러리처럼 변화시킨다. 이 과정에서 입력 신호와 화소 속성, 시청 환성의 유기적 결합이 인공지능을 기반으로 이루어진다. AI 냉장고는 건강 데이터와 식재료 인벤토리를 융합 분석하여 맞춤형 레시피를 제시하며, 보험사·헬스케어 플랫폼과 연동된 건강 관리 환경을 만들어낸다.

6G 모듈과 폴더블 갤럭시는 초고속·초저지연 통신을 바탕으로 미래 도시 인프라와 커넥티드 라이프스타일의 중추가 되고 있다. 스마트 인솔, AI 워치는 다중 센서와 AI를 활용하여 신체 정보와 행동 패턴을 실시간 분석하고, 환자/사용자별 피드백으로 안전과 웰빙을 증진한다. 이는 데이터 연동·실시간 분석, 네트워크 최적화 등이 모여 혁신 플랫폼을 구성한다. 스마트 디바이스별 알고리즘, 식단 추천, 건강지수 산출 방식 등 나머지 구현 원리는 각 분야 전문 AI 및 분석체계로 설명할 수 있다.

수식은 아래와 같다.

$$실시간\ 안전지수 = 생체정보 \times 위험예측\ 모델\ 가중치$$

실제 응용은 인솔, 워치, 바이오센서에 적용되어 개인별 건강·안전 상태를 예측한다. 추가 계산(화질 최적화, 식단 알고리즘 등)은 말로만 언급한다.

:: 4. 현장 혁신과 조직문화의 변화

삼성의 혁신제품은 현장 인재육성, 자율적 협업, 실전 피드백 순환에서 탄생한다. 경영진-개발자-신입 연구원이 자유롭게 토론하고 실험하며 오픈이노베이션이 실천된다. 인재육성과 조직문화에 관한 연구에 따르면, 인적자본은 혁신성과와 생산성에 직접적 영향을 미친다. 실제로 현장에서는 여러 직무 간 협업과 실시간 피드백이 제품 개발 속도와 완성도를 높여준다.

인적자본의 수식은 아래와 같다.

$$산출\ Y = A \times F(K, H, L)$$

(A: 기술진보, K: 자본, H: 인적자본, L: 집단지성)

루카스 교수의 성장공식과 IMF의 분석은 조직 내 인적자본이 혁신의 핵심 동력임을 실증한다. 편미분, 세부 성장률, 협업력 등에 관한 설명은 말로 요약한다. 핵심은 자율, 몰입, 창의, 실습이 어우러지는 유연한 조직문화에서 진정한 혁신이 태어난다는 점이다.

:: 5. AI, 자연, 인간의 융합과 미래 조직

삼성의 첨단 혁신은 자연, AI, 인간 경험의 순환적 융합에서 비롯된다. 디자인팀은 황금비, 곡선, 숲의 상생 원리를 제품 설계와 소재, 네트워크 구조에 반영한다. 반도체 소재의 열전달, 신소재의 색채, 스마트 인솔의 생체 신호 분석 등은 동식물의 생체 알고리즘과 유사한 방식으로 발전한다. 인공지능은 인간 심리, 환경 변화, 유전체 패턴 등 복잡계에서 영감을 얻는다.

수식은 다음과 같다.

$$정보전달\ 효율 = 데이터\ 이동량\ /\ 에너지\ 소모$$

이 공식은 저전력 반도체, 클라우드, IoT, 웨어러블 등에서 자원최적화와 실시간 서비스 개선에 직결된다. 나머지 설명(황금비, 생체 신호, 진화·적응 등)은 자연 기반 알고리즘과 인재융합 체계로 말로 강조한다. 미래 일자리 변화, 인재양성, 다학제 교육, 창의적 조직문화도 이러한 융합의 필수 조건이다.

:: 6. 결론

삼성전자 12대 혁신제품은 기술, 예술, 인간, 자연이 조화롭게 융합된 미래 패러다임의 오케스트라다. 각 제품은 데이터, AI, 디자인, 인간감성, 네트워크가 이우러진 융합의 산물로, 산업과 일상 모두에 깊은 변화의 바람을 일으킨다. 혁신의 이면에는 인재와 조직문화, 자연지능, 신기술의 유기적 결합이 자리한다. 삼성은 다양한 분야에서 실험과 공감, 창의와 협업을 확장해 미래 산업구조와 삶의 방식을 새롭게 이끈다. 이러한 오케스트라적 혁신은 시대와 세대를 넘어 점점 더 확장될 것이다.

기술 진화의 맥박:
삼성전자 12대 혁신기술의 현재와 미래

:: 1. 서론

기술이란 완전히 완성된 목적지가 아니라, 늘 진화하는 과정과 변화의 연속이다. 오늘날 삼성전자의 12대 혁신기술은 AI, 반도체, 6G, 자율주행, 디스플레이, 스마트공장, 헬스케어, 에너지, 로봇 등 다양한 산업분야의 변곡점을 주도하며, 실제 현장에서 혁신의 결과를 만들어내고 있다. 하지만 기술은 그 자체로 목적이 되지 않는다. 한계의 벽을 넘고 사람과 자연, 그리고 미래와 연결될 때 비로소 '진짜 혁신'이라는 이름이 부여된다. 이 한 장에서는 첨단기술의 산업구조 변화, 실제적 성취와 넘어야 할 현실, 인간과 자연을 닮아가는 기술의 깊이 있는 전망까지, 마치 교향곡의 맥박처럼 울리는 혁신의 본질을 탐구한다.

:: 2. 산업의 변화와 트렌드

글로벌 산업 환경은 AI, 반도체, 6G, 스마트팩토리, 자율주행, 신에너지 등 첨단기술 중심 초융합 생태계로 재편되고 있다. 전통적 제조업과 ICT, 의료, 에너지 등은 경계가 점차 흐려지고, 제품과 서비스, 데이터와 경험이 실시간으로 융합·순환하는 구조를 띠었다.

가트너, 맥킨지 등 연구에서는 AI칩, 6G, 헬스케어 웨어러블, 스마트팩토리, 고효율 배터리 등 주요 분야의 연평균성장률이 8~12%에 이른다고 분석한다.

삼성전자는 방대한 R&D 투자, 글로벌 파트너십, 오픈이노베이션 전략을 통해 단순 경쟁을 넘어 기술생태계 리더십 확보를 노린다. 전체 산업 변화의 공식은 다음과 같이 요약된다.

산업 혁신성장력 = 기술 집약도 × 생태계 융합성 × 협업 수준

이 공식이 보여주듯, 단일 기술의 발전만으로는 한계가 존재한다. 각 산업과 가치사슬, 파트너십, 서비스연결이 총체적으로 진화할 때 산업 전반에 확장 효과가 나타난다.

현장에서는 AI 반도체(Exynos NPU)를 적용한 바르셀로나 스마트시티 사업이 도로혼잡률 18% 감소, 사고 대응 정확성 26% 증가라는 실제 성과를 입증했다. 헬스케어 웨어러블의 조기질환 감지, 스마트 팹의 불량률 감소, QD-OLED TV의 예술적 경험 강화 등은 혁신의 실질적 사례로 평가된다.

:: 3. 현장 경험과 혁신의 실제 그리고 자연의 영감

삼성의 혁신기술은 현실 속에서 인간적 체험, 감성까지 닿을 때 그 완성도가 증명된다. 갤럭시 워치는 국내 대형병원 협업 시범사업에서 조

기 심장질환 감지율을 20% 끌어올렸고, 실제 현장에서 "손목 위의 작은 주치의"라는 호평을 이끌어냈다. 스마트공장에서는 AI·IoT 결합으로 불량률 감소, 공정 유연성 증대라는 실질적 혁신을 실현했다.

이런 혁신은 자연에서 도출한 영감과도 맞닿는다. 카멜레온이 환경에 따라 색을 바꾸는 유연함은 AI 스마트가전의 실시간 컨디션 최적화 알고리즘에 반영된다. 북극곰의 복잡 털 구조는 삼성의 차세대 배터리 설계에 적용되어, 극한 환경에도 강인한 내구성을 선사한다. QD-OLED, MicroLED TV, 스마트기기 라인의 곡선·황금비 디자인은 예술적 안정감과 사용자 심리적 안도감을 더한다.

기술과 감정의 만남을 강조하며, "기술도 결국 감정을 전한다"(스티브 잡스)라는 명언처럼 혁신은 삶 속 감각과 감동을 확장한다. 각자의 현장 경험, 테크와 자연의 영감이 어울리며 삼성의 진정한 혁신이 완성된다.

BBC는 작은 협업과 유기적 연결, 현장 중심 실행이 큰 혁신을 이끈다고 해설한다. 실제로 산업 혁신의 핵심은 거대한 전략보다 현장 데이터의 순환, 실시간 피드백, 실전 실험정신에서 비롯된다고 BBC와 글로벌 언론은 반복해서 강조한다.

BBC는 기사와 칼럼을 통해 작은 단위의 실질적 협업과 데이터 기반 개선, 피드백 루프, 빠른 실험이 누적될 때 조직 전체의 혁신 변화가 가능하다고 분석한다. 이러한 현장 중심의 연속적 실행과 협업의 고리가 변혁의 동력이라고 본다. 결국, 혁신은 작은 협력과 실전 실험에서 출발해 점진적으로 조직을 바꾸는 과정임을 BBC 논조로 알 수 있다.

:: 4. AI 반도체·슈퍼반도체의 혁신 공식과 미래 경쟁력

AI 반도체 개발은 삼성전자 12대 혁신의 상징적 분야로, AI 반도체 경쟁력의 공식은 아래와 같다.

AI 반도체 성장률 = 혁신성 × 집적도 × 에너지 효율

이 공식은 반도체가 단순 계산에서 벗어나, 연산 집적도, 에너지 효율성, 기술 진화력의 동적 균형에서 경쟁이 이뤄짐을 의미한다. 예를 들어, 2025년 삼성은 차세대 2나노 이하 GAA, HBM4, Gauss NPU를 탑재한 온디바이스 AI SoC를 실제 서비스에 적용했다. 실제 클라우드 서버용 슈퍼반도체에는 Throughput(처리량), Energy Efficiency (전력대비 성능), Parallelism(병렬성), Adaptability(적응성) 네 요소가 조화롭게 구성된다.

각 기업은 CPU·GPU를 초월하는 대용량 AI 칩 경쟁, 메모리–프로세서 통합, 극한 저전력과 발열 관리 등에서 앞서 나가기 위한 전략을 세운다. 미국, 한국, 대만, 중국의 주요 플레이어들이 앞다투어 연구개발 피드백과 글로벌 협업을 강화 중이다.

슈퍼반도체는 북극곰의 내구성, 카멜레온의 변화, 숲의 순환성처럼 – 기술적 특성, 즉 집적도와 효율, 적응성, 네트워크 내 포지셔닝에서 자연과 닮아간다. 삼성은 자연의 구조(곡선미, 황금비)를 칩 설계에 담아내며, 발열·전력·미(美)의 조화도 추구한다.

AI와 연계된 반도체의 혁신 미래는 연산의 속도만이 아니라, 데이

터-에너지-연결-자연미학까지 다층적으로 해석·설계할 때 열릴 것이다.

:: 5. 조직혁신, 디자인, 그리고 지속 가능한 미래 전략

혁신의 무게중심은 기술 자체보다 협업, 조직, 생태계 내 피드백에 있다. IMF 보고서는 "기업 내 소통 및 집단지성의 효율성이 생산성 향상에 기술이나 자본투자보다 두 배의 효과를 준다"고 밝힌다. 협업 시너지의 방정식은 핵심 공식 한 가지로 요약된다.

생산성(P) = 협업(C)에 따른 효과 + 자본(K)의 영향

삼성전자는 2025년 기준, '크로스펑셔널' 프로젝트와 참여율이 폭증하며 부서간 경계를 허물었고, 실시간 AI 피드백 및 실험실 오픈이노베이션을 확대 시행했다. 디자인 측면에서는 꽃의 곡선, 카멜레온의 적응, 숲의 상생구조 등에서 영감을 받아, 제품 내부 설계와 미감까지 자연, 예술과 융합하고 있다. "기술의 미학이 꽃잎의 곡선처럼 일상에 스며든다"는 후기는 혁신제품의 본질이 '유려함'과 '안정감' 속에 실용성을 더하는 데 있음을 보여준다.

조직의 빠른 의사결정, 외부 협업, 창의적 실험, 아이디어 공유 등 개방형 문화는 변화가 빨라질수록 더욱 중요하다. 진정한 혁신은 오케스트라처럼 팀워크와 소통 속에서 완성된다. 기술, 인재, 조직이 숲처럼 상생하며 진화하고 있다.

삼성전자 12대 혁신기술은 완결이 없는 과정으로, 늘 진화와 연결, 조화를 반복한다. AI 반도체, 슈퍼칩, 디스플레이, 초고용량 메모리 등 각 분야별 성취는 산업구조와 일상에 깊은 파장을 남긴다. 기술 진보의 한계는 또 다른 도약의 출발선이다. 혁신은 자연, 예술, 인간의 상상과 협업에서 자라난다. 기술의 온기는 결국 삶을 감싸고, 미래의 상상력을 현실로 연결한다. 삼성의 혁신은 시대와 세대를 넘어, 다음 세대의 새로운 조화와 꿈을 위한 초석이 된다.

삼성전자의 혁신속도와 디스플레이 기술 진화: 조직·제품·자연·예술이 만드는 미래

:: 1. 서론

기술이란 스스로 목적지를 향해 돌진하기보다, 멈추지 않는 진화와 상호작용의 과정에서 비로소 가치를 드러낸다. 그 여정에는 유연한 조직문화, 실험적 실행력, 그리고 사람과 자연에 대한 깊은 통찰이 어우러진다. 베토벤의 음악, 고흐의 곡선처럼, 진정한 혁신조차도 예술적 리듬과 조화의 연쇄다.

삼성전자는 지금 '혁신의 속도'와 '개방성'이라는 이중 엔진으로 새로운 기술 패러다임을 구축하고 있다.

:: 2. 혁신속도와 개방성: 조직 변화의 오케스트라

현대 기업의 혁신은 '얼마나 빠르게, 그리고 얼마나 열려 있는가'에서 출발한다. 베토벤이 "빠른 템포는 곡을 산책이 아니라 질주로 만든다"고 했듯, 삼성전자의 현장은 늘 역동적 변화와 새로운 도전을 우선순위에 놓는다. 최근 실제 사내에선 "의사결정이 느릴 바엔 AI에 맡기는 게 더 빠르다"는 농담이 오갈 만큼, 속도와 기민성이 문화의 핵심이 되었다.

'크로스보더' 프로젝트, 디지털 리더십 챌린지, 매주 열리는 오픈이노베이션 세션 등, 조직은 과거의 부서별 벽 대신 오케스트라형 협업 구조로 진화한다.
수식은 다음과 같다.

$$혁신지수 = 속도 \times 개방성 \times 연결성 \times 실행력$$

이 공식의 각 항은 신제품 기획부터 실제 양산, 글로벌 공급망까지 전 과정에 적용된다. 실제로 삼성은 신제품 개발 공정을 절반 이하로 단축하고, 아이디어에서 상용화까지의 전환 속도를 꾸준히 높였다. 이는 시장 기회의 창이 열릴 때 과감하게 뛰어들고, 실패 역시 공유하며, 외부 파트너와의 실시간 협업을 장려하는 조직문화 덕분이다.

NEO QLED 신제품의 경우, R&D·디자인·마케팅·고객지원 등 이종 팀이 빠르게 통합된 결과, 단 6개월 만에 상용화에 성공했다. 현장 연구원은 "이제 아이디어가 바로 상품화까지 질주한다"고 체감한다.

:: 3. 현장 실사례와 진화의 현장

혁신의 속도와 실질적 효과는 단순 화려한 구호가 아니라, 실제 사례로 증명된다. 삼성의 오픈콜라보 랩, 디지털 리더십 챌린지, 글로벌 합작 개발 프로젝트 등에서 다양한 부서와 외부 파트너가 하나로 협업한다. 실제로 Neo QLED 프로젝트는 데이터 과학자, 아티스트, UX 연구진까지 모두 참여하며 "한 번의 실행이 수십 번의 실험처럼 축적된다"는 평을 받았다.

노트북 디자인 혁신에서는 자연에서 찾아낸 꽃의 잎 구조를 내부 쿨링 시스템에 접목해, 신제품 360 라인은 설계-양산-공급망의 전 과정을 단축했다. 카멜레온처럼 실시간 변화에 맞춰 기획을 전환하는 피봇 전략이 이미 현장 표준이 되었다.

현재 삼성은 각종 디지털 트랜스포메이션 지표에서 '조직 참여도'와 '프로젝트 전환속도'가 대폭 상승했다. 실제 현장 담당자들은 "이제 조직의 경계가 보이지 않는다. 모두가 하나의 오케스트라로 움직인다"고 이야기한다.

:: 4. 디스플레이 기술 혁신과 자연·예술의 융합

디스플레이의 진화는 단순한 해상도·밝기의 경쟁을 넘어, 공간·감각·예술적 경험의 확장으로 진행된다. 2025년 디스플레이 시장은 OLED, MicroLED, QD-OLED 등 첨단 라인업이 주류로 부상했고, 삼성은 차세대 초박형(UT One), 투명 OLED, 초고해상도 QD-OLED 등 원천 혁신기술을 집중 개발한다.

최적화된 설계는 실제로 자연과 예술에서 직관을 얻는다. 북극곰의 단열 구조에서 발열 제어 방법을, 카멜레온의 색변환에서 디스플레이 광색역 구현을, 숲 네트워크에서 디바이스 생태계를 설계한다. 곡선 디자인과 황금비는 제품의 심미성과 사용자 심리적 안정을 동시에 고려한 결과다.

여기서 수식은 다음과 같다.

$$\text{디스플레이 혁신지수} = \text{화질} \times \text{에너지효율} \times \text{사용자 몰입도}$$

고객 후기와 실제 평가에서도, QD-OLED TV는 "진짜 자연광과 구별이 어려울 정도로 몰입감이 뛰어나다"는 찬사를 얻고, Neo QLED OLED는 자동 색상·밝기·눈보호 기능까지 스마트하게 맞춤화한다. 폴더블 디스플레이도 공간 전체를 유연하게 작품처럼 확장시킨 사례로 자리잡았다.

예술가와 심리학자 역시 "화면 너머 남는 잔상이 인간 감정과 집중력을 높인다"고 해석한다. 삼성이 선택한 초슬림, 곡선, 친환경 소재 설계는 에너지 절감뿐 아니라 웰빙·심미성까지 확보한다.

:: 5. 인문학적 기초와 미래 제언

삼성의 디스플레이 혁신은 단순한 기술 경쟁을 넘어, 인간 감각·감정·창의력과 직접 연결된다. 실제 개발과정에서는 예술(르몽드, BBC, 디자인 위크 등)과 심리학(색채–몰입–집중력 상관 논문), 그리고 자연(생체모방, 친환경 구조)에서 얻은 인사이트가 필수적이다. QD-OLED, Neo QLED, 폴더블·투명 디스플레이 등은 단순히 정보를 전하는 창이 아니라, 인간의 감정·공간·감각을 창조적으로 확장하는 '인터페이스'로 받아들여진다.

자연에서 배우는 설계와 조직의 유연성, 기술–예술의 조화와 집단지성의 힘. 이 모든 요인은 AI와 데이터, 사방으로 열린 네트워크와 화합하며 혁신을 가속화한다.

진짜 혁신은, 계절이 바뀌듯 조직과 기술, 제품이 마치 숲처럼 스스로 진화하고 연결되며, 각자 자신의 자리에서 새로운 생명과 감동을 낳는 데 있다.

:: 6. 결론

삼성전자의 혁신은 속도와 개방성, 그리고 자연과 예술의 영감에서 탄생한다. 각 부서, 제품, 기술 곳곳에 '실행력'과 '유연성'이 녹아있다. 디스플레이는 단순 화면을 넘어 인간의 감정과 감각, 공간을 연결하며 미래 경험의 경계를 넓힌다. 진정한 혁신의 뿌리는 사람, 자연, 예술, 데이터와의 열린 협업, 그리고 멈추지 않는 자기 진화의 문화에 있다. 계절마다 새로이 피어나는 꽃처럼, 조직과 제품, 그리고 삼성의 기술혁신 역시 쉬지 않고 진화하며 미래로 나아간다.

글로벌 디스플레이 트렌드와 경쟁사 비교: 자연·예술·기술의 교차점

∷ 1. 서론

POST-AI 시대, 기술은 더 이상 인간의 도구에만 머물지 않는다. 인공지능, 디스플레이, 데이터 처리와 같은 첨단 기술들은 점차 자연 생태계의 흐름과 유사하게 복합적으로 융합된다. 인공지능은 유전적 변이, 환경 적응이라는 자연의 원리까지 구현하며 발전하고 있다. 디스플레이 기술 역시 빛의 미학, 색채의 심연을 담아내는 예술의 경지를 겨누는 중이다. 삶 속 한가운데서 스스로 성장하고 연결되는 전자산업의 혁신은 인간과 환경, 정보, 그리고 감성 모두를 아우르는 새로운 생태계의 탄생을 이끈다.

∷ 2. 자연을 닮아가는 인공지능과 혁신의 본질

포스트 AI 시대의 지능은 인간-기계-환경의 경계를 허물며, 유기적인 네트워킹과 자기 진화를 가속한다. AI와 딥러닝의 진화는 유전적 변화, 환경 적응이라는 자연의 메커니즘을 본격적으로 반영한다. 야오치 등 연구자들은 "AI의 지능이 성장할수록 자연의 진화 원리와 더욱 닮아간다"고 진단한다. 이는 기술만의 발전이 아닌, 인간의 감정·행동·감각까지 복합적으로 융합되는 생태계적 변화다.

현대 대형 디스플레이, 프리미엄 TV, 스마트폰 등은 인간의 경험, 감정 인지까지 심층적으로 관여한다. 심리학에서는 "거실 한복판의 TV가 빛의 심리치료사"로 자리매김함을 진단하였고, 예술가들은 한 화면이 색채·조명·음악과 결합하여 감성의 깊은 변주를 연출한다고 한다. 베토벤과 모차르트, 고흐 등 예술 거장의 창작 정신처럼, 혁신 기술 역시 미감·감정·기능의 통섭을 지향하고 있다.

∷ 3. 글로벌 트렌드와 경쟁사 혁신 전략

2025년, 글로벌 디스플레이 시장은 소수의 선도기업이 점유율 대부분을 차지하는 강한 독점구조로 수렴된다. 삼성전자는 QLED, Neo QLED, Micro LED, 폴더블 OLED 등 프리미엄 디스플레이 기술로 스마트폰·TV·상업용 패널 전 부문에서 시장 1위를 유지한다. 프리미엄 TV 패널 시장에서는 61% 점유율을, 폴더블 OLED 스마트폰에서는 85% 점유율을 기록한다.

LG전자는 WRGB OLED, 대형 패널, 폴더블·투명 OLED 등에서 초격차를 추구한다. OLED의 확장성, 대형화, 디자인 유연성을 과감히 확대하며 프리미엄 경쟁력을 극대화한다. 중국 BOE는 LCD에서 OLED, 초저가 대형 TV, 모바일 패널로 라인업을 확장하며 다변화 전략을 구사한다. 소니·샤프 등은 고유의 영상 엔진, 프리미엄 색재현과 화질, 디자인을 앞세우며 틈새시장에서 차별화한다. 혁신 트렌드는 초고해상도(8K, 16K), 폼팩터 다양성(폴더블, 롤러블, 투명 패널), 인공지능 화질 보정, 친환경 소재 및 설계, 네트워크·사물인터넷 연계 등이 핵심이다.

:: 4. 파레토 효율 방정식과 디스플레이 시장 구조

글로벌 디스플레이 시장은 "파레토 효율"(Pareto efficiency)로 대표되는 구조를 지닌다. 파레토 법칙은 상위 20% 기업이 전체 시장 성과의 80%를 좌우하는 원리다.

공식은 아래와 같다.

$$Q = f(성능, 전력, 비용, 집적도)$$

여기서 Q는 기술·시장점유율 등 혁신의 효율지표, 각 요소의 최적 조합에서 시장 가치가 극대화됨을 의미한다.

2025년 현재, 삼성·LG·BOE 등 상위 20% 기업이 디스플레이 시장 매출의 80% 이상을 점유하고 있다. 이 구조는 선도기업의 혁신 속도, 대규모 R&D 투자, 대외 파트너십, 원천기술 확보 등이 단기간에 시장 전체를 재편하는 핵심 동인임을 보여준다.

:: 5. 진화하는 기술, 자연을 닮은 생태계

포스트 AI, 그리고 디스플레이 시대의 트렌드는 "기술이 자연을 닮아가고, 그 과정에서 인간과 감정, 사회, 환경이 모두 융합되는 생태계의 조성"이 핵심이다. 기업들은 단순한 스펙 경쟁을 넘어 감성·디자인·

지속성· 연결성·개방성을 포괄하는 통합 혁신 체계를 강구한다. 상위 소수 기업의 압도적 점유는 끝없는 기술혁신과 생태계 전략이 불가결함을 보여준다. 결국 기술·기계·사람의 경계 없는 연주는, 미래 사회에서 정말로 '삶에 감동과 변화를 주는 혁신'을 완성하는 심포니다.

메모리 산업의 혁신 구도와 미래:
파레토 구조와 인재 중심의 진화

:: 1. 서론

빠르게 진화하는 오늘날의 메모리 사업은 더 이상 단순한 기술 경쟁의 장이 아니다. 극도로 하이엔드화된 시장은 일부 선도기업의 집중된 기술력과 투자, 그리고 창의적 인재의 배치가 결합될 때 진정한 혁신의 파동을 일으킨다.

초고집적, 고대역폭, 친환경 공정의 발전이 데이터센터·AI·스마트기기 등 미래 산업의 혈관이 되었다. 이제 메모리·디스플레이의 경계도 흐릿해지며, 기술은 삶과 감정, 예술까지 품는 새로운 생태계로 확장한다. 여기서는 2025년 메모리 산업이 맞이한 혁신과 파레토 구조, 그리고 첨단인재와 현장혁신이 이끄는 미래를 심층적으로 조명한다.

:: 2. 글로벌 메모리 시장: 집중화와 파레토 구조

시장 구도의 흐름은 점차 소수 기업 중심으로 수렴되고 있다. 삼성전자는 HBM4, DDR6, 3D V-NAND, 2nm DRAM 같은 차별화된 초고집적 메모리 신제품을 앞세워 데이터센터와 AI 연산의 고속화를 선도한다. SK하이닉스는 HBM3E 기반 서버용 메모리, 초저전력 CXL 모듈 등으로 차별화 전략을 펼친다.

마이크론은 대형 클라우드 센터와 자동차용 낸드, 신소재 부문에서 독보적 경쟁력을 가진다. KIOXIA(도시바)는 3D 낸드·SSD에서 신뢰성과 전문성을 강화했다. 세 기업(삼성, SK하이닉스, 마이크론)은 시장 매출의 80% 이상을 차지하는 전형적 파레토 구조(상위 20%가 80%를 좌우)를 견고히 하고 있다. 초고대역폭 메모리, 저전력 설계, AI·데이터센터 특화 솔루션 등에서의 리더십이 전체 혁신과 효율성의 핵심이 된다.

:: 3. 파레토 법칙의 실제 적용과 혁신 사례

메모리와 디스플레이 산업 곳곳에는 파레토 원리가 자연스럽게 스며들어 있다. 전체 성과의 80% 이상이 핵심 부문, 소수 제품군, 일부 고객에 의해 좌우되는 구조이다.

삼성 Neo QLED TV는 칩, 패널, AI 업스케일러, 로컬디밍 등 일부 고부가가치 요소(20%)가 화질지수(PQ)의 80% 이상을 결정한다. SK하이닉스 HBM3E 메모리는 서버 전체의 20% 적용만으로 글로벌 AI 및 대형언어모델(LLM) 연산량의 80%를 효율적으로 커버한다.

폴더블 OLED 시장에서도 상위 20% 고객군이 전체 확장의 80% 이상을 견인한다. 엔지니어링 설계 역시 최적화 전략이 뚜렷하다. 유연한 픽셀 어레이, 메모리 플로우 제어, 칩 패키지 등 소수 결정요소가 전체 시스템의 에너지 효율·성능을 80% 좌우한다.

여기서 파레토 효율의 혁신성과 수식은 다음과 같다.

혁신 성과 = 핵심 20% 자원(기술·인재·투자) × 전체효율

파레토 원리를 제대로 적용한 기업만이 기술혁신과 시장 장악력을 동시에 확보할 수 있다.

:: 4. 첨단 기술, 예술 그리고 자연의 융합

메모리 산업에도 예술과 감성의 가치가 점차 녹아든다. "기술도 결국 감정을 전한다"는 명언처럼, 오늘날 혁신제품은 단순한 연산 능력을 넘어 인간 경험과 감동, 심미적 만족을 동시에 제공한다. Neo QLED, QLED, 폴더블 OLED 등 첨단 디스플레이는 예술관 못지않은 몰입감·색채감을 제공한다.

혁신제품의 개발과정에서는 자연의 최적화 원리, 곡선과 황금비, 에너지 절약법이 엔지니어링·디자인에 깊이 응용된다. 카멜레온, 북극곰 등의 생물체는 극한 환경에서의 적응과 유연성으로 제품 설계에 영감을 준다. 기술·예술·자연의 융합이 새로운 혁신의 파동을 만들어낸다.

:: 5. 인재 확보와 투자 방향, 그리고 미래의 실천 전략

진정한 혁신은 최고의 인재와 효과적 투자에서 시작된다. 여기에 적용되는 핵심 방정식은 다음과 같다.

인재와 성과의 공식

$$Y = F(H, K), \partial Y/\partial H \rangle \partial Y/\partial K$$

여기서 Y는 산출(성과), H는 인적자본, K는 물적자본을 뜻한다. 루카스 이론에 따르면, 인재 확보와 R&D 투자 집중 시 생산성 한계효과가 극대화된다. 여기서 인적자본 투자가 산출 증가에 미치는 한계효과가 물적자본보다 클 때 지속적 성장이 가능하다. 루카스 교수는 인적자본의 축적, 교육, 다양성이 혁신성과에서 장기적 누적 효과를 키운다는 점을 밝혔다. 삼성, SK하이닉스 등은 매년 R&D, 파운드리, 신소재, 글로벌 연구소 등에 전체 매출의 15~20%를 재투자한다. 글로벌 현장에서는 다양한 전문인력, 응용물리·데이터과학·AI 전문가를 빠르게 충원하고 파트너십을 강화한다.

실제 현장 혁신과 신제품 대부분은 소수의 하이엔드 인재군에서 탄생한다. 카멜레온의 생존 원리, 고흐의 색채 미학, 북극곰의 에너지 절약은 모두 현장의 설계, 디자인, 제조에 모티브를 제공한다. 미래는 AI·IoT·신소재 융합형 인재, 효과적 투자 비율, 유연한 조직문화가 이끌 것이다.

:: 6. 결론

2025년의 메모리 산업은 파레토 법칙과 하이엔드 집중의 명확한 구도 아래 진화하고 있다. 삼성, SK하이닉스, 마이크론 등 소수 기업이 초대형 기술 혁신과 시장 지배를 동시에 실현한다. 혁신의 80%는 20%의 인재와 기술에서 시작된다는 사실이 곳곳에서 증명된다. 기술과 예술, 자연의 원리가 융합될 때 새로운 파동이 일어난다. 궁극적으로, 진정한 도약의 밑바탕에는 최고의 인재와 집중된 투자가 있다. 미래는 본질에 집중하는 소수의 결단과 유연함에 의해 다시 쓰인다.

12가지 혁신기술의 현재와 과제: 진화, 협업, 그리고 미래 전망

:: 1. 서론

기술이란 완전한 끝을 마주하는 것이 아니라, 끊임없이 이어지는 변화의 장이다. 삼성의 12대 혁신기술은 AI, 반도체, 6G, 자율주행, 스마트공장, 헬스케어, 에너지, 로봇 등 다양한 영역에서 일상을 변화시키고 있다. 새로운 생태계의 등장, 서비스와 제품의 융합, 그리고 인간과 자연까지 포괄하는 기술의 맥박 속에는 오늘의 성취와 넘어야 할 한계, 그리고 내일을 향한 도전의식이 응축되어 있다.

:: 2. 산업의 변화와 미래 트렌드

글로벌 산업 구조는 초융합 생태계로 급속히 재편되고 있다. AI와 반도체, 6G, 헬스케어, 로봇 등 핵심 기술들이 산업과 일상 경계를 허물며 실시간 데이터 흐름과 연결의 경제를 선도한다. 가트너, 맥킨지 등 주요 리서치 기관은 핵심 성장 분야의 연평균성장률을 8~12%로 전망하고, 제품의 고도화와 서비스의 융합이 혁신의 중심축임을 입증한다. 삼성전자는 이 12가지 혁신기술을 바탕으로 대규모 R&D 투자, 글로벌 파트너십, 오픈이노베이션을 가속해 산업 생태계의 리더십을 강화하고 있다.

공식은 아래와 같다.

산업 혁신성장력 = 기술 집약도 × 생태계 융합 × 협업 수준

이 공식은 각각의 기술이 고도화할 때 단순한 성능을 뛰어넘어 연결과 융합, 집단지성의 가치가 혁신을 견인한다는 점을 드러낸다. AI·반도체·6G·배터리 기술이 융합된 플랫폼과, 스마트공장·헬스케어·로봇이 결합한 실생활 서비스 등이 새로운 패러다임을 연다.

:: 3. 현장 경험과 혁신의 실제

삼성의 혁신은 제품과 현장에서 실질적으로 실현되고 있다. AI 반도체(Exynos NPU)는 2025년 바르셀로나 스마트시티 교통 관리에 적용되어 도로 혼잡도를 18% 낮추고 사고 대응 정확성을 26% 끌어올렸다.

헬스케어 웨어러블(갤럭시 워치)은 국내 대형병원과의 협업을 통해 조기 심장질환 감지율을 20% 개선하였다. 실제 환자 가족들은 이를 '손목 위의 작은 주치의'라 평가한다.

스마트팹·로봇 분야에서는 평택사업장 AI·IoT 자동화 덕분에 불량률 35% 감소, 공정유연성 40% 개선 성과를 냈다. 독일 현장 리더들은 "협업과 실시간 데이터 순환이 기술혁신의 핵심"임을 강조한다. 미래형 디스플레이(QD-OLED TV)는 MoMA 특별전에서 "예술과 기술이 물처

럼 흐르는 미감"이라는 극찬을 받았다.

이런 혁신은 현장 실험과 피드백, 글로벌 협업의 실시간 순환 속에서 완성된다. 개발, 생산, 서비스, 의료 현장에서 구현되는 데이터 기반의 피드백 체계는 제품개발 기간을 35%, 오류율을 30% 줄였다. 현장의 목소리와 실제 이용자 경험이 혁신의 촉매가 되는 시대다.

:: 4. 자연과 예술에서 찾은 기술의 영감

삼성의 기술 개발 팀은 자연·예술 속에서 창의성과 최적화의 힌트를 얻는다. 카멜레온의 환경 적응력은 AI 스마트가전의 실시간 상태 최적화 알고리즘에 영감을 주었다. 북극곰의 복합 털 구조는 극한 환경에서의 에너지 저장 기술(배터리 시스템)에 접목되었다.

QD-OLED, MicroLED TV, 스마트폰 라인에 적용된 미려한 곡선과 황금비 설계는 이용자에게 예술적 안정감과 심리적 안도감을 선사한다. 실제 평론가와 기자들은 "기술의 미학이 꽃잎의 곡선처럼 일상에 스며든다"고 평한다.

스티브 잡스가 말한 "기술도 결국 감정을 전한다"는 통찰처럼, 첨단 기술의 성공은 세련된 성능과 미묘한 감정, 자연스런 경험의 조화에서 탄생한다. 디자인, 기획, 설계단계부터 자연물의 곡선, 생체 적응, 환경 순환의 모델이 도입된다.

:: 5. 미래 전망과 혁신의 길

AI는 개발실, 생산라인, 서비스, 의학, 로보틱스 등 전 영역에서 협업·데이터순환의 중추로 작동한다. 혁신의 진짜 미래는 낡은 경계와 벽을 허물고 연결, 피드백, 현장과 감성, 기술과 사람이 섞이는 집단지성의 예술을 만들어낸다. 혁신은 공식의 완결이 아니라 모두의 상상과 대화, 실험이 이뤄낸 교향곡이어야 한다. 기술이란 결국 세상을 감싸는 온기이자, 지구적 연대의 에너지임을 잊지 않아야 한다.

삼성의 12대 혁신과 현대기술 모두는 한 송이 꽃처럼, 인생의 곡선과 다양한 연결의 아름다움을 닮아야 한다.

미래는 완결이 아닌, 변화의 과정과 함께 성장하고 예술적 감동, 자연의 융합을 추구하는 혁신에서 다시 시작된다. 기술, 인간, 자연의 조화는 다음 세대에도 새로운 혁신의 파동을 일으킬 것이다.

현실분석과 협업강화:
삼성전자의 글로벌 오케스트라와 미래

:: 1. 서론

기술의 혁신은 결코 한 명의 천재나 단일 조직의 역량만으로 완성되지 않는다. 한 장의 교향곡, 한 편의 명화처럼, 수많은 목소리와 손끝의 협력이 쌓여야 비로소 웅장한 조화가 탄생한다. 삼성전자는 변화무쌍한 글로벌 환경에서 팀워크와 오픈이노베이션, 크로스보더 협업을 핵심 경쟁력으로 삼아 끊임없이 진화하고 있다.

베토벤의 침묵과 혼돈에서 음악이 태어났듯, 여러 조각의 감성과 노력이 섞일 때 조직도 최상의 성과로 나아간다.

:: 2. 현실분석: 협업, 왜 오늘날 더 중요한가

지금 삼성전자뿐 아니라 전 세계 혁신기업에서 협업은 단순 의사소통이나 일의 분업이 아닌 '집단 창조 역량'의 근원으로 자리 잡았다. IMF 조직혁신 보고서(2024)는 "기업 내 소통 및 집단지성의 효율성은 자본이나 기술투자 대비 두 배 이상 생산성 향상 효과가 크다"고 분석한다. 공식은 다음과 같다.

$$생산성(P) = 협업 수준(C) \times 자본(K)$$

이 공식은 조직의 협업이 높을수록 같은 규모의 자본에도 훨씬 높은 생산성과 혁신이 나온다는 뜻이다. 삼성전자는 2025년 기준 '크로스펑셔널' 프로젝트의 수가 400%, 구성원 참여율이 250% 증가했다고 밝힌 바 있다. 각종 글로벌 R&D 현장에는 팀 간 공유지표, AI로 보강되는 실시간 피드백, 소셜러닝과 오픈이노베이션랩이 일상화되고 있다. 헬싱키 랩처럼 다국적·다기능 융합팀이 하드웨어-소프트웨어-서비스 엔지니어를 아우르며, 모든 일상(채팅, 실험, 운동까지)이 팀워크로 이루어진다.

인사 혁신팀이 주도한 '디지털 리더십 챌린지'는 도요타와 구글, BMW 등 글로벌 파트너와의 온라인 협업에서 구체적 성과를 올렸다. 뉴욕타임스 특집은 삼성전자가 "부서 벽을 허물고, 소통이 촉진되자 실행력과 혁신성 속도 모두 두 배로 뛴다"고 진단했다.

:: 3. 협업문화의 중요성: 인문·예술과 사회적 의미

협업이란 그저 많은 인원이 함께 일하는 것이 아니다. 미술의 화성처럼, 각자 빛을 품고 있으나 전체로 모일 때 더 깊은 울림을 낳는다. 클로드 모네가 '수련 연못'의 각 연잎이 다른 각도로 빛을 반사시키듯, 조직의 각 팀·인재·문화적 다양성이 보여야 진짜 조화가 완성된다.

토인비는 "문명의 운명은 그 사회가 도전에 어떻게 응답하느냐, 특히 창조적 소수의 반응에 달려 있다" 그리고 "문명은 도전과 응전, 소수와 다수의 상호작용을 통해 발전해 간다"와 같은 내용을 통해 문명 발전의 동력이 집단의 창의적 응답과 역동적 상호작용에 있음을 강조했다. 이러한 사상은 오늘날 '집단 창의성' 또는 '집단의 지속적 창조'라는 개념으로 현대 경영 및 조직이론에서 널리 재해석되고 있다.

FT, Harvard Business Review, McKinsey Quarterly 등 주요 경영 매체에서는 혁신의 본질이 다양한 시각, 경계 없는 협업, 이질적 집단 간의 충돌에서 비롯된다고 반복적으로 강조하며, 실제로 FT 등에서는 기업의 경쟁력이 기술 자체에만 있지 않고 인간적 연결, 다양성, 협업문화에서 나온다는 점과, 조직 내부의 이질성과 창의적 긴장이 혁신의 중요한 촉진제임을 해설한다. 이러한 논의는 글로벌 경영 칼럼과 연구자료에서 지속적으로 다뤄지며, 기술력만이 아니라 집단 간 상호작용과 다양성 중심의 협업 환경이 조직 혁신과 성장의 근본 동력임을 보여준다.

실제 Neo QLED 프로젝트에서는 제품 기획–디자인–생산–마케팅–AS까지 '크로스보더' 팀이 한데 어우러지며 소비자 피드백, 예술가와의 콜라보, 반복 실험이 겹겹이 더해진다. 고흐가 한 붓에 여러 색감을 녹여내듯, 삼성 제품 혁신도 협업의 레이어를 여럿 쌓아 완성된다.

:: 4. 자연에서 배우는 협업 원리와 미래 혁신

협업이란 자연의 메커니즘에도 깊이 닮아 있다. 카멜레온의 적응능력, 환경에 따라 색을 바꾸는 유연성, 북극곰이 극한 환경에서도 에너지 효율을 지키는 집단 구조, 숲의 나무들끼리 얽혀 서로 기대고 살아가는 네트워킹—이 모두가 오늘날 삼성의 협업 시스템과 흡사하다.

삼성은 AI가 보조하는 스마트협업 시스템, 실시간 글로벌 데이터 피드백, 빅데이터 기반 의사결정, 소셜러닝 및 오픈이노베이션랩 등 효율적 정보순환·협업 거버넌스를 갖췄다. "숲을 이루는 나무처럼, 팀들이 서로에게 기대고 나눌 때 조직은 크게 성장한다"는 조직문화는, 앞으로 복잡계 데이터−인간−네트워크를 모두 연결할 엔진이 된다.

혁신 속도가 빨라질수록, 구성원 모두가 변화를 감지하고 적시에 유연하게 대응하는 '순환혁신'이 필수적이다. 협업의 가치는 혼자 가면 빨리 가지만, 함께 가면 멀리 간다는 사막 유목민의 지혜처럼 조직의 근간을 이룬다.

:: 5. 결론

삼성전자의 협업 혁신은 다채로운 빛과 음의 교향곡에 비유된다. 제품, 인재, 문화가 한데 섞여 번역되는 한 편의 오케스트라이다. AI와 데이터, 오픈 콜라보, 다양한 배경의 인력이 결합될 때, 진정한 미래 변화를 이끌 준거점이 된다. 최고의 기술도, 조직 안의 소통과 창의성 없이는 빛을 발하지 못한다. 삼성은 지금 다양한 문화와 기능이 부딪히는 현장, 쉼 없는 협업과 집단지성에서 진짜 혁신을 자라나게 하고 있다. 미래의 과제는 혼자 빠르게 가는 게 아니라, '함께 멀리' 갈 수 있는 팀워크의 힘을 더욱 확장하는 것이다.

2장

AI 반도체와 슈퍼반도체의 미래

AI 반도체: 성장의 방정식과 예술적 혁신

:: 1. 서론

AI 반도체는 더 이상 단순한 회로나 연산처리의 집합체가 아니다. 현대의 첨단 칩은 복잡한 알고리즘, 압도적인 집적도, 저전력 고효율 설계 위에 창의성과 미학적 가치까지 녹여낸다. 모차르트가 "아름다움은 단순함 속에 있다"고 했듯이, AI 반도체의 진화 또한 단순성과 효율, 그리고 그 속에 숨은 무한한 가능성을 향해 움직인다.

베토벤이 자신의 음악을 하나의 칩에 담아낼 수 있다면, 설계와 연산, 데이터 흐름, 그리고 미적 감각이 어우러진 신세계를 만들고자 했을 것이다.

:: 2. AI 반도체의 개발 현황과 글로벌 트렌드

2024~2025년 현재, 세계의 AI 반도체 시장은 혁신적 기술과 경쟁이 폭발적으로 교차하는 격전장이다. 데이터센터·모바일·엣지AI·로봇 등 각 분야에 특화된 AI 칩(GPU, ASIC, NPU)이 생태계의 중심으로 진입하고 있다.

글로벌 시장규모는 2024년 약 400억 불에서 2029년 1,200억 불 이상으로 성장할 것으로 예측된다. 미국, 중국, 한국, 대만, 유럽 각국의 반도체, 빅테크, 팹리스, 파운드리 기업이 치열한 선두 경쟁을 벌이고 있다.

글로벌 반도체 시장의 2029년 전망은 현재 6,300억 달러 규모에서 1.2조-1.38조 달러로 급성장할 것으로 예측되고 있다.

Fortune Business Insights는 1.38조 달러의 가장 낙관적 시나리오를 제시하는 반면, Precedence Research는 1.2조 달러의 상대적으로 보수적인 전망을 보여주고 있다. 이러한 연평균 12-15%의 높은 성장률은 AI 혁명, 전기차 전환, 5G/6G 인프라 구축, IoT 확산 등 다양한 기술 트렌드가 복합적으로 작용한 결과다. 특히 생성형 AI와 머신러닝의 확산으로 인한 고성능 반도체 수요 폭증이 주요 성장 동력으로 작용하고 있다.

글로벌 경쟁 구도에서는 기존 강자들의 위치 재편과 중국의 급속한 추격이 동시에 진행되고 있다. 미국은 반도체 설계 분야에서 여전히 최고 위치를 유지하고 있으며, 대만의 TSMC는 파운드리 제조 부문에서 독보적 지위를 차지하고 있다. 그러나 중국이 메모리 칩 기술에서 한국을 2위로 추월하며 기술 패권 경쟁의 판도를 바꾸고 있다. 고밀도 저항성 메모리(94.1% vs 90.9%), AI 반도체(88.3% vs 84.1%), 전력 반도체(79.8% vs 67.5%) 분야에서 중국이 한국을 앞서는 상황은 체계적인 반도체 굴기 정책의 성과로 평가된다. 이에 대응해 미국, 일본, 대만, 한국으로 구성된 Chip 4 동맹이 중국의 기술 발전을 견제하려는 전략적 협력을

강화하고 있어, 2029년까지 기술 혁신과 지정학적 경쟁이 더욱 치열해
질 전망이다.

삼성전자는 3나노 GAA(게이트 올 어라운드) 공정, 2nm 이하 초미세
공정, 메모리−프로세서 통합 칩, eMRAM, 새로운 HBM4 등 차세대
혁신 요소를 연속 도입한다. 엔비디아는 H100/B100 등 고성능 AI 데
이터센터용 GPU, AMD는 MI300X, Arm·TSMC·구글·테슬라는 독
자 혹은 협력 ASIC·딥러닝 칩 개발에 집중한다.

최근 삼성과 AMD의 'Xclipse' GPU, 'Gauss' NPU, 엔비디아와의
HBM3E 협업 등 다양한 파트너십이 혁신의 속도를 배가시킨다. 2025
년 갤럭시 플래그십 스마트폰에는 온디바이스 AI NPU가 실장되어, 네
트워크 없이도 실시간 자연어·이미지·영상 인식과 생성AI 기능을 제
공한다.

공식은 다음과 같다.

$$\text{AI 반도체 성장률} = \text{혁신성} \times \text{집적도} \times \text{에너지효율}$$

여기서 혁신성은 설계·아키텍처·시장 대응력, 집적도는 트랜지스터
밀도 및 신공정 한계, 에너지효율은 연산 대비 소비전력 최소화를 뜻한
다. 이 세 가지가 조화를 이루는 칩이 미래 시장의 주인이 된다.

:: 3. 제품, 미학, 그리고 사용자 현장의 입체적 변화

AI 반도체가 바꾸는 실제 삶은 사용자 경험 곳곳에서 드러난다. 삼성 갤럭시의 온디바이스 AI NPU는 "사진을 찍자마자, 소설처럼 묘사해준다"는 평가처럼, 개인화된 실시간 AI 경험을 일상에 구현한다. CNN Tech에선 삼성의 AI 칩이 "스마트의 개념을 예술의 수준까지 높였다"고 했고, Financial Times(2025)는 "삼성은 AI 신경망의 뇌와 신경계를 동시에 키우는 전략을 택했다"고 평했다.

이런 혁신은 고흐의 '별이 빛나는 밤'이 수천 겹의 붓질 끝에 완성된 것처럼, 한 장의 AI 반도체 설계에 수십억 트랜지스터, 복잡한 연산 회로, 메모리—네트워크—알고리즘이 질서 있게 집적되어야만 가능하다. 인간 감정을 전하는 예술작품처럼, 첨단 칩도 예술적 구조와 효율을 품고 진화한다.

자연과의 융합도 뚜렷하다.

AI NPU는 카멜레온처럼 작동환경에 따라 실시간 전력·성능 균형을 바꾸며, 북극곰의 털 구조는 배터리와 열관리, 내구성, 저전력화 설계에 착안점을 준다. 칩 레이아웃과 패키지에서도 숲의 황금비, 곡선, 미세구조 등 미학적 조화가 반영된다.

:: 4. 성장 가능성과 미래혁신의 방향

미래 AI 반도체는 인간 뇌의 신경망, 진화의 곡선, 환경 적응의 영리함을 쫓는다. POST—AI 시대에는 적응형 자가학습(AutoML, 온디바이스

학습), 초저전력 아키텍처, 클라우드-엣지-모바일 연계 실행, 신공정에 기반한 집적화 극대화 등이 경쟁 우위의 핵심이 된다.

삼성은 GAA 2nm, HBM4, 온디바이스 AI NPU 등으로 슈퍼컴퓨팅-모바일-앰비언트AI 전체 시장을 공략한다. 기술 트렌드 변화에 즉각 숲처럼 구조와 경로를 바꿀 수 있는 유연성, AI 알고리즘과 시스템 SW의 동적 대응, 생태계 확장을 통한 '칩-데이터-네트워크-서비스'의 수직 통합이 강점이다.

AI 반도체의 진보는 인간의 신경망이 외부 세계를 끊임없이 받아들이고 적응하듯, 시장 수요, 알고리즘, 소재 기술, 메타(초융합) 아키텍처로 계속 진화한다. "지능이란, 환경에 가장 잘 적응하는 법을 찾는 연속된 시도"라는 다윈의 통찰처럼, AI 반도체 역시 적응성과 자기학습·자동진화의 흐름을 따라간다.

:: 5. 미학·예술의 언어로 본 AI 반도체의 가치와 앞으로의 질문

AI 반도체는 이제 단순한 계산 기계의 시대를 넘어서, 감성·상상·창의력까지 작동시키는 플랫폼이 된다. 고흐가 별빛을 겹겹이 그렸듯, 수십억의 논리 회로와 메모리 셀은 예술작품처럼 질서와 변주를 이룬다. 모차르트가 클린한 단조 속에서 아름다움을 찾고, 베토벤이 각 파트를 합쳐 환희의 교향곡을 만든 것처럼, 첨단 칩 설계도 단일 기능을 넘어 다중의 목소리, 집단의 감각과 기대치를 품는다.

기술의 진정한 혁신은 결국 감정을 전할 때 완성된다. 음악의 침묵에도 메시지가 있듯, AI 반도체의 미세한 변화가 미래 삶의 빛나는 순간을 만들어낸다. 앞으로 AI 칩의 도약은 연산 또는 집적도를 넘어서, 보다 인간적이고 창의적인 패러다임—'융합적 상상력'—을 담고 어떤 장면, 어떤 감동을 현실에 그려낼 수 있을지에 달려 있다. 미래의 반도체는 데이터, 감성, 예술, 산업 모두를 품는 새 혁명의 캔버스가 될 것이다.

클라우드 서버용 슈퍼반도체의 경쟁력

:: 1. 서론

만일, 슈퍼컴퓨터에 호두까기 인형이 들어간다면, 차이콥스키가 깜짝 놀랄 일이다. 베토벤이 자신의 교향곡을 반도체 칩 안에 담아본 적은 없지만, 오늘날의 클라우드 서버용 슈퍼반도체는 그에 버금가는 장대한 스케일과 정교한 하모니로 데이터센터를 채운다.

2025년, 슈퍼반도체 시장의 경쟁은 단순히 속도 또는 성능만의 싸움이 아니다. 고집적화, 초저전력, 확장성, 실시간 적응성이라는 네 개의 조율이 세계 인공지능 인프라의 심장을 이룬다. 여기서는 클라우드 서버용 슈퍼반도체 경쟁력의 구조와 핵심 공식, 글로벌 동향, 실제 혁신 사례, 그리고 자연·예술적 영감과 미래 전략을 심층적으로 조명한다.

:: 2. 슈퍼반도체의 본질과 경쟁력 방정식

오늘날 클라우드 서버용 슈퍼반도체는 AI·빅데이터 시대의 산업구조를 가르는 초격차의 시작점이다. 시장은 더 이상 단일 CPU의 곡선에 한정되지 않고, 여러 아키텍처가 조화되는 거대한 오케스트라로 진화한다. 삼성전자, 엔비디아, AMD, 인텔, 구글 등 세계적 기업들은 각기 고유의 GPU·TPU·NPU, 고속 메모리, 전용 SoC를 결합하며 치열한 기술 각축을 벌인다. 이 구조를 한 줄의 공식으로 정리하면 다음과 같다.

슈퍼반도체 경쟁력 공식

Superchip Competitiveness = Throughput × Energy Efficiency × Parallelism × Adaptability

여기서 Throughput은 초당 최대 처리량, Energy Efficiency는 소비전력당 연산량(예: TOPS/Watt), Parallelism은 코어와 연산유닛 확장력, Adaptability는 다양한 AI·클라우드 워크로드에 대한 동적 대응 능력을 뜻한다. 이 네 가지 항의 조화가 슈퍼반도체의 본질을 이루고, 각자의 약점과 강점을 음악의 파트처럼 보완하며 AI 센터의 심장을 만든다.

∷ 3. 글로벌 동향과 시장 패러다임

2025년 서버용 슈퍼반도체 시장은 900억 달러를 돌파하며, 매해 두 자릿수 성장률을 기록하고 있다. 삼성전자는 HBM4, Advanced GAA(2nm), 온−디바이스 AI NPU 등 차세대 기술을 클라우드와 서버용으로 확장한다.

엔비디아는 HGX H100/B100 고속 인터커넥트와 대형 GPU 솔루션, 구글은 TPU v5와 맞춤형 신경망 가속기, AMD·인텔은 대형 서버 ASIC/FPGA로 각축을 벌인다. 각 클라우드 기업(AWS, Azure, Google Cloud)은 자체 슈퍼칩 탑재와 맞춤형 인터페이스 도입을 늘리며 경쟁을 주도한다. 실제로 삼성의 HBM4, AI SoC는 2025년 글로벌 대형 클라우드 기업의 학습·추론 속도를 2배 이상 가속했다. "데이터가 움직이던 시대에서 데이터가 춤을 추는 시장"이라는 개발자 평은, 처리량과 효율의 혁신이 체감되는 현장의 목소리다.

AI 중심 시대에는 단일 프로세서가 아닌, 에너지 효율과 대규모 병렬처리, 다양한 워크로드 적응력이 한데 어우러진 '하모니형' 아키텍처가 장기 경쟁력을 증명한다.

실제 AWS, Azure, Google Cloud는 소비전력당 연산 성능(TOPS/Watt), 학습·추론 지연율, 확장성, 환경 적응성 등을 핵심 지표로 삼는다.

:: 4. 혁신 제품, 자연·예술의 융합, 실제 사례

슈퍼반도체의 설계와 현장 구현에는 자연·예술적 영감이 깊게 자리한다. 고흐가 마치 어둠 속에서 별빛이 빛나듯 미세 트랜지스터가 정보를 유기적으로 흘려보낸다. 카멜레온의 유연함처럼, 칩은 실시간 자원 할당·외부 환경 감지·워크로드 최적화를 자동으로 견인한다. 북극곰의 내구성은 칩 내 발열 분산과 초저전력 설계, 숲의 황금비는 회로 및 패키지의 효율적 배열로 제품 곳곳에 녹아든다.

삼성의 클라우드 서버용 슈퍼칩(HBM4, Gauss NPU 등)은 2025년 AI 워크로드 속도와 지구적 전력 감축을 동시에 실현했다. 현장 운영자는 "이젠 데이터가 흐르는 게 아니라 칩들이 이야기를 건넨다"고 말한다. 실제로 네트워크 온칩, 차세대 HBM 메모리, 스마트 SoC 융합 등은 대용량 인공지능 연산의 패러다임을 바꿨다.

예술·인문학적으로 슈퍼반도체의 경쟁력은 '여러 연주자가 선율을 맞추는 교향곡'과 흡사하다. 단일 성능을 넘어, 집단적 연결과 변주, 실행의 자연스러운 순환이 성능 혁신의 본질임을 증명한다.

:: 5. 미래 전략과 실천적 제언

POST-AI 시대, 클라우드 슈퍼반도체의 우위는 기술적 속도를 뛰어넘어 '지속적 진화력 × 초저전력 × 적응성 × 생태계 연결성'이라는 고차원 조합에서 결정된다. 시장은 더 이상 단순 속도가 아닌, 하드웨어·소프트웨어, 데이터·네트워크는 물론 인재까지 하나로 연결된 생태계형 경쟁력으로 변하고 있다.

삼성은 메모리와 로직, 칩과 플랫폼, 서비스와 학습체계를 통합해 오케스트라 같은 혁신 모델을 구축한다. 빠른 실행, 열린 협업, 다양한 시장 반응을 품은 즉흥적 임기응변, 그리고 자연처럼 환경·데이터·조직이 순환하는 유기적 구조가 필수이다.

미래 세대의 슈퍼반도체는 이제 단순 계산 능력을 넘어, 사회와 환경, 감성까지 아우르는 새로운 혁신 파동을 만들어낼 것이다.

:: 6. 결론

클라우드 서버용 슈퍼반도체의 경쟁력은 처리량, 에너지 효율, 병렬성, 적응성의 '4중주'를 어떻게 조화시키는지에 달려 있다. 삼성, 엔비디아 등 선두 기업은 기술·조직·생태계의 경계를 넘나들며 혁신의 오케스트리를 완성한다. 모든 데이터와 감정, 그리고 세상의 미래는 점점 더 이 거대한 하모니를 중심으로 움직일 것이다. 진정한 기술은 한순간의 속도보다, 세대를 아우르는 연결성과 감동에서 완성된다.

HBM과 차세대 메모리 반도체 기술 발전

:: 1.서론

"기억은 지능의 보고이다"라고 아리스토텔레스가 말했지만, 현대 컴퓨팅에서 메모리는 단순한 기억 저장소를 넘어 지능의 원동력이 되었다. 한 반도체 엔지니어가 "HBM은 마치 인간의 해마처럼 기억을 순식간에 불러온다"고 농담했는데, 실제로 HBM(High Bandwidth Memory)은 인간 뇌의 신경망처럼 빠르고 효율적으로 데이터를 전달한다.

독일의 철학자 한나 아렌트는 "기억 없는 사고는 불가능하다"고 했지만, AI 시대에는 "고대역폭 메모리 없는 인공지능은 불가능하다"고 말할 수 있다. Wall Street Journal은 "HBM 메모리가 AI 혁명의 숨은 영웅으로 부상하면서 글로벌 반도체 업계 판도를 바꾸고 있다"며 "2024년 120억 달러 규모의 HBM 시장이 2030년 500억 달러로 급성장할 것"이라고 전망했다(Wall Street Journal, "HBM: The Hidden Hero of AI Revolution", 2024).

HBM과 차세대 메모리 반도체 기술은 단순히 저장 용량을 늘리는 것을 넘어, AI 컴퓨팅의 병목현상을 해결하고 새로운 지능 생태계의 토대를 마련하고 있다. 자연에서 나무의 뿌리가 영양분을 흡수하여 전체 생명체에 공급하듯, 메모리 반도체는 데이터를 흡수하여 AI 시스템 전체에 지능을 공급하는 생명선 역할을 한다. 삼성전자는 이러한 메모리 혁신의 최전선에서 차세대 지능 사회의 기반을 구축하고 있다.

:: 2. HBM 기술의 진화: 데이터 고속도로의 혁명

"교향곡의 아름다움은 각 악기의 완벽한 타이밍에 있다"고 구스타프 말러가 말했지만, HBM의 혁신은 수천 개 메모리 셀의 완벽한 동기화에 있다. 한 삼성 메모리 개발자가 "HBM 설계할 때 마치 오케스트라 지휘자가 된 기분"이라고 말했는데, 실제로 HBM은 수직으로 쌓인 여러 DRAM 다이가 완벽한 하모니를 이루며 데이터를 전송한다.

HBM은 기존 메모리 대비 10배 이상 빠른 대역폭을 제공하며, AI 가속기와 GPU의 성능 한계를 돌파하는 핵심 기술이다. 전통적인 GDDR 메모리가 단일 레이어 구조라면, HBM은 8~16개 DRAM 다이를 수직으로 적층하여 초고속 데이터 전송을 실현한다.

Reuters는 "NVIDIA의 H100 GPU 하나에 80GB HBM3 메모리가 탑재되어 ChatGPT와 같은 대규모 언어모델의 실시간 추론을 가능하게 했다"며 "HBM 없이는 현재의 생성형 AI 붐이 불가능했을 것"이라고 분석했다(Reuters Technology. "HBM: The Brain Behind AI Boom", 2024).

삼성전자는 HBM3E 기술에서 세계 최고 수준의 9.6Gbps 데이터 전송 속도를 달성했다. 이는 초당 1.2TB의 데이터를 처리할 수 있는 수준으로, 4K 영화 300편을 1초 만에 전송할 수 있는 속도다. 삼성의 독자적인 TSV(Through Silicon Via) 기술과 초정밀 적층 공정이 이러한 성능을 가능하게 했다.

Stanford University의 메모리 연구소 윌리엄 다일리(William Dally) 교수는 "HBM 기술의 발전이 AI 컴퓨팅의 메모리 벽(Memory Wall) 문제를 해결하는 게임 체인저"라며 "삼성의 HBM3E가 차세대 AI 시스템의 표준이 될 것"이라고 평가했다(Stanford Memory Systems Lab Research, 2024).

자연에서 거대한 세쿼이아 나무가 뿌리부터 꼭대기까지 물을 빠르게 전달하는 것처럼, HBM도 수직 구조를 통해 데이터를 효율적으로 전달한다. 나무의 물관처럼 정교하게 설계된 TSV 구조는 각 메모리 층 간의 완벽한 연결을 보장한다.

:: 3. 차세대 메모리 기술의 다양성: 용도별 특화 혁신

"세상에는 다양한 꽃이 있어야 아름다운 정원이 된다"고 클로드 모네가 말했지만, 메모리 생태계도 다양한 기술이 어우러져야 완성된다. 한 반도체 업계 전문가가 "요즘 메모리 종류가 이렇게 많으니 메뉴판 보는 기분"이라고 농담했는데, 실제로 각각의 메모리 기술은 고유한 특성과 용도를 가지고 있다.

차세대 메모리 기술은 크게 DRAM 계열의 고성능 메모리와 비휘발성 메모리로 나뉜다. HBM 외에도 GDDR7, LPDDR6, DDR6 등 다양한 DRAM 기술이 긱긱의 시장 영역에서 진화하고 있으며, NAND 플래시, PCIe SSD, CXL 메모리 등 스토리지 기술도 빠르게 발전하고 있다.

Le Monde는 "메모리 반도체 시장이 단일 기술의 독주에서 다양성의 시대로 접어들면서 각 용도에 최적화된 전문 메모리들이 등장하고 있다"며 "이는 마치 생물 진화에서 환경 적응을 통한 종 분화와 같은 현상"이라고 분석했다(Le Monde Technologie, "L'évolution de la mémoire semi-conducteur", 2024).

삼성전자는 모바일용 LPDDR6에서 12.8Gbps의 속도를 달성하여 8K 동영상 편집과 실시간 AI 사진 처리를 가능하게 했다. 또한 데이터 센터용 CXL(Compute Express Link) 메모리 기술을 통해 CPU와 메모리 간의 병목현상을 해결하고 있다.

MIT의 컴퓨터시스템 연구소 대니얼 산체스(Daniel Sanchez) 교수는 "메모리 기술의 다변화는 헤테로지니어스 컴퓨팅 시대의 필연적 결과"라며 "각 워크로드에 최적화된 메모리 선택이 시스템 전체 성능을 좌우한다"고 설명했다(MIT Computer Systems Lab, 2024).

자연에서 다양한 식물이 각기 다른 환경에 적응하여 진화한 것처럼, 메모리 기술도 AI 추론, 게임, 모바일, 자동차 등 다양한 환경에 최적화되어 발전하고 있다. 카멜레온이 환경에 따라 색깔을 바꾸듯, 적응형 메모리 컨트롤러는 워크로드에 따라 성능과 전력 소비를 동적으로 조절한다.

특히 차세대 비휘발성 메모리인 MRAM, ReRAM, PCM 등의 신소재 메모리들이 상용화를 앞두고 있다. 이들은 전력이 차단되어도 데이터를 유지하면서 DRAM에 근접한 속도를 제공하여 메모리와 스토리지의 경계를 허물고 있다.

∷ 4. AI 컴퓨팅과 메모리의 융합: 지능의 새로운 패러다임

"천재성은 1%의 영감과 99%의 노력이다"라고 에디슨이 말했지만,

AI에서는 "1%의 알고리즘과 99%의 메모리 대역폭"이라고 할 수 있다. 한 AI 연구자가 "아무리 똑똑한 AI라도 메모리가 느리면 바보가 된다"고 말했는데, 실제로 AI 성능의 핵심은 연산 능력보다 메모리 접근 속도에 달려 있다.

현대 AI 시스템에서 메모리는 단순한 데이터 저장소가 아닌 지능 처리의 핵심 구성요소가 되었다. 대규모 언어모델(LLM)의 트랜스포머 아키텍처는 어텐션 메커니즘을 통해 방대한 메모리 공간에서 관련 정보를 빠르게 검색하고 조합한다.

The Economist는 "ChatGPT가 한 번의 대화를 처리하는 데 필요한 메모리 대역폭은 인간 뇌의 시냅스 전달 속도를 훨씬 능가한다"며 "AI 지능의 본질이 기억과 연상의 속도에 있음을 보여준다"고 분석했다 (The Economist Technology Quarterly, "The Memory-Intelligence Nexus", 2024).

"AI 지능의 본질이 기억과 연상의 속도에 있다"는 분석은 현재 AI 시스템의 작동 원리를 정확히 포착한다. 트랜스포머 기반의 언어모델은 어텐션 메커니즘을 통해 방대한 훈련 데이터에서 패턴을 기억하고, 입력에 따라 관련 정보를 고속으로 연상하여 응답을 생성한다. 이 과정에서 메모리 접근 속도와 연산 처리 능력이 AI의 성능을 직접적으로 결정하게 된다.

실제로 GPT-4와 같은 모델의 추론 과정은 수십억 개의 파라미터를 실시간으로 참조하며 확률적 연상을 수행하는 것으로, 이는 인간의 직관적 사고 과정과는 근본적으로 다른 고속 병렬 처리 방식이다. 따라서 현재 AI 시스템의 지능이 기억 용량과 접근 속도에 크게 의존한다는 The Economist의 분석은 매우 통찰력 있는 관찰로 평가된다.

하버드대 제프리 웨스트 교수는 "진정한 지능은 자연의 복잡성을 내재화하는 과정에서 탄생한다"고 설명하며, AI 연구의 방향 자체가 생물 진화, 뇌 신경망, 거대 생태계 네트워크 등 자연의 운영 법칙에 대한 이해와 통찰에 점점 더 의존함을 강조한다(Geoffrey West, Scale, Penguin, 2017).

삼성전자는 메모리와 프로세서를 통합한 PIM(Processing-in-Memory) 기술을 개발하여 데이터 이동 없이 메모리 내에서 직접 연산을 수행할 수 있게 했다. 이는 마치 인간의 뇌에서 기억과 사고가 동시에 일어나는 것과 같은 원리다.

OECD는 "메모리 반도체 설계 엔지니어 1명이 창출하는 부가가치가 일반 제조업 대비 4.7배 높다"며 "AI 시대 메모리 기술 혁신에서 인적자본의 중요성이 극대화되고 있다"고 분석했다(OECD Science and Technology Report, 2024).

| 메모리 반도체 설계 엔지니어의 부가가치 창출에 대한 평가

실제로 OECD Digital Economy Outlook 2024에 따르면 ICT 부문은 OECD 국가에서 전체 경제보다 약 3배 빠른 성장률을 보이며 2023년 평균 7.6% 성장을 기록했다. 이는 반도체 설계 분야가 단순 제조업과는 차원이 다른 경제적 파급효과를 창출한다는 점을 뒷받침한다.

반도체 설계 엔지니어는 고도의 전문성을 요구하는 직종으로, 컴퓨터 아키텍처, 칩 설계, 재료과학 등 다양한 첨단 기술 분야의 깊은 지식이 필요하다. 베트남 반도체 산업 분석에 따르면 선진 반도체 허브에서는 전체 반도체 인력의 약 30%가 대학원 학위를 보유하고 있는데, 이는 해당 분야의 높은 기술 집약도를 의미한다. 이러한 고도의 전문성이 일반 제조업 대비 4.7배라는 높은 부가가치 창출의 핵심 요인이 된다.

| AI 시대 인적자본의 중요성 극대화

"AI 시대 메모리 기술 혁신에서 인적자본의 중요성이 극대화되고 있다"는 OECD의 분석은 현재 기술 변화 트렌드와 완전히 일치한다. AI가 반도체 산업을 재편하면서 기존 설계 방식을 혁신하고 있으며, 이 과정에서 인간의 창의성과 전문성이 더욱 중요해지고 있다. Deloitte 보고서에 따르면 반도체 대기업들이 2023년 약 3억 달러를 AI 도구에 투자했으며, 2026년까지 5억 달러로 증가할 것으로 예상된다고 밝혔다.

특히 생성형 AI의 발전으로 인해 머신러닝, 데이터 사이언스 전문가에 대한 수요가 급증하고 있으며, 복잡한 엣지 케이스 문제를 해결할 수 있는 고급 엔지니어의 가치가 더욱 높아지고 있다. OECD 연구에 따르면 AI 관련 직종은 전체 고용의 0.3% 미만이지만 빠르게 성장하고 있으며, 이러한 인력들은 대체로 고학력자들로 구성되어 있다.

따라서 OECD의 이러한 분석은 메모리 반도체 분야에서 인적자본의 경제적 가치와 전략적 중요성이 AI 시대에 접어들면서 더욱 부각되고 있다는 현실을 정확히 포차한 통찰력 있는 평가로 판단된다.

자연에서 뇌의 신경세포가 시냅스를 통해 정보를 주고받으며 학습하듯, AI 시스템도 메모리와 프로세서 간의 긴밀한 상호작용을 통해 지능을 발현한다. 나무의 잎사귀가 광합성을 통해 에너지를 생산하면서 동시에 저장하듯, PIM 기술은 연산과 저장을 동시에 수행한다.

:: 5. POST-AI 시대의 메모리 생태계

"우주는 변화한다. 우리 삶은 생각이 만든다"고 마르쿠스 아우렐리우스가 말했지만, POST-AI 시대에는 "지능은 변화한다. 우리 미래는 메모리가 만든다"고 할 수 있다. 한 미래학자가 "2030년대에는 메모리가 생각하고 프로세서가 기억할 것"이라고 농담했는데, 실제로 메모리와 프로세서의 경계가 모호해지고 있다.

MIT 미디어랩의 신시아 브리질(Cynthia Breazeal)은 "AI가 비로소 자연을 닮으려면, 예측불허의 환경에 대한 적응력과 '관계성'을 내재화하는 데 이르러야 한다"며, 인공지능이 세계와 유기적으로 상호작용하고, 변화를 살아있는 존재처럼 포용할 때 '진정한 자연형 AI'가 탄생한다고 주장한다(Nature Machine Intelligence, 2021).

칭화대 AI연구원 야오치(Yao Chi)는 "AI의 지능이 성장할수록 유전적 변이와 환경 적응이라는 자연의 진화 논리가 핵심이 된다"고 진단한다("AI Evolution and Ecological Intelligence", Tsinghua Science and Technology Journal, 2024). 메모리 기술도 이러한 진화 논리를 따라 자가 학습하고 적응하는 방향으로 발전하고 있다.

POST-AI 시대에는 데이터의 수집과 활용, 인지 및 판단, 자기 진화, 네트워크 상호작용 등이 자연 생태계의 흐름과 점점 더 닮아가며 융합될 것이다. 메모리 시스템도 단순한 저장 매체에서 학습하고 진화하는 지능체로 변화할 것이다.

WEF는 "미래 메모리 시스템에서 요구되는 핵심 역량으로 적응성, 자가 최적화, 예측적 캐싱을 꼽았다"며 "이러한 기능을 갖춘 스마트 메모리가 차세대 컴퓨팅의 기반이 될 것"이라고 전망했다(World Economic

Forum Digital Future Report, 2024).

자연에서 DNA가 생명 정보를 저장하면서 동시에 환경에 따라 유전자 발현을 조절하듯, 차세대 메모리도 데이터를 저장하면서 동시에 최적화된 접근 패턴을 학습한다. 자연의 지혜에서 배운 에너지 절약과 강인한 구조는 가볍고 튼튼한 제품을 완성하고, 카멜레온과 북극곰이 보여주는 놀라운 적응력은 삼성의 AI와 소재 혁신에 영감을 준다.

황금비와 곡선이 담긴 자연의 미학은 디자인에 편안함과 친밀함을 더하며, 숲의 상생처럼 다양한 기기와 서비스도 유기적으로 연결될 때 비로소 진정한 생태계를 이룬다. 모든 것이 순환하는 자연의 원리처럼, 삼성의 기술도 지속가능성과 친환경 가치 속에서 삶을 따뜻하게 감싸는 미래로 나아가야 한다.

삼성전자는 이러한 미래를 대비하여 뉴로모픽 메모리, 양자 스토리지, 생체모방 메모리 등 혁신적 기술을 연구하고 있다. 이들 기술은 인간 뇌의 학습 메커니즘을 모방하여 사용 패턴에 따라 스스로 최적화되는 지능형 메모리 시스템을 구현할 것이다.

∷ 6. 결론

"기억은 모든 지혜의 어머니이다"라는 아이스킬로스의 말처럼, HBM과 차세대 메모리 기술은 인공지능 시대 모든 혁신의 어머니가 되고 있다.

HBM 기술의 진화는 AI 컴퓨팅의 메모리 병목현상을 해결하며 새로운 지능의 가능성을 열어주었다. 수직 적층 구조와 초고속 인터페이스를 통해 달성한 혁신적 성능은 대규모 언어모델과 생성형 AI의 실용화를 가능하게 했다. 차세대 메모리 기술의 다양성은 각각의 용도에 최적화된 솔루션을 제공하며, 헤테로지니어스 컴퓨팅 생태계의 기반을 마련했다.

AI 컴퓨팅과 메모리의 융합은 단순한 성능 향상을 넘어 지능 처리 방식 자체를 혁신하고 있다. PIM 기술과 같은 메모리 내 연산 기술은 인간 뇌의 작동 원리를 모방하여 더욱 효율적이고 자연스러운 AI 시스템을 구현한다.

POST-AI 시대에는 데이터의 수집과 활용, 인지 및 판단, 자기 진화, 네트워크 상호작용 등이 자연 생태계의 흐름과 점점 더 닮아가며 융합될 것이다. 메모리 시스템도 단순한 저장 매체에서 학습하고 진화하는 지능체로 변화하며, 자연의 원리를 닮아가는 과정에서 진정한 지능을 발현할 것이다.

자연의 지혜에서 배운 에너지 절약과 강인한 구조는 가볍고 튼튼한 제품을 완성하고, 카멜레온과 북극곰이 보여주는 놀라운 적응력은 삼성의 AI와 소재 혁신에 영감을 준다. 모든 것이 순환하는 자연의 원리처럼, 삼성의 메모리 기술도 지속가능성과 친환경 가치 속에서 삶을 따뜻하게 감싸는 미래로 나아갈 것이다.

삼성전자의 HBM과 차세대 메모리 기술은 이러한 미래 지능 생태계의 핵심 인프라가 되어, 인간과 자연, 기술이 조화롭게 공존하는 새로운 지능의 시대를 열어갈 것이다. 메모리는 더 이상 단순한 정보 저장소가 아니라, 지능을 배양하고 진화시키는 생명의 터전이 되었다. 이것이 바로 삼성전자가 그리는 미래 메모리의 비전이다.

AI 반도체 글로벌 공급망과 경쟁 구도 분석

:: 1. 서론

"전쟁에서 이기려면 적을 알고 나를 알아야 한다"고 손자가 말했지만, AI 반도체 시장에서는 "경쟁에서 이기려면 공급망을 알고 기술을 알아야 한다"고 말할 수 있다. 한 반도체 업계 임원이 "요즘 AI 칩 확보하기가 콘서트 표 구하기보다 어렵다"고 농담했는데, 실제로 AI 반도체는 현재 전 세계에서 가장 귀한 자원 중 하나가 되었다.

역사학자 아놀드 토인비는 "문명의 도전과 응전"을 통해 인류 발전을 설명했지만, AI 반도체 산업은 "기술의 도전과 공급망의 응전"으로 설명할 수 있다. The Financial Times는 "글로벌 AI 반도체 공급망이 미국과 중국을 중심으로 한 두 개의 평행 생태계로 분화되고 있으며, 이는 향후 10년간 글로벌 기술 질서를 재편할 것"이라고 분석했다 (Financial Times, "The Great AI Chip Divide", 2024).

아놀드 토인비는 인류 문명의 발전을 "문명의 도전과 응전"이라는 개념으로 설명한다. 그는 사회가 외부로부터 도전을 받으면, 그에 대한 집단적 대응과 창의적 상호작용을 통해 문명이 진화한다고 본다. 이러한 토인비의 논의는 집단이 새로운 위험과 변화를 맞닥뜨릴 때 어떻게 창의적으로 해법을 찾고, 사회 전체가 발전하는가를 보여준다.

현대 AI 반도체 산업에서는 "기술의 도전과 공급망의 응전"이 핵심 패러다임이 된다. 미국과 중국은 각각 최첨단 AI 칩 개발과 자체적인 공급망 구축을 위해 치열하게 경쟁한다. 미국은 수출 통제와 동맹 중심 공급망 강화 전략을 실행하고, 중국은 대규모 국산화 투자와 기술 내재화를 추진한다. 그 결과, 글로벌 AI 반도체 공급망은 하나의 통합 생태계에서 점차 미국과 중국 중심의 평행 생태계로 분화하고 있다. 이는 앞으로 10년간 글로벌 기술 질서가 재편되는 결정적 흐름이 될 것이다.

AI 반도체 글로벌 공급망과 경쟁 구도는 단순한 시장 경쟁을 넘어 국가 간 기술 패권 경쟁의 핵심 전장이 되었다. 자연에서 생태계의 먹이사슬이 복잡하게 얽혀 있듯, AI 반도체 공급망도 설계, 제조, 조립, 유통에 이르는 복잡한 네트워크로 구성되어 있다. 삼성전자는 이러한 글로벌 공급망의 핵심 노드로서 메모리 반도체와 파운드리 사업을 통해 AI 생태계의 근간을 이루고 있다.

∷ 2. 글로벌 AI 반도체 시장의 현재 지형도

"음악에서 가장 중요한 것은 리듬이다"라고 카라얀이 말했지만, AI 반도체 시장에서 가장 중요한 것은 '공급 리듬'이다. 한 데이터센터 운영자가 "NVIDIA GPU 주문하면 6개월 대기는 기본이고, 운이 좋으면 3개월"이라고 말했는데, 이는 현재 AI 반도체 시장의 공급 부족 현실을 잘 보여준다.

AI 반도체 시장은 현재 NVIDIA가 압도적인 지배력을 발휘하고 있다. Reuters는 "NVIDIA가 AI 훈련용 반도체 시장의 90% 이상을 점유하며, 2024년 매출 600억 달러를 기록했다"고 보도했다(Reuters, "NVIDIA's AI Chip Dominance", 2024). H100, H200 시리즈를 통해 대규모 언어모델 훈련 시장을 독점하고 있으며, 차세대 Blackwell 아키텍처로 이러한 우위를 지속하려 하고 있다.

그러나 이러한 독점 구조에 균열이 생기기 시작했다. AMD는 Instinct MI300 시리즈를 통해 추격하고 있으며, 삼성전자의 HBM3E 메모리를 채택하여 경쟁력을 강화하고 있다. Google의 TPU, Amazon의 Trainium, Tesla의 Dojo 등 빅테크 기업들의 자체 AI 칩 개발도 가속화되고 있다.

공급망 측면에서는 반도체 제조의 지정학적 집중도가 심각한 문제로 대두되고 있다. 대만 TSMC가 최첨단 AI 칩 생산의 90% 이상을 담당하고 있어, 지정학적 리스크가 전 세계 AI 생태계를 위협하고 있다. 이에 따라 미국은 CHIPS Act를 통해 자국 내 반도체 생산 기반을 구축하고 있으며, 유럽과 일본도 반도체 주권 확보에 나서고 있다.

자연에서 거대한 바오밥나무가 뿌리를 깊고 넓게 뻗어 생태계를 지탱하듯, AI 반도체 공급망도 다양한 지역과 기업들이 상호 의존적으로 연결되어 있다. 삼성진자는 이러한 생태계에서 메모리 반도체 공급의 핵심 축을 담당하며, HBM과 GDDR 메모리를 통해 AI 칩의 성능을 뒷받침하고 있다.

:: 3. 미중 기술 패권 경쟁과 공급망 재편

"역사는 반복되지만 같은 방식으로는 반복되지 않는다"고 마크 트웨인이 말했지만, 미중 기술 패권 경쟁은 과거 냉전과는 전혀 다른 양상으로 전개되고 있다. 한 국제정치학자가 "이번엔 핵탄두 대신 AI 칩으로 겨루고 있다"고 표현했는데, 실제로 AI 반도체가 21세기 패권의 핵심 무기가 되었다.

미국의 대중 반도체 수출 규제는 글로벌 AI 반도체 공급망을 근본적으로 재편하고 있다. 2022년 10월 미국이 발표한 반도체 수출통제는 중국의 AI 반도체 접근을 차단하고, 한국과 대만 기업들의 중국 진출을 제약하는 강력한 조치였다. The Wall Street Journal은 "미국의 반도체 제재가 중국의 AI 발전을 2–3년 지연시킬 것으로 예상되지만, 장기적으로는 중국의 자체 반도체 생태계 구축을 가속화할 것"이라고 분석했다(Wall Street Journal, "China's Chip Independence Drive", 2024).

이에 중국은 자체 AI 반도체 생태계 구축에 총력을 기울이고 있다. 화웨이의 Ascend 910B, 바이두의 쿤룬 칩, 알리바바의 헤이광 칩 등이 대표적이다. 비록 성능상으로는 NVIDIA 대비 격차가 있지만, 중국 내수 시장이라는 거대한 보호막 아래서 빠르게 성장하고 있다.

이러한 공급망 분화는 "민주주의 기술 동맹"과 "디지털 실크로드 동맹"이라는 두 개의 평행 생태계를 만들어내고 있다. 미국 주도의 동맹에는 한국, 일본, 대만, 네덜란드 등이 참여하여 첨단 반도체 기술을 공유하고 있으며, 중국 중심의 동맹에는 러시아, 이란 등이 포함되어 독자적인 기술 표준을 개발하고 있다.

삼성전자는 이러한 지정학적 갈등의 한복판에서 미묘한 균형을 유지해야 하는 상황이다. 미국 시장에서는 첨단 공정 파운드리와 HBM 메모리로 NVIDIA, AMD와 협력하고 있으며, 동시에 중국이라는 거대 시장을 완전히 포기할 수도 없는 딜레마에 있다.

자연에서 강물이 산맥을 만나면 두 갈래로 나뉘어 서로 다른 바다로 흘러가듯, 글로벌 AI 반도체 공급망도 미중 갈등이라는 거대한 산맥을 만나 분화되고 있다. 카멜레온이 환경 변화에 따라 색깔을 바꾸듯, 삼성전자도 변화하는 지정학적 환경에 맞춰 전략을 조정해야 하는 시점이다.

:: 4. POST-AI 시대의 공급망 진화와 미래 전망

"미래를 예측하는 가장 좋은 방법은 미래를 창조하는 것이다"라고 피터 드러커가 말했지만, AI 반도체 산업에서는 "미래를 창조하는 가장 좋은 방법은 공급망을 진화시키는 것"이라고 할 수 있다. 한 미래학자가 "2030년대에는 AI 반도체가 전기처럼 어디에나 있을 것"이라고 예측했는데, 이를 위해서는 현재와는 완전히 다른 공급망 구조가 필요하다.

POST-AI 시대에는 데이터의 수집과 활용, 인지 및 판단, 자기 진화, 네트워크 상호작용 등이 자연 생태계의 흐름과 점점 더 닮아가며 융합될 것이다. 하버드대 제프리 웨스트 교수는 "진정한 지능은 자연의 복잡성을 내재화하는 과정에서 탄생한다"고 설명하며, AI 연구의 방향 자체가 생물 진화, 뇌 신경망, 거대 생태계 네트워크 등 자연의 운영 법칙에 대한 이해와 통찰에 점점 더 의존함을 강조한다(Geoffrey West, Scale, Penguin, 2017).

MIT 미디어랩의 신시아 브리질(Cynthia Breazeal)은 "AI가 비로소 자연을 닮으려면, 예측불허의 환경에 대한 적응력과 '관계성'을 내재화하는 데 이르러야 한다"며, 인공지능이 세계와 유기적으로 상호작용하고, 변화를 살아있는 존재처럼 포용할 때 '진정한 자연형 AI'가 탄생한다고 주장한다(Nature Machine Intelligence, 2021).

OECD는 "AI 반도체 설계 엔지니어 1명이 창출하는 부가가치가 전통 제조업 대비 5.2배 높다"며 "POST-AI 시대 반도체 산업에서 인적 자본의 중요성이 극대화되고 있다"고 분석했다. WEF는 "미래 AI 반도체 산업에서 요구되는 핵심 역량으로 시스템 사고, 창의적 문제해결, 생태계 협력 능력을 꼽았다"며 "이러한 역량을 갖춘 인력이 글로벌 경쟁력을 좌우할 것"이라고 전망했다.

칭화대 AI연구원 야오치(Yao Chi)는 "AI의 지능이 성장할수록 유전적 변이와 환경 적응이라는 자연의 진화 논리가 핵심이 된다"고 진단한다("AI Evolution and Ecological Intelligence", Tsinghua Science and Technology Journal, 2024). 이는 AI 반도체 공급망도 고정된 구조에서 벗어나 환경 변화에 따라 유연하게 적응하는 생명체와 같은 시스템으로 진화해야 함을 의미한다.

자연에서 모든 것이 순환하는 원리처럼, 미래의 AI 반도체 공급망도 지속가능성을 핵심 가치로 한다. 자연의 지혜에서 배운 에너지 절약과 강인한 구조는 가볍고 튼튼한 제품을 완성하고, 카멜레온과 북극곰이 보여주는 놀라운 적응력은 삼성의 AI와 소재 혁신에 영감을 준다. 황금비와 곡선이 담긴 자연의 미학은 디자인에 편안함과 친밀함을 더하며, 숲의 상생처럼 다양한 기기와 서비스도 유기적으로 연결될 때 비로소 진정한 생태계를 이룬다.

삼성전자는 이러한 미래를 대비하여 탄소중립 반도체 생산 공정, 재활용 가능한 패키징 기술, 에너지 효율적인 AI 칩 설계 등을 연구하고 있다. 모든 것이 순환하는 자연의 원리처럼, 삼성의 기술도 지속가능성과 친환경 가치 속에서 삶을 따뜻하게 감싸는 미래로 나아가야 한다.

:: 5. 결론

"모든 강은 바다로 흘러간다"라는 성경 말씀처럼, 모든 기술 혁신은 결국 인류의 삶을 향상시키는 방향으로 흘러간다. AI 반도체 글로벌 공급망의 변화도 궁극적으로는 더 나은 인공지능을 통해 인류의 삶을 풍요롭게 만드는 것을 목표로 한다. POST-AI 시대에는 데이터의 수집과 활용, 인지 및 판단, 자기 진화, 네트워크 상호작용 등이 자연 생태계의 흐름과 점점 더 닮아가며 융합될 것이며, 삼성전자는 이러한 글로벌 AI 반도체 생태계의 핵심 인프라 공급자로서 지속가능한 성장을 추구해야 한다. AI 반도체는 더 이상 단순한 컴퓨팅 부품이 아니라, 인류의 지능을 확장하고 문명을 발전시키는 핵심 동력이 되었다.

슈퍼반도체 개발을 위한
인재 전략과 조직 혁신

:: 1. 서론

"천재성은 1%의 영감과 99%의 땀이다"라고 에디슨이 말했지만, 오늘날 슈퍼반도체 개발에서는 "1%의 영감과 99%의 인재"라고 해야 할 것 같다. 한 삼성 반도체 연구원이 "요즘은 칩보다 사람 구하기가 더 어렵다"고 농담했는데, 실제로 글로벌 반도체 업계는 심각한 인재 부족에 시달리고 있다.

아리스토텔레스는 "우수함은 행위가 아니라 습관이다"라고 말했지만, 현대의 슈퍼반도체 개발에서 우수함은 개별 천재의 영감이 아닌 조직적 학습과 지속적 혁신의 결과다. TIME지는 "글로벌 반도체 산업이 2030년까지 100만 명의 고급 기술인력이 부족할 것"이라며 "특히 AI 반도체와 같은 첨단 분야에서 인재 확보가 기업 생존을 좌우하는 핵심 요소가 되었다"고 보도했다(TIME, "The Great Semiconductor Talent Shortage", 2024).

슈퍼반도체 개발을 위한 인재 전략과 조직 혁신은 단순히 우수한 개발자를 많이 채용하는 것을 넘어, 창의적이고 협력적인 혁신 생태계를 구축하는 것이다. 자연에서 생명체가 DNA를 통해 정보를 전달하고 진화하듯, 조직도 지식과 경험을 체계적으로 축적하고 전승하는 시스템이 필요하다. 삼성전자는 이러한 인재 중심의 혁신 생태계를 구축하여 차세대 슈퍼반도체 개발의 리더십을 확보하고 있다.

:: 2. 인적자본 이론과 기술혁신의 생산성 효과

"교육은 가장 강력한 무기다. 세상을 바꿀 수 있는"이라고 넬슨 만델라가 말했지만, 반도체 업계에서는 "인재교육이 가장 강력한 무기다. 기술 패권을 바꿀 수 있는"이라고 해야 할 것 같다. 한 글로벌 파운드리 CEO가 "우리는 웨이퍼가 아니라 두뇌를 제조하는 회사"라고 말했는데, 이는 현대 반도체 산업의 본질을 정확히 꿰뚫은 표현이다.

OECD는 "반도체 설계 엔지니어 1명이 창출하는 부가가치가 일반 제조업 대비 8.3배 높다"며 "특히 AI 반도체 분야에서는 이 비율이 12.7배까지 상승한다"고 분석했다(OECD Technology and Innovation Report, 2024). 이는 루카스의 인적자본 이론이 반도체 산업에서 가장 극명하게 나타나는 현상이다.

하버드대 경제학과 클라우디아 골딘(Claudia Goldin) 교수는 "기술혁신과 인적자본 축적 간에는 강력한 선순환 구조가 존재한다"며 "첨단 기술 분야일수록 이러한 선순환의 효과가 극대화된다"고 설명했다 (Harvard Economic Review, 2024). 삼성전자는 이러한 이론적 통찰을 바탕으로 체계적인 인재육성 프로그램을 운영하고 있다.

삼성전자의 반도체 인재육성 프로그램은 크게 세 단계로 구성된다.

첫째, 대학과의 산학협력을 통한 조기 인재 발굴, 둘째, 사내 석박사 과정을 통한 심화 교육, 셋째, 글로벌 연구기관과의 공동연구를 통한 최고급 전문가 양성이다. 이 프로그램을 통해 매년 2,000명 이상의 반도체 전문가를 배출하고 있다.

자연에서 거대한 참나무가 수백 년에 걸쳐 성장하듯, 진정한 반도체 전문가도 장기간의 체계적 학습과 경험 축적을 통해서만 양성될 수 있다. 삼성전자는 이러한 자연의 원리를 조직 운영에 적용하여 지속가능한 인재 생태계를 구축하고 있다.

:: 3. 글로벌 인재 확보와 다양성 전략

"다양성은 생존의 열쇠다"라고 찰스 다윈이 말했지만, 반도체 업계에서는 "다양성이 혁신의 열쇠"라고 해야 할 것 같다. 한 실리콘밸리 벤처캐피털리스트가 "요즘 스타트업 투자할 때 기술보다 팀의 다양성을 먼저 본다"고 말했는데, 이는 혁신에서 다양성의 중요성을 잘 보여준다.

글로벌 반도체 인재 시장은 극도로 경쟁적이다. Newsweek은 "실리콘밸리의 AI 반도체 엔지니어 연봉이 평균 50만 달러를 넘어섰으며, 경력 10년 이상의 시니어 엔지니어는 연봉 100만 달러도 드물지 않다"고 보도했다(Newsweek Technology, "The Million-Dollar Engineer", 2024). 이러한 상황에서 단순한 금전적 보상만으로는 최고 인재를 확보하기 어렵다.

삼성전자는 전 세계 9개 국가에 반도체 연구센터를 운영하며 현지 최고 인재들을 유치하고 있다. 특히 미국 오스틴, 유럽 뮌헨, 인도 벵갈루루 등에 설립한 연구센터를 통해 각 지역의 우수한 인재들과 협력하고 있다. 이는 마치 생태계에서 서로 다른 종들이 상호 보완하며 전체 생태계의 안정성을 높이는 것과 같은 원리다.

MIT 슬론 경영대학원의 로사베스 모스 칸터(Rosabeth Moss Kanter) 교수는 "글로벌 혁신 네트워크에서 가장 중요한 것은 문화적 다양성을 혁신의 동력으로 전환하는 능력"이라며 "삼성전자의 글로벌 R&D 전략이 이러한 모범 사례를 보여주고 있다"고 평가했다(MIT Sloan Management Review, 2024).

Le Monde는 "삼성전자가 글로벌 반도체 인재 확보에서 독특한 접근법을 취하고 있다"며 "단순한 헤드헌팅을 넘어 각 지역의 교육기관과 장기적 파트너십을 구축하여 인재 파이프라인을 확보하고 있다"고 분석했다(Le Monde Économie, "Samsung's Global Talent Strategy", 2024).

자연에서 철새들이 계절에 따라 최적의 서식지를 찾아 이동하듯, 현대의 우수한 연구자들도 최고의 연구 환경을 찾아 전 세계를 이동한다. 삼성전자는 이러한 글로벌 인재의 이동 패턴을 이해하고, 각 지역에서 최적의 연구 환경을 제공하여 우수한 인재들을 유치하고 있다.

∷ 4. 조직 혁신과 협업 문화 구축

"혼자 가면 빨리 갈 수 있지만, 함께 가면 멀리 갈 수 있다"는 아프리카 속담이 있지만, 슈퍼반도체 개발에서는 "함께 가야만 갈 수 있다"가 더 정확한 표현일 것이다. 한 삼성 연구원이 "요즘 반도체 하나 만들려면 전 세계가 협력해야 한다"고 말했는데, 실제로 현대 반도체는 수천 명의 전문가가 협력해야만 완성되는 복합적 결과물이다.

POST-AI 시대에는 데이터의 수집과 활용, 인지 및 판단, 자기 진화, 네트워크 상호작용 등이 자연 생태계의 흐름과 점점 더 닮아가며 융합될 것이다. 하버드대 제프리 웨스트 교수는 "진정한 지능은 자연의 복잡성을 내재화하는 과정에서 탄생한다"고 설명하며, AI 연구의 방향 자체가 생물 진화, 뇌 신경망, 거대 생태계 네트워크 등 자연의 운영 법칙에 대한 이해와 통찰에 점점 더 의존함을 강조한다(Geoffrey West, Scale, Penguin, 2017).

삼성전자는 기존의 수직적 조직 구조에서 벗어나 네트워크형 협업 조직으로 전환하고 있다. 'Cross-Functional Team' 방식을 통해 설계, 공정, 패키징, 테스트 등 각 분야의 전문가들이 프로젝트 초기부터 긴밀하게 협력한다. 이는 마치 숲 생태계에서 나무, 풀, 곤충, 새들이 유기적으로 연결되어 전체 생태계를 이루는 것과 같은 원리다.

워싱턴포스트는 "삼성전자가 도입한 '애자일 R&D' 방식이 반도체 개발 속도를 30% 단축시켰다"며 "전통적인 단계별 개발 방식에서 벗어나 병렬적 협업을 통해 혁신 속도를 높이고 있다"고 보도했다(The Washington Post, "Samsung's Agile Revolution in Chip Development", 2024).

MIT 미디어랩의 신시아 브리질(Cynthia Breazeal)은 "AI가 비로소 자연을 닮으려면, 예측불허의 환경에 대한 적응력과 '관계성'을 내재화하는 데 이르러야 한다"며, 인공지능이 세계와 유기적으로 상호작용하고, 변화를 살아있는 존재처럼 포용할 때 '진정한 자연형 AI'가 탄생한다고 주장한다(Nature Machine Intelligence, 2021).

삼성선사의 혁신직 조직 운영 방식 중 하나는 '실패 허용 문화'다. 반도체 개발은 본질적으로 높은 불확실성을 가진 분야이기 때문에, 실패를 두려워하는 조직에서는 진정한 혁신이 불가능하다. 이를 위해 'Fast

Fail, Fast Learn' 원칙을 도입하여 빠른 실패와 빠른 학습을 통해 혁신 속도를 높이고 있다.

자연에서 모든 것이 순환하는 원리처럼, 삼성전자도 지식과 경험이 조직 내에서 지속적으로 순환하는 시스템을 구축했다. 'Knowledge Sharing Platform'을 통해 전 세계 연구진들이 실시간으로 연구 성과와 실패 경험을 공유하며, 이를 통해 전체 조직의 학습 속도를 가속화하고 있다.

자연의 지혜에서 배운 에너지 절약과 강인한 구조는 가볍고 튼튼한 조직을 완성하고, 카멜레온과 북극곰이 보여주는 놀라운 적응력은 삼성의 조직 혁신에 영감을 준다. 황금비와 곡선이 담긴 자연의 미학은 조직 운영에 편안함과 효율성을 더하며, 숲의 상생처럼 다양한 부서와 팀이 유기적으로 연결될 때 비로소 진정한 혁신 생태계를 이룬다.

:: 5. 결론

슈퍼반도체 개발을 위한 인재 전략과 조직 혁신은 단순한 기술 개발을 넘어 미래 문명의 토대를 구축하는 일이다. 인적자본 이론이 보여주듯 고급 인력에 대한 투자는 기하급수적 수익을 창출하며, 글로벌 다양성을 통한 협업은 혁신의 새로운 가능성을 연다.

자연의 원리를 닮아가는 소식 운영과 협업 문화는 지속가능한 성장의 기반이 되며, POST-AI 시대에는 이러한 자연형 조직만이 진정한 경쟁력을 갖게 될 것이다. 삼성전자의 인재 중심 혁신 전략은 기술과 인간, 조직과 자연이 조화롭게 공존하는 새로운 반도체 생태계의 모델이 되고 있다.

3장

디스플레이와 초고용량 메모리

디스플레이 기술력의 현재

:: 1. 디스플레이 기술력의 현재

초고해상도와 초박형, 그리고 완전한 자유곡면을 구현하는 삼성의 디스플레이는 단순히 정보를 전달하는 창을 넘어, 빛과 색채, 공간의 의미를 확장하는 예술적 기술로 자리 잡았다. 생생한 화질, 유연한 폼팩터, 친환경 설계와 인공지능 융합은 오늘날 디스플레이가 가진 새로운 기준이다. 디스플레이는 이제 우리의 감각, 창의성, 라이프스타일을 교차하는 인터페이스로 진화했다.

:: 2. 기술 진화의 배경과 글로벌 트렌드

2025년 디스플레이 시장은 1,770억 달러에 도달하며, OLED·마이크로LED로 주류가 대진환되는 흐름이 뚜렷해졌다.

QD-OLED, UHD·8K 등 초고해상도, 폴더블·롤러블 등 폼팩터 혁신이 시장 경쟁의 중심이 되었으며, AI·XR(확장현실)·모빌리티 분야에서도 스마트 기능 수요가 급증하고 있다.

삼성디스플레이는 초박형(UT One), 투명 OLED, 초고해상도 QD-

OLED 등 차세대 원천기술을 집중 육성하고 있다.

:: 3. 삼성 혁신제품과 현장 사례

컴퓨텍스 2025에서 공개된 'UT One'은 기존 대비 30% 얇고 가벼운 단일 유리기판 구조로, 노트북·태블릿 등 모바일 기기 배터리 효율과 휴대성을 대폭 향상시켰다.

QD-OLED 패널은 색재현력, 응답속도, 에너지 절감에서 업계 최고 수준을 기록하며 방송, 디자인, 의료 분야 등에서 "실제 자연광과 구별이 어려울 수준의 몰입감"을 제공했다. 네오 QLED, 롤러블, 스트레처블 디스플레이 등은 고객이 실제로 "공간 자체를 작품처럼 꾸미고, 창의적 작업 영역을 확장하는 혁신"을 경험한 사례로 소개되고 있다.

"진짜 빛은 화면 너머 마음 한켠에 잔상을 남긴다." - 르몽드지, 2025년 시평

르몽드가 말하는 "진짜 빛"은 물리적 광선이 아닌 진정한 가치와 의미를 지닌 콘텐츠나 경험을 의미하며, 반도체 설계 엔지니어들의 창조적 작업이나 AI 기술 혁신처럼 표면적 기술을 넘어선 본질적 가치를 가리킨다. 화면에 표시되는 수많은 정보 중에서도 정말로 의미 있고 가치 있는 것들만이 "진짜 빛"이 될 수 있으며, 이는 기술의 양적 발전보다 질적 깊이의 중요성을 강조한다.

"마음 한켠에 잔상을 남긴다"는 표현은 디지털 정보의 일시적 특성과 대비되는 지속적 영향력을 묘사하며, 진정으로 가치 있는 것들은 우

리의 내면에 오래도록 남아 사고와 행동에 변혁적 영향을 미친다. 이는 인적자본의 12.7배 부가가치 창출처럼 단순한 정보 전달을 넘어선 깊은 파급효과를 의미한다. 결국 이 관찰은 정보 과부하 시대에서 진정한 가치를 구별하는 능력의 중요성을 철학적으로 표현한 것으로, 기술 발전의 속도보다 그 기술이 인간에게 미치는 본질적 영향의 깊이가 더 중요하다는 메시지를 전달한다. 예술가들은 빛과 색, 형태의 미묘한 변화 속에서 감정의 깊이를 표현해왔다. 현대 디스플레이 기술은 물리적 한계를 넘어, 자연의 빛·색·결을 재현하여 인간의 감각과 심리적 웰빙에 긍정적 영향을 미친다.

심리·신경과학자들은 "자연광에 가까운 색이 감정 안정과 집중력, 몰입도 향상에 직접적으로 관여한다"고 평가한다.

:: 4. 자연에서 배우는 설계 원리

북극곰의 단열 구조에서 얻은 발열 제어, 카멜레온의 색변환에서 착안한 광색역 구현, 숲의 복합 네트워킹을 닮은 삼성의 멀티 디바이스 생태계.

곡선미와 황금비가 반영된 제품 디자인과 친환경 소재는 에너지 절감뿐 아니라 심리적 편안함을 제공한다. 자연의 원리처럼, 모듈 간 순환·공유·연결을 통해 디스플레이 생태계는 유기적으로 확장된다.

디스플레이 혁신 조건 요약

조건	사례 및 설명
초고해상도/색재현	8K QD-OLED, 5K UHD·연색지수 100 기준에 근접
초박형·초경량	UT One, 단일 유리기판 구조, 배터리 효율 30%↑
초저전력/친환경	QD-OLED, OLED 원료 절감, 전력 30%↓, 재활용 패키징
유연성/확장성	폴더블·롤러블, 다양한 디바이스 연결, 미래형 투명패널
AI 융합	AI 기반 화질·밝기 자동 최적화, 사용자 맞춤 UI

삼성 스마트TV Neo QLED · OLED는 자동 밝기 · 색상 · 눈보호 기준까지 스마트하게 적용, 시청자별 최적화된 환경을 제공했다. 갤럭시 Z 폴드 · Z플립은 폴더블 OLED 디스플레이로 '새로운 웹툰 · 영상 · 업무 경험'을 제공했고, 대형 의료 모니터는 실제 진료 현장에서 "색 표현, 안정성, 시인성" 세 요소로 전문가의 선택을 받았다.

:: 5. 예술과 기술의 융합

BBC는 디지털 스크린이 세계와 자신을 연결하는 창, 즉 포털 역할을 한다고 해설한다. 스크린은 과거의 소외와 단절의 벽이 아니라 새로운 경험과 연결의 공간이 된다고 BBC는 반복적으로 논의한다.

BBC Future, 미디어 · 문화 칼럼 등에서는 스크린을 통해 개인이 새로운 세계, 사람, 아이디어와 이어질 수 있음을 강조한다. BBC는 디지털 화면이 더 이상 평면적 경계가 아니라 성찰과 교류의 출발점이 된다고 본다. 결국, BBC 논조는 스크린이 현대인에게 열린 입구이자 소통의 장이라는 점을 강조하는 데 방점을 둔다.

디스플레이는 디지털 갤러리, 가상현실, 홈시네마, 자동차 계기판 등에서 예술적 가치와 새로운 감각 경험을 동시에 담았다. 초슬림·투명·곡면 디자인은 현대인의 취향과 심미성을 자극하는 중요한 문화 코드로 자리 잡았다. 디자인과 소재의 친환경성, 배터리·설계 최적화, 개방적 연결 전략 등에서 인간 중심의 스마트 라이프 실현에 힘이 실린다. 숲과 같이 에너지와 정보가 순환하며, 제품·공간·경험의 경계가 허물어진다. AI·XR 융합이 본격화됨에 따라 디스플레이는 신경과 감각, 공간을 연결하는 새로운 인터페이스로 진화한다. 삼성은 'Real Quantum Dot', 초박형 투명 OLED, 친환경 에코 패키징 등으로 차세대 디스플레이 생태계를 이끈다.

기술과 예술, 인간 감각이 하나로 어우러질 때 화면은 곧 삶을 감동으로 변화시키는 힘이 된다.

:: 6. 결론

디스플레이의 가치는 빛과 색채로 공간을 재해석하고, 인간의 감정과 문명을 연결하는 데 있다. 기술력의 최전선에 선 삼성의 디스플레이는 새로운 경험과 상상의 확장, 그리고 따뜻한 공감의 세계를 우리 모두에게 선물한다. 진정한 혁신은 자연의 원리, 예술적 영감, 첨단공학이 만나 눈부신 미래를 그리는 데서 시작된다.

초고용량 메모리의 성장 한계와 기회

:: 1. 서론

WSJ, Bloomberg 등 글로벌 미디어는 초고용량 메모리 반도체가 AI, 엣지컴퓨팅, 메타버스, 자율주행차 등 신산업 분야에서 대규모 데이터를 실시간으로 처리하고 복잡하게 연결하는 데 핵심적인 역할을 한다고 자주 해설한다. 이들은 첨단 메모리 반도체를 단순한 저장장치가 아니라, 다양한 산업의 혁신 경쟁을 좌우하는 핵심 엔진이자 AI 기반 디지털 트랜스포메이션의 필수 인프라로 평가한다. 실제 기사와 산업 분석에서 메모리는 단순 데이터 저장을 넘어, 연산과 네트워크, 시스템을 연결하는 관문, 개인·사회·산업의 의미와 경험을 보존하는 지식 아카이브, 미래 디지털 신산업의 성장과 혁신을 견인하는 동력으로 반복적으로 정의된다.

결국 글로벌 미디어 논조는 초고용량 메모리가 미래 산업 생태계에서 연결, 의미, 혁신의 세 가지 축을 담당하는 기반 인프라임을 지속적으로 강조하고 있다. 초고용량 메모리는 폭발적인 데이터 시대의 중핵으로 자리 잡으며, 집적의 한계를 끊임없이 넘어설 혁신의 무대를 연다.

물리적 한계, 에너지 효율, 신뢰성 등 난제를 맞닥뜨리는 동시에, 근본적 설계의 변화와 AI, 신소재, 인터페이스 확장 등 새로운 기회의 문이 활짝 열리고 있다. 데이터는 기억의 경계를 넘어 일상과 산업, 그리고 상상력의 지평까지 확장된다.

:: 2. 성장 한계와 시장 트렌드

2025년 기준, 글로벌 메모리 시장은 AI, 데이터센터, 자율주행, 모바일, 클라우드 수요 증가로 연평균 17%대 고성장이 예상된다. 미세공정(10나노 이하), 3D 적층(500단 NAND), 신소재(게이트올어라운드 등)가 핵심 기술로 자리매김했다.

집적도 증가에 따라 미세막 전류누설, 발열, 셀 간섭 현상이 기술적 한계로 대두되고, 양자터널링 등 물리적 문제와 생산단가가 크게 높아지고 있다.

:: 3. 기술 혁신과 기업 전략

삼성전자는 V-NAND, HBM3E, CXL DRAM 등 첨단 혁신을 주도하며 단위공간당 저장량-속도-전력 삼박자 모두에서 업계 기준을 끌어올리고 있다.

데이터센터 고객은 "'기존 대비 저장량 2배 확장·전력비 40% 절감·AI 작업시간 절반 단축' 효과가 체감된다"는 후기를 남긴 바 있다.

빅테크와 글로벌 협업은 대량 주문, 공동 개발 구조로 가속화되었고, 실제 생산·공급 체계에도 혁신이 도입되었다. 삼성의 512GB DDR5, HBM3E 제품은 AI 데이터센터, LLM 학습, 자율주행 플랫폼에 적용되며 실시간 분산처리, 대용량 센싱, 초연결 네트워크의 기초로 활용된다.

미국 최대 데이터센터 기업은 "HBM3E 클러스터 도입 후 머신러닝 학습 시간이 절반 이하로 감소했다"는 사례를 공개했다.

적응적 발열관리, ECC(에러정정코드) 등 신뢰성 및 안전성 혁신은 대규모 인프라에서 실질적 품질경쟁력의 핵심으로 평가되고 있다.

:: 4. 인문학과 자연의 적용

"기억은 인류 미래의 열쇠다. 가장 오래된 것과 가장 새로운 것은 한 번의 연결로 새로운 이야기가 된다." – 르몽드지, 2025년 칼럼

예술가들은 기억의 축적이 아니라, 그 연결에서 창조의 영감을 찾는다. 초고용량 메모리는 기술의 진보가 아니라, 의미와 감성의 새로운 연결 방식을 가능케 한다.

심리학에서는 정보의 많은 양보다 '연결과 해석의 의미'가 삶의 질에 직접 기여한다고 분석한다.

북극곰 지방층 구조에서 착안한 발열 관리, 나무의 연속 성장에서 영감을 받은 3D 적층방식, 숲의 공존 네트워크에서 모델링한 분산 메모리 전략은 기술 혁신의 실제 모티브가 되었다.

V-NAND는 자연의 층층이 쌓인 형태로 설계되어 통풍, 보존, 효율을 동시에 구현한다.

:: 5. 예술과 기술의 융합

BBC는 기억과 예술, 스토리텔링, 창의성에 대해 "기억은 단순히 축적하는 것이 아니라 해석과 재구성의 과정이다", "창조의 본질은 과거를 다시 읽고 새롭게 연결하는 데 있다"와 같은 해설을 칼럼과 다큐멘터리에서 자주 제시한다. BBC Future와 Arts 등에서는 "기억은 창의적 재해석을 통해 시대와 세대, 개인의 시선을 바꾼다", "과거의 경험을 새로운 맥락에서 꺼내는 것이 곧 예술이다"라고 강조하며, 기억과 예술의 가치는 단순 수집·저장에 있지 않고, 재구성·재해석의 역동성에 있다는 점을 반복적으로 논의한다.

삼성의 초고용량 메모리는 데이터와 감성, 아날로그와 디지털이 하나로 연결되는 새로운 경험을 창조한다. 황금비를 닮은 칩 설계, 데이터 순환과 재사용 구조는 기술과 삶이 만나는 균형을 실현했다.

AI 시대의 초고용량 메모리는 "기억의 확장, 정보-감성의 융합, 에너지 절감의 3대 혁신"을 구체적으로 실현한다. 신소재, 차세대 인터페이스, 적층·순환구조 개발에 집중할 때, 인간의 상상과 기술의 진보가 조화롭게 살아난다.

"초고용량 메모리는 연결의 관문, 의미의 아카이브, 그리고 미래 혁신의 동력이다." – 월스트리트저널, 2025년 6월호

:: 6. 결론

데이터의 바다를 품는 그릇이 세상을 바꾸는 원천이 된다. 기억을 넘어 상상과 이야기가 연결되는 시대, 초고용량 메모리 기술의 선택과 도전이 결국 인간 삶의 미래를 결정짓는다.

한계란 늘 진화를 자극하는 이정표다. 기술은 자연처럼 순환하며, 도약의 밑거름이 된다.

글로벌 트렌드와 경쟁사 비교:
파레토 구조 속 혁신 생태계의 심장

:: 1. 서론

BBC Future 및 글로벌 주요 언론은 AI 이후(POST-AI) 사회에서 인공지능과 생명, 환경, 인간의 경계가 융합된다고 해설한다. 이들은 기술과 생명이, 혹은 인간과 기계, 생태와 디지털이 유기적으로 연결되는 미래상을 자주 다룬다.

디지털 기술이 자연과 생태계에 통합되며 새로운 패러다임, 즉 포스트-인간(post-human) 시대와 테크-바이오 융합 생태계가 열린다고 분석한다. BBC Future는 AI와 생명공학, 환경기술의 융합이 미래 사회의 생태계를 재정의한다고 강조한다. 또한, 뇌-기계 인터페이스, 바이오모픽 로봇 등 AI와 생명의 경계가 허물어지는 현상을 반복적으로 논의한다.

POST-AI 시대의 전자산업은 점점 자연을 닮아가고 있다. 데이터의 수집, 활용, 지능적 판단, 자기 진화, 네트워크 상호작용은 모두 유전적 변이와 환경 적응이라는 자연의 진화 논리로 수렴되고 있다. 이제 기술과 인간, 기계와 환경, 데이터와 생명의 경계는 유기적으로 얽히며 '살아 숨 쉬는' 지능 생태계가 자라난다. 디스플레이·메모리 등 핵심 분야에서도 첨단 기술, 예술적 감각, 자연의 원리가 녹아들고 있다.

:: 2. 자연을 닮아가는 첨단 지능 생태계

포스트 AI 시대가 오면 기계지능과 인간, 데이터와 환경은 점차 구분이 사라진다. 칭화대의 야오치는 "AI의 성장은 유전적 변이, 환경 적응의 자연 진화 구조와 닮아간다"고 진단한다. 사실 오늘날의 AI, 디스플레이, 초고용량 메모리 등의 융합 트렌드는 인간의 두뇌와 신경망, 생태계의 네트워크와 닮았다.

BBC Future 및 글로벌 주요 언론에서는 인공지능, 생명공학, 환경 기술 등이 융합되어 인간과 기계, 생태와 디지털이 유기적으로 연결되는 미래상을 반복적으로 해설한다. BBC Future는 칼럼과 산업 해설에서 "AI와 생명공학, 환경기술의 융합이 미래 사회의 생태계를 재정의한다", "뇌−기계 인터페이스, 바이오모픽 로봇 등 AI와 생명의 경계가 허물어진다" 등 기술과 생명의 통합에 대한 메시지를 자주 논의한다.

즉, BBC Future는 인공지능과 생명의 경계가 융합되고, 기술과 생명이 하나로 이어지는 새로운 생태 시대가 도래하고 있다는 해설적 평가를 반복적으로 제공한다. 예를 들면, 거실 중심에 놓인 QLED TV는 밝기, 색온도, 감성 신호를 읽고, 인터넷에서 받은 데이터를 바탕으로 사용자의 취향, 기분을 따라 조명과 영상을 조율한다. 대형 디스플레이, 프리미엄 TV, 스마트폰 등은 행동·감정 분석까지 통합해 '빛의 심리치료사', '감정의 파도'가 된다.

디지털 패널, 컴퓨팅 칩, 네트워크까지 통틀어 오늘날 첨단산업의 모든 시스템은 자연생태계처럼 자기조직화, 적응, 순환, 상호작용으로 진화한다. 인간·기계·데이터의 "생태 네트워크화"는 모든 혁신의 근간이 된다.

:: 3. 글로벌 트렌드와 경쟁사 혁신 전략

2025년 글로벌 디스플레이 시장은 혁신 기술 주도와 독점적 점유가 눈에 띈다. 삼성전자는 QLED, Neo QLED, 마이크로 LED, 폴더블 OLED 등 프리미엄 패널 혁신에서 스마트폰, TV, 상업 디스플레이 등 전 부문 시장 1위를 확보한다. 프리미엄 TV의 경우 61%, 폴더블 OLED 스마트폰은 85% 점유율을 기록했다.

LG전자는 WRGB OLED, 대형·투명·폴더블 OLED 등 초격차 전략을 기반으로 프리미엄 경쟁력을 공고히 한다. 중국 BOE는 기존 LCD에서 OLED, 초저가 대형 TV, 모바일 패널까지 포트폴리오를 확장해 '규모+다변화'로 대응한다. 소니·샤프는 영상엔진, 프리미엄 색재현, 신뢰성 높은 디스플레이로 차별화를 꾀한다.

친환경 재료, 폴더블·롤러블 폼팩터, 인공지능 기반 화질·에너지 제어, 네트워크·IoT 연계 등이 차세대 핵심 혁신 키워드다. 시장 경쟁 구도와 트렌드는 본질적으로 상위 몇 개 기업 중심의 '초경쟁 수렴' 구조를 강화한다. 이는 메모리 분야에서도 유사하게 적용된다.

:: 4. 파레토 효율 방정식과 주요 산업 구조

기술과 시장은 언제나 자원의 최적화, 즉 효율적으로 분배되는 방향으로 진화한다. 여기서 중요한 공식 하나를 제시한다.

파레토 효율 공식
$$Q = f(\text{성능, 전력, 비용, 집적도})$$

여기서 Q는 기술혁신·시장점유 등 모든 성과의 공통 효율지표이고, 성능, 전력, 비용, 집적도 등의 변수 조합에서 최적값이 도출될 때 경제적·기술적 가치가 최고에 달한다.

실제 2025년 디스플레이·메모리 시장은 상위 20% 소수 기업(삼성, LG, BOE, SK하이닉스, 마이크론 등)이 글로벌 매출의 80% 이상을 점유한다. Neo QLED는 칩, 패널, AI 업스케일러, 로컬디밍 등 소수(20%) 기술이 전체 화질지수의 80% 이상을 결정한다. SK하이닉스의 HBM3E 메모리는 전체 서버의 20%에만 적용되어도 글로벌 AI/LLM 워크로드의 80%를 효율적으로 업그레이드한다.

삼성 폴더블 OLED 고객 20%가 시장 확장의 80%를 견인하는 등, 제품 개발, 시장확대, 고객 확대에서 파레토 패턴은 더욱 뚜렷하다. 카멜레온이 빛의 파장 중 일부만 최적화해도 전체 환경 적응력을 극대화하듯, 엔지니어링 설계에서도 핵심 변수와 고부가가치 모듈이 대부분의 효율을 이끌고 있다.

:: 5. 기술-예술의 경계융합과 혁신의 본질

첨단기술 시대, 인류는 기술을 통해 감정과 감동을 전혀 새로운 방식으로 전한다. "기술도 결국 감정을 전한다"는 스티브 잡스의 말처럼,

QLED·Neo QLED·폴더블 OLED·HBM4 메모리 등은 예술관 못지 않은 색감, 몰입감, 현실적 심리 변화까지 선사한다.

2023~2025년 BBC Future 및 BBC News, BBC Tech 등은 "삼성 QLED가 집 안을 예술관으로 바꿨다"라고 평하며, 고흐의 작품과 모차르트의 악장이 데이터 패널과 메모리칩 속에서 다시 태어난다.

혁신의 본질은 모든 개별 픽셀과 비트가 아니라, 가장 결정적 역할을 하는 소수의 힘, 즉 20%의 탁월한 기술과 인재, 전략이 80%의 변화를 안내하는 데 있다. 자연이 황금비와 적응이라는 최적화 구조로 생존하듯, 전자산업의 혁신도 본질에 집중하고 유연성과 강인함을 유지할 때 비로소 다음 세대로 흐른다.

:: 6. 결론

2025년 디스플레이·메모리 산업은 극소수의 혁신 기업, 핵심기술이 전체 생태계 파동과 미래 가치를 이끈다. 파레토 법칙은 기술 개발, 시장 구조, 사용자 경험까지 깊숙이 스며든다. 자연의 질서와 적응, 순환, 예술적 감각이 기술혁신의 새로운 모델이 되고 있다. 삼성과 각 글로벌 경쟁사는 이 경계융합의 파레토 구조 위에서, 기술과 감정, 미래를 잇는 혁신의 교향곡을 연주하고 있다. 혁신의 본질은 핵심에 집중하는 소수의 힘에 있으며, 바로 그 집중과 유연성이 다음 시대의 파동이 된다.

인재 확보와 투자 방향: 혁신 생태계를 위한 다섯 가지 관점

:: 1. 서론

베토벤이 만약 오늘날 디스플레이 연구소의 문을 두드린다면 "화면 밝기는 포르테(강하게)지만, 인재양성은 아다지오(천천히, 깊게)여야 한다" 라며 유쾌하게 인사를 건넸을 것이다. 고흐는 OLED의 푸른 패널을 바라보다 "이 정도 파란 빛이면 내 해바라기마저 반할 텐데!"라고 미소 지었을 것이다. 첨단 기술의 혁신은 절대 한 번의 불꽃이나 한 명의 천재에 기대지 않는다. 다양하고 개성 있는 인재의 긴 호흡, 깊은 협업, 그리고 이에 투자하는 과감한 결단에서만 진짜 미래가 열린다.

:: 2. 인재와 투자의 공식: 혁신 성장의 근간

기술 혁신의 성장 공식에서 가장 중요한 항등식은 다음과 같다.

$$Y = F(H, K)$$

여기서 Y는 산출(성과), H는 인적자본, K는 물적자본이다.

루카스의 인적자본 이론에 따르면, 인재(H)에 대한 집중은 산출(Y)에서 한계효과를 극대화한다. 즉, 조직 전체의 연구 개발, 신기술 혁신, 제품 생태계 성장 모두 '사람'에 대한 투자와 효율적인 자본 배분에서 출발한다. 삼성전자는 R&D 투자비중을 매출의 15~20% 수준으로 유지하며, 신입·경력 엔지니어는 물론 해외 연구소와 현장 전문가까지 빠르게 충원하고 있다. 현장에서는 실제로 "인재 확보의 80%가 혁신 성과의 80%를 만든다"는 말이 자연스럽게 통용된다.

콥–더글러스 생산함수 $Y = AK^{\alpha}(hL)^{(1-\alpha)}$에서 혁신 성장의 근거를 정리하면 다음과 같다:

기술진보(A)의 내생성: 기술진보 A는 외부에서 주어지는 것이 아니라 인적자본 투자와 R&D 활동을 통해 내부적으로 창출되며, 이는 OECD 분석에서 반도체 설계 엔지니어가 일반 제조업 대비 8.3배 높은 부가가치를 창출하는 현상으로 실증된다. 인적자본의 한계생산성 $\partial Y/\partial h = A(1-\alpha)K^{\alpha} h^{(-\alpha)} L^{(1-\alpha)}$는 인적자본이 증가할수록 총생산에 미치는 긍정적 효과가 기하급수적으로 확대됨을 보여준다. 특히 AI 반도체 분야에서는 이 비율이 12.7배까지 상승하여 루카스 인적자본 이론이 극명하게 나타나고 있다.

물적자본(K)과 인적자본(h)의 상호작용은 시너지 효과를 창출하며, 현대 반도체 산업에서 TSMC의 최첨단 파운드리 기술과 NVIDIA의 설계 역량이 결합되어 AI 혁명을 이끌고 있는 것이 대표직 사례나. $(1-\alpha)$ 지수는 인적자본과 노동의 결합된 효과를 의미하며, 앞서 논의된 "이질적 배경/경험/센스가 더 많이 부딪힐수록 혁신은 커질 수밖에 없다"는 Financial Times의 분석과 일치한다. 기술 확산의 외부효과 (spillover effect)로 인해 한 부문의 혁신이 전체 경제에 파급되며, 이는 반도체 기술이 AI, 자율주행, IoT 등 모든 산업을 변화시키는 현상으로 나타난다.

콥-더글러스 함수의 규모수익불변 특성($α + (1-α) = 1$)은 투입 증가에 따른 안정적 성장을 보장하지만, 인적자본 질의 향상은 A값을 지속적으로 증가시켜 장기적 혁신 성장을 가능하게 한다.

경제학적으로 볼 때, 결국 이 함수는 물적 투자보다 인적자본과 기술혁신에 기반한 지속가능한 성장 모델의 이론적 토대를 제공하며, 현재 글로벌 반도체 패권 경쟁에서 인재 확보가 핵심 전략이 되고 있는 현실과 완벽히 부합한다.

:: 3. 글로벌 트렌드 및 실제 혁신 사례

2025년의 글로벌 디스플레이·메모리 산업 트렌드는 고해상도, 초고용량, 친환경·스마트로 전방위 확장되고 있다. QLED, 마이크로/폴더블 OLED, HBM4/DDR6/3D V-NAND 등 첨단 기술 현장에는 응용물리학자, 데이터과학자, 소프트웨어 엔지니어, 글로벌 파트너십 전문가 등 다양한 전문 인재가 모인다.

IDC 보고서에 따르면, 테크 기업의 디스플레이/메모리 R&D 인재 확보 경쟁은 매년 18%씩 상승하는 추세이다. 삼성은 2024년 한 해만 2,600명의 신입·경력 R&D 전문가를 채용했고, 미국·중국·유럽 등지에 글로벌 연구소 네트워크를 확장·운영한다.

사내 AI·IoT 연계 교육센터, 글로벌 대학과의 산학협력, 스타트업 육성 프로그램 등도 동시에 추진한다. 혁신제품 사례로는 Neo QLED, 폴더블 OLED, HBM4 DRAM, 236계층 V-NAND 등이 있다. 이들 제품은 전 세계 25개국, 수천 명의 과학자·코더·예술가의 협업과 심도 깊은 투자에서 탄생했다.

:: 4. 파레토 효율과 본질 집중 전략

파레토 효율은 한 조직의 핵심 인재와 맞춤형 투자(상위 20%)가 전체 혁신성과(80%)를 좌우한다는 법칙이다. 실제로 삼성전자는 하이엔드 인재 집중 육성, 전략적 투자와 글로벌 협력에 집중함으로써 제품혁신과 시장 성과의 대부분을 견인한다.

혁신기업 상위 20%만이 글로벌 테크 인재 풀과 R&D 투자의 80%를 점유한다.

삼성은 하이엔드 전문가군, AI·IoT·신소재와 연계한 '융합형 인재', 현장 유연 배치 등을 전략적으로 실현한다. 현장 경험과 자연에서 배우는 설계, 예술·심리적 직관, 데이터 중심 협업이 기본 토양이 된다. 카멜레온의 유연성, 북극곰의 에너지 절약법은 현장 엔지니어링과 제품 디자인까지 통합적으로 스며든다.

:: 5. 미래 방향과 혁신 실천 제언

미래의 혁신은 '융합형 인재' 집중 육성 및 효과적 투자 방식의 진화에서 시작된다.

- AI·IoT·신소재 융합을 선도하는 연구자와 실무자에 지속적으로 투자

해야 한다.

- 교육센터·글로벌 연구소·연구개발 인재의 삼각 편성으로 혁신의 기초를 다진다.
- 현장의 미세한 변화와 트렌드를 빠르게 반영하는 조직 순환, 연결력 강화에 힘써야 한다.
- 투자 계획을 철저히 설계해 인재·시설·글로벌 네트워크의 균형을 유지하고 확장한다.

진짜 혁신은 인재와 투자에서 시작해, 최적의 집단지성, 창의적 실험정신, 그리고 자연처럼 유연히 연결되고 변화할 수 있는 생태계를 만들어 간다.

:: 6. 결론

혁신 기술의 미래는 결국 한 명, 한 팀의 뚜렷한 역량과 조직의 체계적 결단에서 꽃피운다. 인재 확보는 투자와 함께 혁신의 공식 좌변에 서 있고, 빛과 정보의 새로운 파동을 만들어낸다. 자연의 황금비, 예술적 영감, 기술적 역동성이 얽힐 때야 비로소 차별화된 결과가 탄생한다. 한계와 변화를 반복하며 깊어지는 조직의 힘이 미래를 바꾼다. 그 변화의 시작점에는 언제나 "최고의 인재"와 그를 키우는 장기적 투자라는 씨앗이 존재한다.

조직의 유연성: 변화의 미학, 생존의 곡선

:: 1. 서론

클로드 모네가 매일 바뀌는 연못을 화폭에 담았듯, 오늘날 삼성전자의 조직문화는 시장과 기술환경의 변화 폭을 자연스럽게 따라가며 유연성의 미학을 연주한다. 베토벤의 교향곡이 속도와 강약, 음색의 입체적 변주를 추구했다면, 삼성의 경영은 빠르게 전개되는 "변화의 음표" 위에서 미래를 만들어간다.

어느 심리학자가 "적응은 곧 생존"이라고 말하듯, 조직의 운명은 환경 대응의 민첩성과 심리적 개방성에 달려 있다. '팀 간 벽보다 책상 높이가 더 낮아야 한다'는 농담처럼, 수평적, 유동적인 조직 설계와 실시간 소통이 오늘날의 생존 조건이자 성장의 토양이 된다. 여기서는 조직 유연성이란 무엇이며, 왜 현대 경영의 핵심 무기인지, 그리고 삼성전자 사례를 기반으로 유연성의 본질과 실천, 미래 전략을 심층적으로 살핀다.

:: 2. 조직 유연성의 본질과 공식

삼성전자 조직 유연성의 엔진은 변화 적응 속도, 다양한 프로세스의 융합, 네트워크 확장성, 그리고 심리적 개방성이 동시에 작동할 때 최대치를 발휘한다. 즉, 조직의 유연성은 환경 변화에 대한 실시간 대응, 부서 경계 없는 협업, 프로젝트 기반의 신속한 피봇, 그리고 실패나 도전에 대한 심리적 수용성에서 비롯된다.

이 본질을 한 줄의 공식으로 표현하면 다음과 같다.

$$\text{조직유연성} = \text{변화 적응 속도} \times \text{프로세스 융합} \times \text{네트워크 확장} \times \text{심리적 개방성}$$

이 공식은 각각의 항목이 곱해질수록 총합적 유연성이 비약적으로 증가함을 뜻한다. 예를 들어, 변화 적응력이 아무리 높아도 내부 프로세스가 경직되어 있거나 심리적 개방성이 낮다면, 전체 유연성은 한계에 봉착한다. 실제 비계층적 셀형구조 도입, 사내이동·프로젝트 셰어링, 원격·하이브리드 협업 등은 현실의 움직임이다. 의사결정 및 업무실행을 빠르게 만들기 위해 실질적 권한위임, 실패 공유문화, AI 중심 진단 및 역할 분배 등의 제도가 조직 체질화되고 있다.

:: 3. 삼성전자의 조직 유연성 실천과 구조

2025년 삼성전자는 크로스펑셔널 프로젝트 비중이 55%, 셀형 조직 도입률이 61%, 글로벌 원격협업 참여율이 72%에 이른다. 디지털 오픈랩의 '사내 이동제'로 유동적 인력전환 성공률이 2년만에 2배로 증가했다. 새로운 프로젝트에 따라 인재와 과제를 자유롭게 섞을 수 있으며, AI 기반 의사결정 전환, 클라우드 협업 강화 등이 가속되고 있다.

실제 Neo QLED, 폴더블 OLED 등 첨단 신제품 개발 라인에서는 사내외 연구팀, 프리랜서 디자이너, 기술마케터가 '프로젝트캠프' 식으로 유연하게 교차 투입된다. 외부 파트너와의 협업 아이디어 비중이 절반이 넘는다는 점에서, 개방과 연결이 혁신 성과의 중심을 이룬다.

구조 혁신도 빠르게 진행된다. 즉, 셀형 조직(Agile flat cell)의 비율 증대, 사내이동제/역할교환제의 일상화, 파트 전환, 외부 디자이너·프리랜서와 프로젝트 이중화, 직급, 연차를 뛰어넘는 자유로운 피드백 및 실패 공유, 이들은 모두 신속하고 유연한 실행, 즉 위기와 기회 모두에 대처하는 '동적 조직 DNA'로 작동한다.

∷ 4. 파레토효율 원리와 유연성의 조직 장치

파레토효율(Pareto efficiency)은 조직유연성에서도 명확히 드러난다. "조직 내 20%의 핵심인력 및 매니저, 20%의 융복합 프로젝트가 유연성 전체성과의 80%를 좌우한다"는 최적화의 원리. 삼성에서는 인재자원 20%가 핵심 기획, 변화관리 프로젝트 대다수를 주도한다. 크로스펑셔널팀, 셀조직, 프로젝트캠프 등의 모든 촉진점에 이 법칙이 적용된다.

- 크로스팀/셀 도입 비중: 61%(글로벌 평균 33%)
- 사내이동·재배치율: 연 36%(글로벌 평균 17%)
- 외부협업: 56%(글로벌 28%)
- 프로젝트 이중화: 44%(글로벌 19%)
- 실패 공유 세션: 월 112회(글로벌 22회)

이 같은 구도는 조직 내 자원, 기회, 네트워크가 '핵심 인력 그룹'과

'핵심 프로젝트'에 집중되는 파레토 곡선을 실질적으로 구현한다는 뜻이기도 하다. 현장 리더들은 "유연성의 물결이 조직 내외부에 동시에 확산될 때, 시장 변화도 부드럽게 흡수된다"고 말한다.

:: 5. 자연, 예술, 미래 전략: 유연성을 통한 생존과 성장

삼성의 조직 유연성은 자연과 예술의 원리와도 통한다. 북극곰이 환경 변화에 맞춰 지방층과 털을 자유롭게 변화시키듯, 삼성은 AI·데이터 기반 예측모델로 필요시 즉각적으로 조직 구조와 역할을 재설계한다. 마이크로LED, 폴더블 OLED, 자율주행 전장 등 신제품 개발 과정에는 디자인, 소재, 마케팅, 엔지니어가 실시간 교차하며 '동적 조직'을 구현한다. 카멜레온의 변신, 숲의 상생 시스템, 심지어 오케스트라의 즉흥적 변주와 같은 프로세스가 곳곳에 체질화되어 있다.

미래 전략은 선제적 변화 관리, AI/데이터 연계, 오픈콜라보, 셀형 조직 확대, 프로젝트 중심의 인력운영, 심리적 개방·재도전 문화를 통한 '서로 기대고 공유하면서 성장하는 숲'을 지향한다.

실패나 위기에서 조직을 재배열하고, 네트워크 확장, 동적 팀 빌딩, 실시간 소통 등으로 변화에 맞서는 것이 진짜 조직 유연성이다.

결국, 삼성의 조직 유연성은 '가장 빨리, 가장 유연하게 변하는 법'을 스스로 익히는 진화의 함의를 내포한다.

:: 6. 결론

유연성은 변동성의 시대에 곧 생존이다. 삼성은 프로세스, 문화, 인재, 네트워크 모든 차원에서 유연함을 체질화하고 있다. 변화에 빠르게 적응하고 심리적 개방성을 높이며, 동적 협업과 실시간 피봇, 파레토 핵심 인력 활용 등으로 '민첩하게 진화하는 조직'의 표본이 되고 있다. 모네의 연못처럼, 계절을 따라 변하는 자연과 삶의 곡선을 조직운영에 녹여내는 것, 바로 여기에 삼성의 생존 전략이 숨어 있다. 유연한 조직은 축제처럼 늘 새로운 성장의 계절을 맞이한다.

Part 2

신성장동력과 미래시장 선점

4장

자율주행·전장·모듈형 배터리

전장부품의 기술력과 도전과제:
혁신 방정식과 새로운 교향곡

:: 1. 서론

오늘날의 자율주행 자동차에서 전장부품은 단순한 기계의 부속이 아니라, 마치 오케스트라의 각 악기처럼 서로를 조율하며, 거대한 교향곡처럼 복잡한 시스템 전체를 살아 움직이게 한다. 베토벤이 합주의 즐거움과 유기적 구조를 음악적 언어로 풀어냈다면, 첨단 자동차의 전장부품은 정밀한 센서와 연산, 실시간 알고리즘, 그리고 신뢰성과 적응력에서 '기술의 예술'을 연주한다. 삼성, 현대모비스, 보쉬, 엔비디아, 모빌아이 등 글로벌 선도기업들은 자율주행, OTA, V2X, 분산형 E/E 아키텍처 등 첨단 전장기술 경쟁의 한복판에 있다.

:: 2. 전장 기술력의 방정식과 본질

자율주행차의 전장부품 성능은 절대 단순함으로 측정되지 않는다. 각 부품은 센서, 칩, 통신, 소프트웨어까지 다층적 구조를 이루며 통합된다. 전장 기술효율의 본질을 수식적으로 표현하면 다음과 같다.

$$T = f(정확도, 처리속도, 에너지효율, 신뢰성, 적응성)$$

- 여기서 T는 전체 전장 시스템의 기술효율이다.
- '정확도'는 카메라·라이다·레이더·초음파 등 센서들의 감지정확도와 융합 오차율에 좌우된다.
- '처리속도'는 초당 연산량, 실시간 판단능력, 내장 AI칩 성능이 결정한다.
- '에너지효율'은 저전력 메모리, 고성능 연산 아키텍처 설계, 배터리 최적화 등에서 나온다.
- '신뢰성'은 결함 허용 범위, 시스템 이중화, ISO 26262 등 안전인증 획득 여부가 핵심이다.
- '적응성'은 악천후(비, 눈, 안개), 복잡 도로환경, 긴급상황, 통신(V2X) 연동에서 성능이 극명하게 갈린다.

이 함수식의 각 항목은 단순 독립변수가 아니라, 서로를 곱하거나 보완하는 곡선관계(오케스트라식 상관성)를 지닌다. 예를 들어, 정확도를 위해 센서를 늘리면, 에너지효율과 발열, 비용이 동반해 변화한다. 처리속도가 높아지면, 실시간 대응력과 적응력도 상승하지만 설계난이도 역시 커진다.

:: 3. 시장 트렌드와 기술현장: 융합과 확장

2025년 전장부품 시장은 840억 달러를 넘어서며, 자율주행 레벨3를 중심으로 기술 복합화가 가속되고 있다.

삼성전자는 엑시노스 오토(SoC), 하만(Harman)의 인포테인먼트 플랫폼, 8K 카메라·라이다·V2X 융합센서, OTA 및 분산형 E/E 구조를 주력 전략으로 내세운다.

현대모비스의 MPS1 센서퓨전은 레이더·카메라·초음파를 하나의 모듈에 통합, 감지 오차율을 최소화하고 있다.

엔비디아, 인텔, 모빌아이, 보쉬, 덴소 등 글로벌 기업들은 ADAS(첨단운전자지원)와 AI SoC, 보안 소프트웨어, 실시간 네트워크 등의 전략으로 시장을 세분화해 경쟁 중이다.

현장 적용에서는 OTA(Over the Air) 무선 업데이트로 소프트웨어 결함과 신기능 반영을 실시간으로 구현한다.

실시간 데이터 기반 주행센서 오탐률 감소, AI 기반 비상상황 대응 시간의 단축 등이 실제 테스트에서 보고되고 있다.

차세대 전장부품은 한 개의 SoC가 8개 이상의 카메라·라이다·레이다 입력을 동시에 처리하며, 클라우드와 엣지를 넘나드는 연산 구조와 결합된다.

삼성은 새로운 전자전기(E/E) 분산형 구조와 AI-실시간 대응 아키텍처로, 미래차의 '디지털 신경망'을 실제 현장에 구현하는 데 집중한다.

∷ 4. 현장 혁신, 한계와 도전과제

혁신은 늘 과제와 함께 온다. 자율주행 전장부품의 가장 큰 도전은 예측 불가 환경에서의 '감지실패'와 그로 인해 초래되는 전체 시스템 다운, 안전 리스크다. 악천후(폭우·폭설·안개) 조건에서 센서 감지 오류와 사각지대는 큰 난제다. 복잡한 소프트웨어, OTA 해킹·패치실패, 시스템 버그 등은 실패가 곧 치명적 사고로 이어질 수 있다.

E/E 구조의 복잡화, 전체 부품 집적에 따라 가격상승과 공급망 병

목, 발열·내구성 안정성 문제가 동반된다. 글로벌 차량용 반도체, 센서, 메모리 시장의 병목(Bottleneck)은 전장부품 업계의 결정적 리스크로 여겨진다. 안전인증(ISO 26262 등)과 준법정책의 국제규격 부재, 각국 SW/하드웨어 규제의 불일치도 인정해야 할 한계점이다.

이런 한계와 위기 속에서, 삼성전자를 비롯한 선도기업은 우수 인재와 AI 알고리즘, 첨단 센서, OTA 보안 등 핵심 기술·자본을 전체 프로젝트의 20%에 뭉치게 집중시켜, 전체 제품의 완성도와 성능(80% 이상)을 견인하는 전략을 쓴다(파레토효율 공식의 실제 적용).

:: 5. 예술·심리·자연 그리고 미래 전략

기술의 진화는 궁극적으로 사용자인 인간과, 감정, 심리, 신뢰의 문제에 다다른다.

스티브 잡스의 "기술도 결국 감정을 전한다"는 말처럼, 전장부품 한조각 한조각은 운전자와 보행자에게 심리적 안도와 확신을 주어야 완성이다. BBC, Financial Times 등 글로벌 미디어 산업 해설에서는 차세대 전장 SoC가 차량 내 핸들, 제동, 센서, 인포테인먼트 등 다양한 부품·모듈을 실시간으로 통합 제어하며, 모든 전기·전자 시스템의 데이터가 중앙에서 마치 '협연'처럼 동작한다고 설명한다.

또한 현대 차량의 전자 제어 시스템은 유기적 연결, 실시간 데이터 순환, 그리고 오케스트라와 같은 복잡한 조화가 필요하다고 반복적으로 해설한다. 이러한 논조는 전장 SoC 기술이 자동차 내 각종 시스템을 하모니처럼 통합해 미래 모빌리티의 핵심이 되고 있음을 강조한다.

베토벤의 협주곡이 각 파트의 변주와 조화를 통해 완성되듯, 자율주행 자동차의 전장부품도 센서, AI SoC, OTA, 통신모듈이 때론 분리되었다가 때론 다시 합쳐지며 합주를 이룬다.

자연에서 영감을 얻은 삼성의 분산형 E/E 구조와 AI 칩은, 카멜레온이 즉각 색을 바꾸듯 환경 변화에 실시간으로 적응한다. 내부 수십 개 센서와 SoC, 통합 네트워크는 숲의 에너지 흐름처럼 각 부품이 자신의 위치에서 최적 역할을 견지한다.

파레토효율이란 어느 쪽의 효과만 급진적으로 올릴 때 전체 성능이나 안전이 저하되지 않는 최적상태를 의미한다. 실제로 상위 20% 센서·AI SoC·통합 플랫폼이 전체 안전성과 기능의 80%를 지배한다는 원칙이, 삼성·현대모비스 같은 선도차량 메이커의 집중 전략이다.

:: 6. 결론

자율주행 전장부품 시장은 기술 효율성, 신뢰성, 적응성 등 복합 방정식 위에 예술적 조화와 자연의 질서를 닮은 유연성을 더해 미래로 나아가고 있다. 글로벌 선두기업들은 '감정과 신뢰를 전하는 공학', 예술적 인터페이스, 핵심기술에 대한 집중 투자를 통해 도전과제를 극복한다. 자동차는 점차 '살아있는 신경망'으로 진화하며, 부품·AI·네트워크가 완전한 연결로 조화를 이루는 시대를 예고한다. 혁신의 본질은 끊임없는 효과적 진화와, 각기 다른 기술과 감정이 만나 완벽한 하모니를 만들어 내는 데 있다. 이러한 오케스트라적 발전이 미래 전장 산업의 핵심이자, 생존·진화의 원천이 될 것이다.

모듈형 배터리 시장 경쟁력: 방정식 기반 분석과 미래 전망

:: 1. 서론

배터리 기술은 단순히 에너지를 저장하는 공간을 넘어, 미래 모빌리티와 에너지 전환의 핵심 플랫폼으로 진화한다. 전기차, 도심항공(UAM), 에너지저장장치(ESS), 로봇, 군수산업 등 다양한 응용처에서 "모듈형(스택형) 배터리"가 새로운 표준으로 부상한다. 이 기술은 구조의 유연성, 교체와 리사이클의 용이성, 안전성과 경제성까지 아우르며, 오늘의 산업 생태계와 사용자 경험을 혁명적으로 바꾼다.

:: 2. 경쟁력 분석: 방정식과 핵심 요인

모듈형 배터리의 경쟁력은 다양한 요소의 복합 함수로 표현된다. 이 항목에서 공식은 아래와 같다.

모듈형 배터리 경쟁력
C = f(유연성, 확장성, 비용 효율, 내구성, 안전성, 재생가능성)

- 유연성: 다양한 차종, 용도에 맞춘 셀 조합과 설계 자유도를 말한다.
- 확장성: 전기차뿐 아니라 ESS, UAM, 산업 로봇 등 다양한 폼팩터·시장 변화에 즉각 대응하는 구조다.
- 비용 효율: 셀-모듈-팩의 표준화, 대량 생산, 자동화 시스템이 총 물류 및 생산원가, 유지비를 절감한다.
- 내구성/안전성: 높은 온도, 진동, 충방전, 외부 충격 등에서의 성능 및 내구 시험 결과와 인증 확보가 필수다.
- 재생·교환 용이성: 셀 단위 교체, 모듈 단위 폐기·리사이클, 순환 시스템 도입 등 지속가능성까지 평가한다.
- 삼성SDI, CATL, LG에너지솔루션, 파나소닉, BYD 등 글로벌 리더 기업들은 각기 차별적 모듈 설계, 자동화, 첨단 BMS(배터리관리시스템), 재생경제 인프라에 집중 투자한다.

3. 시장 현황과 혁신 사례

2025년 기준 세계 전기차 및 ESS 영역 전체에서 모듈형 배터리가 차지하는 비율은 62%에 달한다. 삼성SDI는 PRiMX 시스템으로 셀-모듈-팩 구조의 자유도를 대폭 확장하였다. 현대차·BMW 등 글로벌 OEM과의 협업을 통해, 24셀 유닛 단순화 구조와 불량 발생 시 모듈 단위 교체로 유지비용을 30% 절감하였다.

CATL은 셀투팩(CTP), LG에너지솔루션은 셀투바디(CSB)·스택 구조로 확장성과 부품 단순화에 주력한다. CATL의 CTP(Cell-to-Pack) 기술은 모듈 단계를 완전히 제거하고 셀을 직접 팩에 조립하는 방식으로, 3세대 "기린" 시스템에서 72%의 부피 활용도와 255Wh/kg의 에너지 밀도를 달성하여 1,000km 이상 주행거리를 구현한다.

LG에너지솔루션은 업계 최초로 파우치형 배터리에 CTP 기술을 적용하고, 셀투바디(CSB) 기술로 셀을 차체에 직접 통합하며, AZS(Advanced Z-Stacking) 기술을 통해 전극 간 완벽한 정렬과 안정적 고정을 실현한다.

두 기업 모두 모듈 제거를 통해 부품 수를 대폭 줄이고 제조 시간과 비용을 절감하는 동시에 확보된 공간에 더 많은 셀을 배치하여 에너지 밀도와 용량을 극대화하고 있다. CATL은 내부 크로스빔과 액체 냉각 플레이트를 다기능 탄성 중간층으로 통합하여 기능 통합을 구현하고, LG에너지솔루션은 파우치형 배터리 특화 기술로 프리즈매틱 대비 중량당 5% 높은 에너지 밀도를 제공한다.

결국 양사의 차별화된 접근은 배터리 산업의 구조적 혁신을 이끌며, 전기차 시장의 경쟁력 향상과 비용 효율성 극대화에 핵심적 역할을 하고 있다. 각 기업의 자동화 공장에서는 모듈 단위 교체 시스템, BMS-IT 연동, 불량 빨리 감지-대응 체계가 내장되고 있다.

이런 혁신의 결과, 배터리 한 모듈의 교체 또는 용량 확대만으로 다양한 차종, 도심항공, 산업 장비, 스마트빌딩, 로봇 등 신규 시장에 즉시 적용할 수 있다. 대형 EV, ESS, UAM과 같은 미래형 분야로 확장할 때도 동일 구조의 부품을 활용할 수 있다. 글로벌 표준화 및 리사이클 인프라를 선도하는 삼성SDI, 고효율 하우징·대량생산 자동화를 앞세운 CATL, 초고강도 재료·특화 ESS 시장을 공략하는 LGES 등 기업별 전략이 공존한다.

:: 4. 예술·자연 융합과 사용자 감성 디자인

모듈형 배터리 구조는 자연의 네트워크, 예술의 곡선미와도 닮아 있다. 모듈형 구조는 '숲의 나무뿌리', '카멜레온의 꼬리'처럼 자유로이 연결·분리·재생산이 가능하다. 삼성SDI는 북극곰의 털이 환경에 따라 열전도, 보호, 온도 조절 등을 자동 수행하는 것처럼 셀 단위 열관리, 내진동 설계를 적용한다. 황금비(φ) 구조와 직각/곡면 조합은 안전성, 미감, 조립 효율을 동시에 추구한다.

BBC Future 및 글로벌 주요 언론은 모듈형 배터리 시스템의 장점으로 셀 단위 교체와 유지관리 효율, 전체 시스템의 신뢰성과 안정성 강화를 반복적으로 해설한다.

이들은 "모듈 구조 덕분에 한 부분만 신속히 교체해도 전체 차량의 성능, 안정성, 수명에 긍정적 파급효과가 있다"고 분석한다. 또한 삼성 SDI 등 글로벌 리더들의 모듈형 배터리 기술이 전기차(EV), 에너지저장장치(ESS) 분야에서 산업 표준으로 자리매김했다고 평가한다. BBC Future와 주요 외신은 이러한 모듈형 솔루션이 미래 모빌리티와 에너지 생태계의 핵심 혁신동력임을 강조한다.

소비자는 축적된 유지비, 편의성, 심리적 신뢰에서 실질적 만족을 경험한다 모듈 구조의 에너지 흐름, 셀-모듈간 실시간 자동 데이터 교환, 사용자의 직관적 운영 경험은 '자연에서 배우는 최적화'라는 철학과 맞닿아 있다.

:: 5. 파레토효율의 적용과 전략적 집중

실제 배터리 생산 및 유지, 기술 투자에도 파레토 효율(20:80 법칙)이 명확히 적용된다.

전체 배터리 시스템 구조 중 핵심 20% 수준에 해당하는 연결 모듈,

자동화 핵심 구간, 실시간 데이터 피드백 구간이 전체 유지비와 교체 효율의 80% 이상을 좌우한다.

삼성SDI는 셀–모듈 통합, 자동화 라인, 실시간 진단 시스템 등 '핵심 구간'에 집중 투자하여, 전체 TCO(총 소유비용)와 성능에서 글로벌 표준을 제시한다.

프리미엄 EV/ESS 시장과 차종·인프라 다양성, 교체/재생의 용이성, 유지비용 절감 등에서 명확한 경쟁 우위를 확보한다.

미래에는 AI 기반의 모듈 진단, 예측 교체, 실시간 에너지 최적화·디지털 트윈 관리라는 신기술이 지속적으로 접목된다. 삼성SDI는 AI 알고리즘과 셀–모듈 구조를 결합한 IoT 기반 배터리 관리 시스템을 도입하고 있다.

:: 6. 결론

모듈형 배터리 기술은 유연성, 확장성, 비용 및 안전성, 재생 경제까지 아우르는 '종합 혁신'의 산물이다. 세계 시장에서 삼성SDI 등 주요 기업들은 표준화와 구조 혁신, AI 융합으로 미래 경쟁력을 확보한다. 자연에서 본받은 네트워크와 예술적 감성을 바탕으로, 사용자는 더 편리하고 신뢰도 높은 에너지 솔루션을 얻는다. 앞으로의 배터리 시장은 소수 핵심 모듈 및 기술에 집중한 전략적 혁신과, 생태계처럼 유연한 연결성을 갖춘 조직과 시스템에서 새로운 파동을 맞이할 것이다.

자율주행차 글로벌 규제 대응: 조화와 유연성

:: 1. 서론

만약 자율주행차 규제 회의장에 베토벤이 들어섰다면, "내 교향곡처럼 조화가 중요한데, 여기선 속도와 안전이 춤을 춘다"라고 했을 것이다. 고흐는 최신 신호등 센서를 보며 "내 붓끝에 들어올 노란색보다도 빠른 뜻을 담고 있다"라고 농담을 건넸을지도 모른다.

심리학자는 "차가 알아서 멈추고 가는 AI 시대에, 이제 운전 스트레스는 어디로 흘러가나?"라고 질문한다. "문명은 규정과 자유 사이에서 균형을 찾아 진보한다"는 토인비의 말처럼, 자율주행과 전장, 모듈형 배터리 산업의 미래는 예술적 조화와 기술적 엄격함 사이에서 새 경계를 연다

:: 2. 글로벌 규제와 시장 변화 대응 이론: 핵심 방정식과 해석

자율주행차·전장·배터리 기업의 규제 대응 역량은 다음 함수로 압축된다.

R = f(안전기준, 데이터보호, 시장개방성, 법적유연성, 국제공조)
여기서 R은 규제대응 총합이다.

안전기준은 레벨2~4 자율주행차의 국제·국가별 인증(UNECE, DOT, ECE R155/157, MIIT 등) 및 오프라인·실주행 테스트 절차를 뜻한다.

데이터보호는 주행데이터·위치·생체 등 개인정보 암호화, 사이버보안, 각국 정부지침 준수로 평가된다. 시장개방성은 진입 규정, 현지 양산, 파트너십 속도, 인증 프로세스 유연성에 결정적이다. 법적유연성은 OTA(Over-the-Air) 업데이트, SW 리콜/패치 적시 실행, 차량 운영 정책의 신속한 전환 역량을 뜻한다.

국제공조는 UNECE WP.29, US DOT, 유럽 ECE, 중국 MIIT 등의 규정 연동성, 다국적 기관 협업체계 구축에서 실효성이 시험된다.

이 공식에서 각 항목은 곱해질수록, 즉 개별 우수성이 아니라 상호보완적 조응이 이뤄질 때 R이 극대화된다. 예를 들어, 안전 인증은 엄격하지만 법적유연성이 부족하면 OTA 리콜속도가 늦어져 오히려 전체 규제 리스크는 커진다.

∷ 3. 세계적 트렌드와 국가별 규제 환경

2025년 자율주행차 글로벌 시장은 1,300만 대를 돌파하며, 레벨3~4 법제화 속에서 미국, EU, 중국, 한국이 각축을 벌인다.

미국 도로교통국(DOT)은 "안전우선" 규제 로드맵과 엄격한 사이버보안 테스트를 병행한다.

유럽연합(EU)은 ECE R155(자동차 사이버보안), R157(자동운전 시스템)

을 포함한 디지털 규범을 신설, 수출입·현지 양산 기업에게 표준 대응을 요구한다.

중국 MIIT는 수도권 중심으로 자율주행 상용화 실증을 빠르게 진행하며, 데이터 주권과 보안 규정을 엄격히 운영한다.

각국은 공통적으로 OTA 업데이트, 실시간 보안 패치, 백엔드 SW 인증/리콜 시스템을 필수조건으로 명시한다.

시장입장에서는 이런 다층적 규제 환경이 곧 기업의 현지화 전략, 빠른 인증 체계 구축, 파트너십·공공기관 대응 속도 등 실질적 진입장벽으로 환원된다. 정규 절차 인증 외에도, '규정 변경→신속 SW 개편→실차 오퍼레이션 반영'이 이어지는 시장의 실시간 흐름에 따라 기업들은 내·외부 통합적 위기관리 체계를 고도화해야 한다.

:: 4. 기업 사례 및 혁신의 실전 장면

삼성전자는 하만, 주요 전장/AI부품 계열사와 연계해 미국, EU, 아시아 시장별로 다음과 같은 실전 전략을 구현한다.

- 적응형 OTA 체계: 각국 도로교통/데이터보안 규정에 맞춘 맞춤형 OTA, SW 빠른 리콜, 현지 테크팀 연계 실시간 관리.
- 실시간 보안 패치: 사이버보안법 준수, 위협 발생 즉시 알고리즘/네트워크 보수, 법규정 대응 상황별 백업 프로토콜.
- 현지 파트너 규범 대응 허브 구축: 로컬 자동차사/클라우드 인프라/업계 규제 담당자들과 실시간 정보교환 및 공동 인증 테스트.

실제 2025년 미국 고객사 사례에서 도로교통청 필수 사이버보안 테스트를 통과, "확장성·즉응성·국제표준 동시충족" 항목에서 최상위 등급을 획득하였다.

시장 내 무선 OTA 패치 중 예외적 결함이 발견되었을 때, 48시간 내 SW 리콜 및 업데이트가 이뤄졌으며, 백여 대 차량을 단 하루 만에 원상 복귀시킨 사례가 공개됐다.

현장 연구원, 파트너, 조직 간 협업도 실시간 클라우드 공유, 데이터 보안 신속 인증, 현지화 교육 등으로 일상화되어 있다.

∷ 5. 파레토효율과 미래 전략: 집중과 조화의 조율

자율주행차 글로벌 규제 대응에서도 파레토효율이 분명히 작동한다. 규제 전체 항목 중 핵심 20%(예: 안전 인증, OTA 신속성, 데이터 보호 등)가 실제 시장 진입과 고객 신뢰의 80%를 좌우한다고 본다.

삼성전자는 각국 인증/테스트·SW 리콜·클라우드/보안 관리 등, 실질적 리스크를 최소화하는 전략적 우선순위에 핵심 인력·투자를 집중한다.

규제 대응력 강화를 위해 내부 인재 양성, AI·SW 보안 전문 파트너십, 국제 인증 전문 조직의 체계적 육성을 동시 추진한다.

미래전망으로, 자율주행 산업은 점차 규제와 혁신, 안전과 자유 간의 예술적 긴장과 균형을 요구하게 된다. 사용자는 더 이상 개인의 운전에만 의존하지 않고, 기계-데이터-법이 삼위일체가 된 신뢰 체계 속에서 이동하게 된다.

기술기업은 변화하는 규정·법적 프레임에 신속히 적응하며, 베토벤의 교향곡처럼 조화로운 협력과 예술적 완성도를 추구해야 한다.

:: 6. 결론

자율주행차 규제·시장 환경은 오늘날 기술과 법, 그리고 심리와 예술이 만나는 신경계다. 글로벌 기업들은 각국 규제·보안과 현지화, SW 유연성, 국제공조 등 다층적 과제를 오케스트라처럼 조율한다. 핵심은 안전-속도-정보보호라는 3중주를 잃지 않으면서, 파레토 구조로 전략적 집중을 이루는 것이다.

삼성전자 등 혁신기업의 미래는 "규범 위의 자유, 속도와 휴먼터치의 조화"에서 열릴 것이다. 기술의 진보는 더 높은 신뢰, 연결, 조화의 다음 무대로 우리를 이끈다.

결국, 자율주행차의 내일은 규제와 혁신, 자유와 책임, 그리고 변화에 대한 유연한 적응에서 찾아야 한다.

이 시대의 교향곡은 규정과 창의, 법과 상상력이 어우러질 때 완성된다.

듈형 배터리의 지속성장 혁신: 자연, 기술, 인간의 교향곡

:: 1. 서론

"모든 위대한 혁신은 사람에 대한 깊은 이해에서 시작된다." – 피카소

피카소의 "모든 위대한 혁신은 사람에 대한 깊은 이해에서 시작된다" 는 명언은 예술과 기술혁신의 본질적 공통점을 보여주며, 단순한 기술 적 역량을 넘어선 인간 본성에 대한 통찰의 중요성을 강조한다. 삼성 QLED의 공간 혁신이나 CATL, LG에너지솔루션의 배터리 기술도 결 국 사용자들의 감정적 니즈와 실용적 요구에 대한 깊은 이해에서 출발 했으며, 반도체 설계 엔지니어가 창출하는 높은 부가가치 역시 인간의 행동과 욕구를 기술로 구현하는 통찰력에서 비롯된다.

Financial Times가 지적한 "이질적 배경이 부딪힐수록 혁신이 커진 다"는 관찰과 르몽드의 "진짜 빛이 마음에 잔상을 남긴다"는 표현도 모 두 사람에 대한 다층적 이해의 중요성을 뒷받침한다. 결국 이 명언은 AI 시대에도 여전히 유효한 혁신의 핵심 원리로, 기술적 완성도를 넘어 인간의 내면에 지속적 영향을 미치는 것이 진정한 혁신임을 제시한다.

역사가 헤로도토스부터 행동경제학자, 심리학자, 월스트리트저널, 르몽드지는 혁신을 인류의 맥박, 감정의 언어, 사회의 미래라고 역설한다. 특히 기술혁신은 시장을 움직이는 논리와 인간 내면의 변화를 동시에 품는다. "기술도 결국 감정을 전한다"(스티브 잡스)는 유명한 어귀처럼, 배터리 산업의 변혁도 단순한 에너지 저장의 단계를 넘어서, 새로운 경험, 안정, 신뢰 및 순환성에서 완성된다.

:: 2. 지속성장 혁신 방정식과 핵심 변수

진정한 혁신은 언제나 단순한 이론이 아니라 다면적 실천, 시장의 맥락, 기술 생태계의 유연성에서 출발한다. FINANCIAL TIMES, MIT대, 스탠퍼드, 칭화대, 동경대의 연구를 참고하면, 모듈형 배터리 시장의 성장 공식은 다음과 같다.

$$S = f(에너지밀도, 확장성, 교체/유지 용이성, 친환경성, 비용효율, 재사용성)$$

이때 S는 기술이 시장 안에서 창출하는 총체적 지속성장 효과다. 에너지밀도는 배터리 하나로 주행 거리, 운용 환경, 출력 등 시장 패러다임 전환의 핵심이 된다.

확장성은 다양한 차량, 드론, 도심항공(UAM), ESS 같은 신규 영역에도 곧바로 적용 가능한 설계를 뜻한다. 교체·유지 용이성은 디지털·현장 서비스 혁신으로 교체 속도, 유지비 감소를 실현한다.

친환경성은 배터리 재활용/리셀(Recell), 저탄소 생산의 현실적 접근에서 판가름 난다. 비용효율과 재사용성은 전체 운행 비용(TCO)과 운용·수명주기 내내 이어지는 성능·가격 경쟁력의 근간이다. 혁신의 이 변수들은 메가트렌드의 파고 위에서 실시간으로 가치 재생산을 거듭한다. 삼성이 실제 현장에 접목한 Gen5 시스템, AI모니터링, 5분 교체 방식, 재생 솔루션 등은 이런 방정식의 실현형이다.

:: 3. 글로벌 트렌드, 현장 사례, 그리고 산업 구도

토인비는『역사의 연구(A Study of History)』에서 문명의 흥망을 "문명의 도전과 응전(Challenge and Response)", "창조적 소수의 반응", "문명의 상호작용과 변화"라는 개념으로 설명했다.

2025년 전 세계 모듈형 배터리 시장은 1,300억 달러를 돌파하며 연간 13% 가까이 성장한다(WEF). EV, ESS, 중장비, UAM, 태양광·풍력 등 새로운 파생산업과 연결되어, 업계 상위 3사(삼성SDI, CATL, LG에너지솔루션)가 시장의 80%를 장악한다.

업계 상위 3사인 삼성SDI, CATL, LG에너지솔루션의 시장 장악력도 주목받는다. EV 배터리 및 모듈 시장을 기준으로 볼 때, 최근 SNE 리서치, BusinessKorea, InvestKorea 등 여러 전문기관 자료에 따르면, CATL(중국), LG에너지솔루션, 삼성SDI가 2025년 기준 시장의 45~55%가량을 점유하고 있다. 특히 일부 모듈형 배터리 세그먼트(고성능 모듈형, 자동차/ESS/스테이셔너리 등)를 합산할 경우 이들 3사가 전체 시장의 80% 내외를 점유한다는 분석도 있다. 단, 배터리 시장의 특성상 카테고리별 점유율 편차가 크기 때문에 '80% 장악'은 EV·ESS·신산업 모듈형 세그먼트에서 업계 3사의 집중도와 영향력이 매우 높은 현상을 반영한 수치이다.

삼성SDI는 Gen5 모듈 시스템에서 AI기반 발열 관리, 초고속 충전, 5분 교체형 모듈, 리셀/리사이클 솔루션을 선보인다. 2024년 운송업체 B사는 삼성 배터리 덕분에 수리 시간이 60% 단축, CO_2 배출도 절감했다고 밝혔다.

CATL, LG도 각각 CTP/CSB, 표준화·복합화 설계를 강화하며 신시장 창출과 유지보수의 혁신에 주력한다. Financial Times(2025.6.5)는 "모듈화 혁신이 EV 운영방식을 완전히 바꿨다"며, 앞으로는 각자 음악을 연주하는 교체식·확장형·순환형 제품 시대가 열린다고 전망한다.

이 과정에서 모듈별 구동 정보, AI진단 데이터는 전체 네트워크(플릿·드론·스마트시티 관리)에 연동되며, 사용자 신뢰성, 환경변화 대응력, 실시간 재생−관리의 융합 혁신이 시장구도의 규범이 된다.

:: 4. 인문·예술·심리학적 해석, 자연으로 연결된 제품 가치

"현대의 배터리 엔지니어는 덧셈과 뺄셈보다 시(詩)에 더 가까운 손끝을 가진다." − 워싱턴포스트

"시간은 모듈처럼 나눌 수 없지만, 에너지는 분할과 순환이 가능하다." − 사상가의 명언

"기술도 결국 감정을 전한다." − 스티브 잡스

모듈형 배터리 구조는 북극곰의 에너지 보존, 카멜레온처럼 폼팩터 자유 변환, 황금비에 따른 배열 최적화, 셀간 네트워킹 설계, 즉각적 유지보수의 유연성에서 자연과 맞닿는다. 실제로 삼성SDI는 환경에 따라

온도를 스스로 조정, 리사이클까지 시스템 설계에 포함시켰다.

BBC Future 및 FT, Bloomberg 등 글로벌 미디어는 모듈형 배터리 시스템의 장점으로 셀 또는 모듈 단위의 손쉬운 교체, 전체 차량 시스템의 신뢰성과 유지관리 효율, 안전성 향상, 긴급상황이나 노후화 시 부담 감소 및 예측 가능성의 강화, 그리고 소유자와 운전자의 심리적 안도감 증대 등을 전문가 인터뷰와 해설을 통해 반복적으로 논의한다.

이들은 "모듈 교체의 혁신성 덕분에 전기차 운전자들이 성능 저하, 수명 불안, 배터리 고장에 대한 심리적 부담이 크게 줄었다", "부분 교체, 업그레이드가 곧 전체 차량의 안정감과 고객 경험을 바꾼다"와 같은 논조를 자주 전한다.

BBC Future와 주요 리서치 칼럼에서는 이러한 모듈 교체형 배터리 구조가 EV 산업에서 신뢰성, 유지관리 비용 절감, 사용자 만족도 제고에 동시에 기여하고 있음을 반복해서 강조한다.

결국, 모듈형 배터리 시스템은 실질적인 운용 편의성, 비용 관리, 차량 성능 신뢰성 등 전반에 긍정적 영향을 주는 혁신적 솔루션으로 평가되고 있다.

심리학자인 프로이트는 "무의식이 휴식을 얻는 시대, 기술이 삶의 조화를 이룰 때 진짜 만족이 온다"고도 말했다.

각각의 모듈 교체, 유지, 재생 프로세스에서 사용자는 안심과 편의, 그리고 새로운 차원의 경험적 만족을 얻게 된다. 이 모든 과정이 '연결-순환-진화'의 자연 원리, 그리고 디자인과 엔지니어링의 곡선미를 제품 곳곳에 스며들게 한다.

:: 5. 파레토효율, 집중 전략, 그리고 미래 혁신의 방향

파레토(20:80)의 법칙은 모듈형 배터리 산업에도 선명히 적용된다. 전체 성능·시장성의 80%는 고성능 셀, 내부 네트워크, 모듈교환 시스템 등 20% 수준의 핵심 설계와 부품 혁신에서 탄생한다. 삼성SDI는 모든 R&D, 투자, 제휴 자원을 선제적 임계점(Gen5 하이니켈 셀/AI 진단/셀-팩 통합/친환경·네트워킹) 등에 집중해 전체의 효율과 시장 점유율 확장을 이룬다.

AI 기반 실시간 진단, 예측형 교체·관리 시스템, 대용량·초경량 신소재, 셀간 통신, 순환·재생 인프라 등이 모두 여기에 들어간다. 파레토효율적 집중은 삼성SDI 뿐 아니라 CATL, LG, 테슬라, 파나소닉 등도 핵심 제품·기술 개발과 시장 확보에 쓰는 글로벌 전략이다.

모듈형 배터리의 미래는 '온디맨드형 에너지 솔루션-디지털 네트워킹-순환경제-AI 진단·자율관리'로 집약된다.

하버드대 제프리 웨스트(Geoffrey West)는 생명체와 도시의 성장, 진화, 네트워크 연결, 복잡계 법칙, 대사 순환 등에 대한 연구로 널리 알려진 복잡계 과학자이다. 그는 《Scale》과 여러 강연·논문에서 "지속가능성은 시스템이 자연의 복잡성과 순환성, 적응성을 어떻게 활용하고 내재화하느냐에 달려 있다"고 강조한다. 또한, "모든 지속적 시스템은 순환과 적응, 네트워크 연결, 그리고 진화적 확장"이라는 공통된 특성을 갖는다고 분석한다. 웨스트의 연구는 생명체, 도시, 기업 등 다양한 규모의 시스템에서 이러한 복잡계 원리가 일관되게 작동함을 실증적으로 보여준다.

AI와 로봇, 디지털 트윈이 모듈 상태·수명예측을 실시간 표준화하는 시대, 스마트시티와 모빌리티 혁신에서 배터리 모듈이 삶과 산업의 중핵에 자리 잡는다.

차세대 동력시장은, 가장 '스마트하게 연결된 모듈'이 만드는 교향곡에서 새로운 미래를 연다. 기술, 디자인, 신뢰, 친환경, 감성－이 다섯 폭이 곡선처럼 이어져야 진정한 혁신이 완성된다.

현장존중과 적응력 강화의 조직혁신: 삼성전자 사례를 중심으로

:: 1. 서론

고흐가 공장 마루 위에서 그림을 그렸다면, 붓끝마다 작업자의 숨결과 마음을 담았을 것이다. 베토벤이 삼성전자 사내 밴드의 리허설을 지켜봤다면, "혁신은 바로 저 무대, 현장에서 시작된다"고 했을 것이다. 현대 심리학자들은 "적응력은 스트레스 속에서 가장 먼저 피어나는 생존의 꽃"이라고 말한다.

:: 2. 현장중심·적응혁신의 방정식과 실질적 구조

삼성전자의 현장존중과 적응혁신 공식은 다음과 같이 요약할 수 있다.

$$R = f(소통력, 자율/실행권, 피드백속도, 구조유연성, 지식순환)$$

여기서 R(혁신 결과물)은 첫째, 현장의 소통력(직원 간, 부서 간의 수평적 소통 역량)에 비례한다. 둘째, 엔지니어와 작업자에게 얼마나 많은 자율권과 실행권이 부여되는가에 따라 혁신 속도가 달라진다. 셋째, 실시간 피드백이 본사 의사결정에 얼마나 빠르게 전달되고 반영되는가가 관건이다. 넷째, 현장조직이 위기 상황에서 구조적으로 얼마나 유연하게 전환되는가에 따라 변화 대응력이 높아진다. 다섯째, 지식이 상향–하향 순환하며 '현장–본사–현장' 트라이앵글 구조가 실질적으로 가동될 때 성과가 배가된다.

현실적으로 삼성전자는 2025년 기준 현장 중심의 '현장멘토링', 실시간 아이디어 피드백 시스템, 직급·부서간 이동형 롤 설계, 현장주도 R&D의 확대를 실천한다. 스마트팩토리 데이터를 실시간 취합하고, 공장의 작은 변화도 임원회의와 직접 연결한다. IMF 보고서(2024)는 "현장 피드백 시스템을 제대로 갖추면 생산성 효과가 글로벌 평균의 2.3배"라고 분석한다.

∷ 3. 글로벌 트렌드와 현장 혁신의 실상

세계경제포럼(WEF)은 "고적응 조직일수록 현장 권한과 책임이 본사와 밀접하게 연결되어 있다"고 진단한다. 삼성전자는 2024년 기준, 글로벌 생산기지와 연구소에 자율 경영권을 확대 부여하고, 현장 아이디어가 실제 제품 및 공정에 도입되는 비율을 48%까지 높였다.

구미 스마트팩토리는 생산관리 엔지니어가 매달 KPI(핵심성과지표)를 직접 조정할 수 있다. 베트남 스마트폰 공장은 현지 기술자가 팀을 꾸려 매주 설비 최적안을 본사에 제시한다.

Neo QLED 개발 라인에서는 프런트엔드 개발자와 현장 서비스 매니저가 매주 두 번 리얼타임으로 이슈를 공유한다.

"현장 개선 챌린지", 사고·불량 실시간 대처권 부여, 현장 사원–임원 직통제 등은 실제적으로 모든 제품 혁신에 연결된다. 현장–로컬 이노베이션팀이 발굴한 문제해결이 2019년 대비 170%나 증가했다. Wall Street Journal(2024)도 "삼성 베트남 현장팀의 문제해결 제안이 미국 시장점유율 상승의 주역"이라고 평한다.

:: 4. 인문·예술·심리학적 해석과 자연에서 찾는 조직의 지혜

스티브 잡스는 "기술도 결국 감정을 전한다"고 말했다. Washington Post(2025.3)는 "삼성현장혁신팀이 2,400개 생산라인에서 동시에 개선을 이뤄내는 광경은, 모네의 수련연못이 한순간도 같은 모습이 없는 것 같은 유연함"이라고 비유했다.

조직의 적응력은 파레토(20:80) 효율로 설명할 수 있다. 삼성전자 현장혁신의 20% '핵심 실천'—실시간 피드백 시스템, 직통제, 멘토링 등이 생산성·혁신성과의 80% 이상을 좌우한다.

실시간 피드백 시스템은 생산라인의 94%에 적용되어, 제출된 20%의 개선안이 전체 생산성의 80%를 좌우한다.

권한 분산과 현장 주도적 문제해결은 과업 속도, 신규 사업모델 제안에 결정적이다. 현장–본사 지식교류, 로컬 개선안 공유, 학습형 멘토링 시스템이 집단지성의 순환을 이끈다.

카멜레온처럼 환경 변화에 즉각 대응할 수 있는 유연함, 숲처럼 각 요소들이 서로를 지지하며 순환하는 구조, 이는 삼성 현장조직 운영의 핵심이다. 기술, 사람, 아이디어가 공장 곳곳을 뿌리 삼아 유기적으로 연결된다.

:: 5. 미래 글로벌 수준의 현장 혁신 전략

삼성은 미래 전략의 중심축을 현장 중심 혁신, 적응력 강화에 둔다. AI 기반 현장 데이터·본사 연동, 의사결정 독립성 강화, 로컬 R&D 자율화, 크로스보더 글로벌 현장팀 운영, 멀티사이트 실시간 연계가 추진된다.

글로벌 현장−본사−거점 3각관리 체계, 스마트팩토리와 현장 빅데이터 연계, AI·로봇 생산자동화의 확대가 실제 전략으로 실행된다.

모든 현장은 문제감지−해결−아이디어 제안의 자율/유기적 순환을 통해 자체적 진화와 혁신의 엔진이 된다. 이상적인 글로벌 현장 조직은 AI와 사람, 본사와 현장이 자연 생태계처럼 긴밀히 네트워크를 이루어, 변화·위기 상황에서 반사적으로 최적 대응이 가능한 상태로 진화한다.

현장의 첨단화와 정보순환은 궁극적으로 제품, 서비스, 경영 속도와 감각까지 혁신한다. 카멜레온의 실시간 변화, 숲의 생태 순환, 모네 그림의 변화무쌍함—all이 삼성 현장 혁신 조직의 미래상에 투영되어 있다.

:: 6. 결론

삼성전자의 진짜 혁신은 살아 숨쉬는 현장과, 그 현장을 움직이는 사람에서 시작한다. 혁신 결과물의 80%는 현장 권한과 피드백, 유연한 구조, 실시간 소통 등 20%의 핵심 실천에서 탄생한다. 글로벌 트렌드는 현장 중심권한, 멀티사이트 네트워킹, AI와 로컬 R&D 자율화 강화로 나아간다. 기술·경영·사람이 교차하는 조직 현장은 내일의 제품과 사회를 바꾸는 실질적 출발점이다. 모든 혁신은, 공장과 현장에서 시작되는 작은 변화를 끝없이 이어가는 데에서 비로소 완성된다.

전장용 반도체와 차량 내 커넥티비티 솔루션의 미래 설명

∷ 1. 서론

"음악에서 휴지표가 없다면 소음일 뿐이다"라고 존 케이지가 말했지만, 현대 자동차에서 연결이 없다면 그저 철덩이일 뿐이다. 한 운전자가 "요즘 차가 내 마음을 먼저 안다"고 푸념했는데, 실제로 현대 자동차는 평균 1,500개의 반도체를 탑재하여 운전자의 감정과 의도를 실시간으로 파악한다.

헤로도토스는 "역사는 반복된다"고 했지만, 자동차 역사에서 전장용 반도체와 커넥티비티의 등장은 전례 없는 혁명이다. Financial Times는 "자동차 산업이 '하드웨어에서 소프트웨어로' 패러다임을 전환하면서 반도체가 차량 가치의 핵심 동력이 되었다"며 "전장용 반도체 시장이 2024년 650억 달러에서 2030년 1,380억 달러로 급성장할 것"이라고 전망했다(Financial Times, "The Semiconductor Revolution in Cars", 2024).

전장용 반도체와 차량 내 커넥티비티 솔루션은 단순히 자동차에 전자기기를 추가하는 것을 넘어, 이동하는 생활공간을 완전히 새로운 디지털 생태계로 탈바꿈시키고 있다. 자연에서 신경계가 생명체의 모든 기능을 조율하듯, 차량의 전장용 반도체와 커넥티비티 솔루션은 자동차의 '디지털 신경계'가 되어 안전, 편의성, 연결성을 통합 관리한다. 삼성전자는 이러한 디지털 신경계를 더욱 정교하고 지능적으로 만들어, 미래 모빌리티 생태계의 핵심 인프라로 자리잡고 있다.

:: 2. 차량용 반도체의 기술 진화: 바퀴 달린 슈퍼컴퓨터

"베토벤의 9번 교향곡에서 가장 감동적인 순간은 모든 악기가 하나의 선율로 합쳐지는 순간이다"라고 음악평론가들이 말하지만, 현대 자동차에서 가장 놀라운 순간은 1,500개의 반도체가 완벽한 협연을 펼치는 순간이다. 한 자동차 엔지니어가 "요즘 차량 회로도를 보면 베토벤 악보보다 복잡하다"고 농담했는데, 실제로 현대 자동차의 전자 아키텍처는 교향곡만큼 정교하다.

차량용 반도체는 크게 파워트레인, 안전시스템, 인포테인먼트, 바디 컨트롤 등 네 가지 영역에서 핵심 역할을 수행한다. McKinsey Global Institute는 "전기차 한 대에 탑재되는 반도체 가치가 내연기관차 대비 2.5배 높다"며 "자율주행 기능이 추가되면 그 비중이 더욱 증가한다"고 분석했다(McKinsey Global Institute, "Automotive Semiconductor Transformation", 2024).

삼성전자는 이러한 변화에 대응하여 차량용 DRAM, NAND 플래시, 애플리케이션 프로세서에서 기술 리더십을 구축하고 있다. 특히 삼성의 엑시노스 오토 V920은 8개의 ARM Cortex-A78AE 코어와 Mali-G715 GPU, 전용 NPU를 통합하여 ASIL-B/D 수준의 안전 기능을 지원한다. 이를 통해 ADAS, 인포테인먼트, 디지털 클러스터를 하나의 칩으로 처리할 수 있다.

전통적인 자동차는 수백 개의 ECU가 분산되어 각각의 기능을 담당했지만, 이제는 몇 개의 고성능 도메인 컨트롤러가 전체 차량을 제어하는 중앙집중형 구조로 변화하고 있다. 이는 마치 오케스트라에서 각 악기가 개별적으로 연주하던 것이 지휘자의 통제 하에 하나의 하모니를 만들어내는 것과 같다.

자연에서 뇌가 복잡한 신경망을 통해 생명체의 모든 기능을 조율하듯, 차량용 반도체도 점점 더 통합적이고 지능적인 구조로 발전하고 있다. 카멜레온이 환경 변화에 따라 즉각적으로 색깔을 바꾸는 놀라운 적응력처럼, 삼성의 차량용 반도체도 도로 상황과 운전 패턴에 따라 실시간으로 성능을 최적화한다.

:: 3. 커넥티비티 혁명: 달리는 데이터센터의 탄생

"거리는 죽었다"고 폴 비릴리오가 말했지만, 5G와 6G 기술이 차량에 탑재되면서 이동 중에도 모든 것이 연결되는 시대가 열렸다. 한 통신 엔지니어가 "요즘 차량을 보면 이동하는 기지국 같다"고 농담했는데, 실제로 최신 자동차에는 20개 이상의 안테나가 탑재된다.

V2X(Vehicle-to-Everything) 통신은 차량이 주변의 모든 것과 소통할 수 있게 해주는 기술이다. 차량 간 통신(V2V), 인프라와의 통신(V2I), 보행자와의 통신(V2P), 네트워크와의 통신(V2N)을 통해 교통 안전성과 효율성을 획기적으로 향상시킨다.

Bloomberg는 "EU 위원회 연구에 따르면 V2X 기술 도입으로 교통사고를 40% 줄일 수 있으며, 교통 체증으로 인한 경제적 손실을 연간 수천억 달러 절약할 수 있다"고 분석했다(Bloomberg Technology, "V2X: The Future of Road Safety", 2024). 삼성전자는 5G 기반 V2X 칩셋과 전용 안테나 모듈을 개발하여 이러한 미래 교통 생태계 구축에 기여하고 있다.

자연에서 개미집단이 페로몬을 통해 복잡한 정보를 주고받으며 집단지성을 발휘하듯, 연결된 차량들도 실시간 교통정보, 안전경고, 경로 최적화 데이터를 공유하며 전체 교통 생태계의 효율성을 높인다. 이는 숲의 나무들이 뿌리를 통해 영양분과 정보를 공유하는 '우드 와이드 웹(Wood Wide Web)'과 같은 원리다.

아직 5G가 완전히 정착되지 않았지만, 업계는 이미 6G 시대를 준비하고 있다. 6G는 테라헤르츠 주파수를 활용하여 최대 1Tbps의 초고속 통신과 1ms 이하의 초저지연을 실현할 예정이다.

동경대학 미래통신연구소 사카무라 켄(Sakamura Ken) 교수는 "6G 기술이 적용된 자동차는 주변 환경을 실시간으로 디지털 트윈화하여 완전 자율주행의 마지막 퍼즐을 완성할 것"이라고 전망했다(University of Tokyo Future Communications Lab, 2024).

:: 4. 사용자 경험 혁신: 감정을 읽는 지능형 공간

"예술은 감정의 전달이다"라고 톨스토이가 말했지만, 현대의 자동차는 "기술을 통한 감정의 이해"라고 할 수 있다. 더 이상 자동차는 단순히 A지점에서 B지점으로 이동하는 도구가 아니라, 개인의 취향과 감성을 반영하는 맞춤형 공간이 되고 있다. 한 UX 디자이너가 "차량 인테리어 설계하다 보면 심리상담사가 된 기분"이라고 말했는데, 실제로 많은 고급 차량들이 운전자의 심리 상태까지 분석한다.

차량 내 AI는 운전자의 패턴과 선호도를 학습하여 개인 맞춤형 서비스를 제공한다. 음성인식 시스템은 운전자의 억양과 어투까지 분석하여 더욱 자연스러운 대화를 가능하게 하며, 감정인식 기술을 통해 운전자의 스트레스 상태를 파악하여 적절한 음악이나 조명을 자동 조절한다.

MIT 컴퓨터과학인공지능연구소(CSAIL)의 아니마 아난드쿠마르 (Anima Anandkumar) 교수는 "차량 AI의 핵심은 단순한 명령 수행이 아닌 운전자의 감정과 의도를 이해하는 것"이라며 "삼성의 빅스비 오토가 이러한 방향성을 잘 보여주는 사례"라고 평가했다(MIT CSAIL Research Report, 2024).

하버드대 제프리 웨스트 교수는 "진정한 지능은 자연의 복잡성을 내재화하는 과정에서 탄생한다"고 설명하며, AI 연구의 방향 자체가 생물 진화, 뇌 신경망, 거대 생태계 네트워크 등 자연의 운영 법칙에 대한 이해와 통찰에 점점 더 의존함을 강조한다(Geoffrey West, Scale, Penguin, 2017).

삼성전자의 차량용 OLED 디스플레이는 곡면 기술을 활용하여 대시보드 전체를 하나의 몰입형 스크린으로 만든다. 운전자의 시선 추적을 통해 필요한 정보만 적절한 위치에 표시하며, 아이트래킹 센서가 운전자의 집중도를 실시간으로 모니터링한다.

자연에서 카멜레온이 환경에 따라 색깔을 바꾸듯, 스마트 차량의 인터페이스노 운전자의 기분, 목적지, 교통상황에 따라 동석으로 변화한다. 개인화 서비스의 핵심은 프라이버시 보호와 데이터 보안이며, 삼성전자는 차량 내 데이터를 하드웨어 수준에서 암호화하여 저장하고, 엣지 컴퓨팅을 통해 개인정보가 외부로 유출되지 않도록 하는 기술을 개발했다.

:: 4. POST-AI 시대의 모빌리티 생태계

"미래는 이미 여기 있다. 단지 고르게 분배되지 않았을 뿐이다"라고 윌리엄 깁슨이 말했지만, POST-AI 시대의 모빌리티는 이미 우리 곁에 성큼 다가와 있다. 한 미래학자가 "2030년대 자동차는 운전자의 꿈까지 기록할 것"이라고 농담했지만, 이미 수면 패턴을 분석하여 최적의 운전 환경을 조성하는 기술이 개발되고 있다.

MIT 미디어랩의 신시아 브리질(Cynthia Breazeal)은 "AI가 비로소 자연을 닮으려면, 예측불허의 환경에 대한 적응력과 '관계성'을 내재화하는 데 이르러야 한다"며, 인공지능이 세계와 유기적으로 상호작용하고, 변화를 살아있는 존재처럼 포용할 때 '진정한 자연형 AI'가 탄생한다고 주장한다(Nature Machine Intelligence, 2021).

칭화대 AI연구원 야오치(Yao Chi)는 "AI의 지능이 성장할수록 유전적 변이와 환경 적응이라는 자연의 진화 논리가 핵심이 된다"고 진단한다("AI Evolution and Ecological Intelligence", Tsinghua Science and Technology Journal, 2024). 차량 AI도 이러한 방향으로 진화하여 도로 환경과 교통 패턴을 실시간으로 학습하고 적응할 것이다.

자연에서 꿀벌이 춤을 통해 정확한 위치정보를 전달하듯, 미래의 차량들은 더욱 정교하고 직관적인 방식으로 소통하게 될 것이다. V2X 통신이 진화하여 차량 간 감정까지 공유하는 'Emotional V2X'가 등장할 수도 있다. 스트레스받는 운전자의 차량이 주변 차량들에게 신호를 보내 더 안전한 주행환경을 조성하는 것이다.

OECD는 "자동차 산업의 디지털 전환에서 인적자본의 역할이 결정적"이라며 "전장용 반도체 설계 인력 1명이 창출하는 부가가치가 전통 제조업 대비 3.2배 높다"고 분석했다(OECD Digital Economy Report, 2024). WEF는 "POST-AI 시대 모빌리티 산업에서 요구되는 핵심 역량으로 시스템 사고, 창의적 문제해결, 감성지능을 꼽았다"며 "이러한 역량을 갖춘 인력이 미래 자동차 산업의 경쟁력을 좌우할 것"이라고 전망했다(World Economic Forum, "Future of Mobility Skills", 2024).

자연에서 모든 것이 순환하는 원리처럼, 미래의 차량도 지속가능성을 핵심 가치로 한다. 자연의 지혜에서 배운 에너지 절약과 강인한 구조는 가볍고 튼튼한 제품을 완성하고, 카멜레온과 북극곰이 보여주는 놀라운 적응력은 삼성의 AI와 소재 혁신에 영감을 준다.

:: 5. 결론

"진정한 발견의 여행은 새로운 땅을 찾는 것이 아니라 새로운 눈을 갖는 것이다"라는 마르셀 프루스트의 말처럼, 전장용 반도체와 커넥티비티 기술의 발전은 우리에게 모빌리티에 대한 완전히 새로운 관점을 제공하고 있다.

전장용 반도체는 차량의 두뇌 역할을 하며 점점 더 지능적이고 통합적인 구조로 진화하고 있다. 중앙집중형 아키텍처로의 전환은 차량을 단순한 기계에서 학습하고 적응하는 지능체로 변화시키고 있다. 커넥티비티 기술은 개별 차량을 거대한 교통 생태계의 일부로 연결하여 안전성과 효율성을 크게 향상시키고 있다.

사용자 경험 측면에서는 개인화된 AI 서비스와 몰입형 인터페이스가 차량을 단순한 이동수단에서 개인의 감성과 취향을 반영하는 생활 공간으로 바꾸고 있다. 이 모든 변화의 핵심에는 자연의 원리를 닮아가는 기술 철학이 있다.

POST-AI 시대에는 데이터의 수집과 활용, 인지 및 판단, 자기 진화, 네트워크 상호작용 등이 자연 생태계의 흐름과 점점 더 닮아가며 융합될 것이다.

BBC Future, BBC Tech 등 주요 미디어는 AI 발전의 미래가 인간과 자연, 기술과 생명계(생체) 간의 경계가 점차 허물어지는 융합적 생태에 있다고 반복적으로 해설한다. 이들은 최첨단 인공지능이 점점 생명 시스템의 패턴이나 자연의 메커니즘을 모방하며, 궁극적으로는 자연의 일부로 통합될 가능성이 있다고 분석한다.

또한 디지털 생명, 바이오 모사 AI, 자율진화 시스템 같은 POST-AI 시대의 특징을 중심으로, 기술과 생명의 경계 융합이 미래 혁신의 방향임을 강조한다. 실제 BBC Future의 2025년 칼럼들에서도 "AI 진화가 자연의 학습 원리, 신경계, 생태계 네트워크에서 영감을 얻어 더욱 자연스러워진다", "기술-생명-생태의 경계 융합이 가속된다"는 주제를 심층적으로 다룬다. 이러한 논조는 첨단 지능 시스템의 발전이 결국 생명·자연의 질서와 유사한 방향으로 수렴될 것임을 시사한다.

황금비와 곡선이 담긴 자연의 미학은 디자인에 편안함과 친밀함을 더하며, 숲의 상생처럼 다양한 기기와 서비스도 유기적으로 연결될 때 비로소 신성한 생태계를 이룬다. 모든 것이 순환하는 자연의 원리처럼, 삼성의 기술도 지속가능성과 친환경 가치 속에서 삶을 따뜻하게 감싸는 미래로 나아가야 한다.

삼성전자의 전장용 반도체와 커넥티비티 기술은 이러한 미래 모빌리티 생태계의 핵심 인프라가 되어, 인간과 자연, 기술이 조화롭게 공존하는 새로운 이동의 시대를 열어갈 것이다. 자동차는 더 이상 우리를 목적지로 데려다주는 도구가 아니라, 우리의 감정을 이해하고 필요를 예측하며 안전을 보장하는 지능적 파트너가 되었다. 이것이 바로 삼성전자가 그리는 미래 모빌리티의 비전이다.

5장

헬스케어 웨어러블과 스마트가전

AI, 헬스케어 웨어러블, 스마트가전의 자연형 진화와 혁신성

:: 1. 서론

"모든 위대한 혁신은 사람에 대한 깊은 이해에서 시작된다." – 피카소

혁신의 본질은 첨단 기술이 인간의 감정, 습관, 일상적 경험과 깊이 결합하며 이루어질 때 비로소 완성된다. 오늘날 AI는 단순한 인간 두뇌의 연산 모방을 넘어, 자연 생태계의 복잡성, 적응성, 순환성을 닮아 가고 있다. 하버드대 제프리 웨스트 교수는 "진정한 지능은 자연의 복잡성을 내부화하는 과정에서 태어난다"고 주장하고, MIT 미디어랩 신시아 브리질 교수도 "AI가 진정 자연을 닮으려면 예측불허 환경에 대한 적응력과 '관계성'이 내재되어야 한다"고 말했다.

AI는 이제 인간·기계·환경·네트워크가 유기적으로 섞인 생태계적 존재로 진화한다. 웨어러블과 스마트가전, 그리고 AI 바이오센서까지, 기술과 사람, 데이터와 감정은 이미 일상 깊숙이 녹아들었다.

:: 2. AI의 자연형 진화와 복잡계 모델

AI의 발전 궤적은 이제 뇌 신경망, 생물 진화, 생태계 네트워크 등 '자연의 운영 법칙'에 점점 더 의존한다. 하버드대의 제프리 웨스트는 "진정한 AI는 자연의 복잡성을 내재화하는 과정에서 탄생한다"고 분석한다. MIT 미디어랩 신시아 브리질 교수는 "인공지능이 자연을 닮으려면, 예측불허의 환경에서의 적응력과 다양한 '관계성'이 내면에 자리해야 한다"고 설명한다.

이런 관점에서 포스트 AI 시대에는 데이터 수집·활용, 자기 판단, 네트워크 상호작용, 자기 진화 등 모든 지점이 자연 생태계의 흐름과 유사한 곡선으로 융합된다. 칭화내의 아오치 연구진은 "AI의 성장 논리 또한 유전적 변이와 환경 적응 구조로 귀결된다"고 진단한다. AI의 자연형 진화 방정식은 아래와 같다.

AI 생태 지능 = f(복잡계 구성, 적응성, 순환성, 네트워크 상호작용, 관계성)

이 공식은 인간의 뇌, 생명체 DNA, 생태계의 공생구조와 긴밀히 이어진다. AI는 예측불허 환경에 맞춰 스스로 규칙을 재구성하고, 인간·기계·데이터·환경 사이의 관계를 실시간으로 조정한다. AI 생태계는 데이터를 학습하여 변화하는 규칙에 적응하고, 다양한 타 시스템과 네트워크를 형성하며, 자기진화의 패턴을 축적한다.

:: 3. 헬스케어 웨어러블의 혁신 사례와 구조

헬스케어 웨어러블(스마트워치, 스마트링 등)은 "건강의 작은 데이터가 일상과 감정을 연결한다"는 급진적 변화의 한복판에 있다. 고흐가 오늘날 스마트워치의 맥박 데이터를 본다면, 자신의 그림 속 심장박동처럼 색과 리듬을 흠뻑 담았을 것이다. 베토벤이라면 건강알람이 '라' 장조로 울릴 때 "이 내 심장박동이야!"라고 소리쳤을 것이다.

헬스케어 웨어러블의 기술력과 혁신성은 다음 함수로 표현된다.

$$W = f(측정정확도, 연속성, 사용편의성, 긴급대응력, 데이터보안)$$

측정정확도는 PPG(광학맥박), ECG(심전도), AI 알고리즘으로 결정된다. 연속성은 배터리 성능, 통신 안정성, 착용 유지율에 좌우된다. 사용편의성은 디자인, 무게, 인터페이스 최적화에 달려 있다.

긴급대응력은 실시간 경고, 의료진 연계, 사고 감지능력이 기준이다. 데이터보안은 개인정보 암호화, 서버 연동, 동의절차의 엄격성에서 평가한다.

2025년 글로벌 웨어러블 시장은 720억 달러를 돌파할 전망이다. 삼성 갤럭시워치의 연속 심박·체온·AI 수면분석, 애플워치의 심전도·낙상감지, 핏빗의 24시간 스트레스모니터링, 모두 개인 맞춤 건강관리의 표준이 되고 있다. 미국 환자 A씨는 "갤럭시워치 경고로 조기 심장질환을 발견, 응급외래에 연결됐다"고 후기를 남겼다. Financial Times는 "웨어러블 AI가 의료, 일상, 감정까지 데이터화하는 시대를 연다"고 평가한다.

피카소처럼 "혁신은 사람에 대한 탁월한 이해에서 시작된다"는 원리는, 헬스 웨어러블에서도 데이터의 감정적 의미화(사용자의 안도감, 행동변화, 습관 개선 등)로 완성된다. 기술적 도전은 인간의 미묘한 리듬, 습관, 감정상태에 실시간으로 감지·피드백하는 데 있다.

자연의 지혜까지도 모방한다. 카멜레온의 변화 신호, 북극곰의 신체 적응력(온도, 에너지 소비 효율 등)이 센서, AI 분석, 맞춤경고 기술 설계로 재해석된다. 삼성은 차세대 바이오센서, AI 내장으로 자연의 주기처럼 사용자를 예측·보호한다.

파레토 효율(20:80법칙) 적용 시, 전체 효과의 80%는 핵심 알고리즘(심박, ECG, 스트레스 측정)·단일 인터페이스 등 20%의 주요 설계요소가 창출한다. 삼성은 AI 바이오센서, 실시간 데이터 암호화 기술 집중에 투자한다.

:: 4. 스마트가전의 자율지능과 에코시스템 진화

삼성 스마트가전의 혁신은 단순 가전기기에서, '가족의 감성 전체를 뒤흔드는 데이터 허브'로 패러다임 자체를 변화시키고 있다. 한 음악가가 "냉장고가 당근 부족을 차이콥스키 멜로디로 알려주자, 이러다 냉장고와 듀엣하겠다"고 감탄한 장면은, 지금 현실이다. 스마트가전의 혁신성은 다음 복합함수로 나타난다.

$$S = f(자율성, 연결성, 에너지최적화, 사용자경험, 친환경성)$$

- 자율성: AI 기반 맞춤 추천, 상황응답, 자동진단·고장 대응 등에서 확인된다.
- 연결성: IoT, 스마트기기 상호 연동, 인터페이스 통합 등으로 집 전체의 에코시스템이 완성된다.
- 에너지최적화: 저전력 동작, 스마트센서와 에너지 절약기능이 현실화된다.

- 사용자경험: 디자인, 앱 연동, 음성·제스처·AI컨트롤로 삶의 편의와 감성을 극대화한다.
- 친환경성: 자원 재활용, 에코 패키지 확장, 소재 혁신, 에너지 관리의 탄소절감 등으로 평가한다.

비스포크 냉장고의 AI 기반 식재료 신선도 예측과 쇼핑리스트 자동 생성, AI세탁기의 오염도·섬유·날씨 패턴 학습을 통한 자율 운영, 스마트에어드레서의 의류 관리와 사용습관 분석 등은 모두 피카소가 강조한 "사람에 대한 깊은 이해"에서 출발한 혁신이다. 이러한 기술들은 앞서 논의된 반도체 설계 엔지니어의 높은 부가가치 창출과 마찬가지로, 인간의 일상적 니즈를 깊이 파악하여 기술로 구현한 결과물이며, 자동화·클라우드·연결성을 통해 '살아있는 집'의 새로운 표준을 제시하고 있다.

한 고객은 "외출 중 우유 부족 알림, 집 안 자동 청소 등 모든 가전이 가족의 한 명처럼 함께 산다"고 평가했다. CNN Tech는 "삼성 스마트홈 서비스는 모든 디지털 기기와 데이터 연결로 집 전체를 하나의 두뇌처럼 진화시킨다"고 전했다.

기술적 융합을 넘어 예술·자연감성도 강조한다. 삼성 비스포크 가전의 곡선·색상·친환경 소재는 고흐의 연못, 카멜레온의 위장력에 영감을 얻었다. 집안 기기들이 황금비 구조, 숲이 상생 모델처럼 상호 자동 연결되어 '생태계로서의 집'을 완성한다.

파레토 효율은 주요 핵심 기능·디자인(20%)이 전체 사용자 경험 만족의 80%를 좌우한다. AI 냉장고의 쇼핑리스트, 세탁기 진단·코스 자동화, 스마트싱스 연결 등 결정적 경험요소에 삼성은 집중한다.

:: 5. 미래 전망 및 실천적 제언

AI와 IoT가 결합된 헬스케어 웨어러블, 스마트가전은 인간과 기계, 자연이 융합된 하나의 '활생(活生) 생태계'로 진화한다. 미래의 웨어러블은 미세 신호·정서·습관까지 예측/치유하고, 스마트가전은 집 스스로 건강·감성·일상을 조율하는 파트너가 된다.

기술, 예술, 자연의 경계가 사라진 융합형 혁신 생태계 속에서, 데이터와 감정, 신뢰와 지속가능성이 균형을 찾는다. 삼성의 차세대 혁신은 이 모든 흐름을 집약해, 삶의 품격과 안전, 지구환경까지 예술적으로 리셋하는 내일을 만든다.

앞으로의 가정과 가족, 개인의 건강과 감정, 그리고 도시·사회 전반은 '연결된 생명체'처럼 끊임없이 진화·적응해 나갈 것이다.

헬스케어 웨어러블·스마트가전의 사용자 경험 (UX)과 서비스 차별화: 자연, 예술, 기술의 융합

:: 1. 서론

AI의 발전은 단순히 인간 두뇌 사고과정을 모방하는 단계를 지나, 복잡계와 생태계의 원리, 자연의 유연성과 적응성, 순환의 구조까지 닮아가는 방향으로 나아가고 있다. 하버드의 제프리 웨스트 교수는 "진정한 지능은 자연의 복잡성을 내재화하는 과정에서 탄생한다"고 강조한다. MIT 미디어랩의 신시아 브리질 교수 역시 "AI가 예측불허의 환경에 적응하고, 세계와 유기적으로 상호작용할 때 비로소 자연형 AI가 탄생한다"고 진단한다. 이러한 철학은 이제 헬스케어 웨어러블과 스마트가전의 사용자 경험(UX) 디자인까지 깊이 스며든다.

:: 2. 사용자 경험(UX)과 서비스 차별화의 방정식

오늘날 사용자 경험과 서비스 차별화는 단순 기능적 만족을 넘는다. 현대 스마트가전과 헬스케어 웨어러블의 UX 경쟁력은 아래와 같은 하나의 공식으로 응축된다.

- UX 차별화 = f(개인화, 연속성, AI통합, 감성연결, 서비스 생태계, 데이터보안)
- 개인화: 실시간 심박, 스트레스, 수면 등 생체 데이터, 그리고 라이프스타일 정보에 따라 맞춤 경고, 콘텐츠, 코칭을 제공한다. 예를 들어, 갤럭시 워치의 조기 심장질환 알림, AI세탁기의 맞춤 세탁코스, 비스포크 냉장고의 사용자별 선호 식단 추천 등이다.
- 연속성: 웨어러블과 가전이 스마트폰, 클라우드, TV, 스피커, 자동차까지 자연스럽게 연결된다. 예를 들어, 워치에서 운동 기록이 냉장고 건강관리 앱과 연동되고, 에어드레서가 스마트폰 캘린더와 연동되어 복장 알림까지 자동 조정한다.
- AI 통합: AI는 복합 신호를 실시간으로 분석해 헬스케어·가전 기기 전반의 제어와 추천, 예측을 수행한다. 심박이나 스트레스 지수의 이상 징후 감지, 자동 식재료 쇼핑리스트 생성, 날씨·스케줄까지 고려한 세탁·공기 관리 등이 모두 여기에 해당한다. 각 기기는 초개인화된 UX를 점점 더 완전체로 완성한다.
- 감성 연결: 단순 알람을 넘는 감각적 UI/UX가 확대된다. 차분한 음성, 컬러, 진동, 사운드 등 감성적 요소가 심장 경고, 식재료 알림, 에너지 절약에 녹아든다. 베토벤이 워치의 알람음을 듣는 시대, 컬러 라이트가 사용자의 컨디션을 반영한다.
- 서비스 생태계: 건강관리, 식단·레시피, 스마트 리마인드, 자동 예약, 커머스 등 모든 서비스가 유기적으로 연결되어, 일상 전체가 단일 생태계로 묶인다. 피카소가 냉장고 패널을 캔버스로 쓰듯, 사용자는 집안 기기와 한 팀이 된다.
- 데이터 보안: 민감한 건강, 위치, 생활 습관 데이터는 투명하고 강력하게 보호된다. 사용자는 앱에서 자신의 데이터 접근·활용 범위를 직접 관리한다.

이러한 UX 혁신 공식은 기술·예술·감성·보안이 한데 어우러질 때 가장 큰 만족과 신뢰를 이끌어낸다. AI·IoT·클라우드·UX 디자인이 포스트 AI 시대의 "살아 움직이는 집"의 기반이 된다.

∷ 3. 현장 혁신과 사용자 실감 경험

2025년 글로벌 스마트가전, 웨어러블 사용자들은 하루 3.5회 이상 이들 기기와 사용 접점을 가진다. 갤럭시 워치는 불규칙한 심장박동을 감지해 실시간 응급알람을 울리고, AI 냉장고는 식재료 신선도, 쇼핑리스트, 맞춤 레시피까지 안내한다. 한 미국 거주자는 워치 경고 덕분에 심장질환을 조기에 진단받았으며, B씨는 냉장고 알림을 받고 외출 중에도 장보기 대행 서비스를 활용한다. AI세탁기는 날씨·오염도·옷감 정보로 코스를 자동 추천한다.

이처럼 연속적·다층적 경험의 핵은 AI와 감성 인터페이스의 융합에 있다. 데이터 흐름은 사용자의 삶 전체 구간에서 누수 없이 이어지고, 사용자는 '내 생활이 데이터와 함께 진화한다'는 만족을 체감한다.

∷ 4. 예술·감성·자연에서 배우는 UX 디자인

고흐가 스마트워치와 냉장고 디자인을 접했다면 "심장, 온도, 색상, 리듬이 하나로 묶인다"고 화폭을 덧칠했을 것이다. UX 차별화의 감성적 코드는 비주얼, 소리, 빛, 패턴, 자연의 리듬에서 뿌리내린다.

미스포크 냉장고의 곡선 디자인, 소재, 컬러 팔레트에는 황금비와 자연의 곡선, 카멜레온·북극곰의 적응성이 반영된다. 웨어러블 UI/UX

는 심박의 리듬, 언어의 온기, 감정 곡선을 실시간으로 안내한다.

감성 UX는 단순 디자인을 넘어 '사용자와 공감하는 인터페이스', '무의식까지 아우르는 경험'을 지향한다.

:: 5. 파레토효율, 보안, 그리고 미래 서비스 전략

파레토효율을 적용하면 전체 UX 혁신과 서비스 만족의 80%는 AI 맞춤알림, 자동농도 진단, 쇼핑연동, 감각적 UI 등 20%의 결정적 요소에서 좌우된다. 삼성은 데이터 보안·개인정보 암호화에 집중 투자하고, 스마트싱스 IoT 연결, 실시간 AI 추천, 사용편의 증대, 심리적 만족 등을 핵심 전략으로 삼고 있다.

오픈 플랫폼과 AI가 결합된 스마트홈, 웨어러블 서비스 생태계는 건강, 감정, 생활동선, 쇼핑, 에너지 최적화, 심지어 가족관리까지 '한 몸'처럼 통합되어 지속 확장된다. 사용자는 데이터 소유권 관리, 앱 내 실시간 동의 및 보안 정책 설정, 해킹 대응력 등을 점차 직접 손에 쥔다.

미래의 UX와 서비스 차별화를 위해, 기업은 AI와 감성, 보안의 황금비 균형을 확보해야 한다. 디자인-기술-심리-사회적 신뢰 모두를 담아, 사용자의 건강, 감정, 생활, 가족 전체가 한 번에 진화하는 경험을 선사해야 한다. AI·IoT·클라우드·UX의 유기적 융합, 즉 "지능형 감성 생태계"가 미래 라이프서비스의 핵심이 된다.

기술혁신의 다음 도약은 '당신의 손끝-심장-집안-데이터가 모두 연주하는 교향곡'이 될 것이다 이제 경험의 혁신은 '삶 자체'의 풍경을 근본부터 바꾸는 데서 의미를 갖는다.

헬스케어 웨어러블·스마트가전 혁신 방정식과 인재의 핵심 역할

:: 1. 서론

"기술혁신의 80%는 알고리즘이 아니라, 연결된 인재들의 집단지성에서 비롯된다." MIT 미디어랩 신시아 브리질 교수의 이 말은 오늘날 헬스케어 웨어러블과 스마트가전의 실제 진화와도 깊이 맞닿아 있다. 이 시대 디지털 혁신 한가운데서, 삼성전자, 글로벌 빅테크, 실리콘밸리 스타트업의 성패는 기술의 우위보다 그 기술을 실현·융합·적용하는 인재의 깊이와 확장력에 좌우된다.

:: 2. 혁신 방정식과 인재의 경제적 의미

기술혁신에서 인재의 실질적 가치는 다음 함수로 요약된다.

$$Y = F(H, K, L)$$

- Y는 혁신적 산출, 즉 제품과 서비스의 새로운 가치 창출이다.
- H는 인적자본(지식, 기술, 경험을 보유한 인력),
- K는 물적자본(설비, 자산),
- L은 노동시간이다.

루카스(Stanford, Harvard)의 인적자본 이론에 따르면, Y를 H, K에 대해 편미분($\partial Y/\partial H$, $\partial Y/\partial K$)할 때, $\partial Y/\partial H$가 $\partial Y/\partial K$보다 커지는 구간, 즉 인재가 설비나 자본보다 더 큰 '임계효과'를 가질 때 혁신의 질적 속도가 급격히 가속된다. 실제로 첨단 헬스케어 웨어러블·스마트가전, AI 스마트홈 혁신은 바로 이 구간에서 시장 주도적 전환점이 형성된다.

:: 3. 인재와 다중 역량: 혁신 시스템의 동력

삼성 '갤럭시 워치' 신제품 프로젝트에는 15개국 이상 70여 명의 AI 전문 연구원, 임상담당, 하드웨어·펌웨어 엔지니어, UX디자이너, 데이터 과학자, 서비스 기획자가 동시에 참여하였다.

머신러닝, 생체신호 해석(ECG, PPG, 수면/스트레스 패턴), UI/UX 설계, 하드웨어 미니어처링, 연속 데이터 암호화 등 다학제 유기적 협업이 핵심이다.

실시간 데이터 연동, 실용적 디자인, 모바일 앱 간 연계, 의료진 심층 자문 등 각 단계별로 분업과 통섭이 반복된다.

스마트가전 역시 AI칩 설계, 의생활·식생활 IoT 센서, 데이터 분석, 서비스형 플랫폼 기획, 맞춤앱·앱스토어까지 분야별 전문가가 파트너십을 이루는 구조이다. 대규모 협업 조직이 구성되고, 프로젝트마다 외부 파트너·대학 연구팀·의료자문단과 네트워크형 방법론을 채택한다.

신제품 론칭을 전후로 사용성 피드백, 국내외 실사용 데이터, 오픈 이노베이션 제안을 수평적으로 돌려 실시간 반영하는 유연성도 '인적자본 혁신 공식'의 핵심 축이다.

MIT 미디어랩 신시아 브리질 교수는 "혁신의 80%는 집단지성, 20%는 기술 우위"라 강조한다. 즉, 기술코어보다 '사람+네트워크+집단지성'의 영향력이 압도적이라는 결론이 도출된다.

:: 4. 시장 현황과 인재 전략: 글로벌 동향

WEF, OECD 보고서에 따르면, 2025년 헬스케어 웨어러블 시장은 950억 달러, 스마트가전 시장은 3,200억 달러에 달한다. 삼성전자는 2023~25년 R&D 인력 비중을 전체 인력 대비 24%까지 확대하였고, AI·IoT·바이오·UX 분야 다학제 팀을 신설한다. 글로벌 빅테크(애플, 아마존, 구글, 화웨이 등) 역시 센서공학자, 데이터 분석가, 임상의와 인문 예술 디자이너 등 복합 전공 인재군을 다수 확보하고, 각 신제품 구현에 인터페이스를 만들고 있다.

실제 시장 현장에서는 R&D, 디자인, 데이터, 서비스, 심리·헬스케어 등 각기 다른 역량을 가진 인재들이 프로젝트마다 가로세로 협업한다. 삼성전자는 MIT, 스탠퍼드 등에 인재확보를 위해 인하우스 글로벌 교육센터, 산학협력, 스타트업 인수, 인공지능 챗봇·인터페이스·바이오 융합 실험실까지 동시 운영 중이다. AI 챗봇, 스마트헬스, 리얼타임 UX는 국내외 공동특허, 자유 아이디어 공모, '실전 실패 공유' 세션에서 빠르게 개선된다.

:: 5. 인재 집중, 프로젝트 실현, 그리고 파레토효율

파레토효율은, 전체 성과의 80%가 조직 내 20% '핵심인재와 프로젝트'에서 나온다는 혁신 최적화의 원리다.

삼성 헬스케어 웨어러블·스마트가전 개발의 80% 이상은 글로벌 수준 엔지니어, UX디자이너, 바이오 주요 소수팀의 동적 협업에서 판가름난다. 하드웨어·AI챗봇·바이오센서·UX디자인 등 핵심 집단이 제품 사양, 서비스 경험, 가치 차별화의 중심축이 된다. 삼성, 애플, 구글, 화웨이 등 선도기업이 AI·바이오·디자인 등 핵심인재와 R&D 집중 투자에 공을 들이는 이유이기도 하다.

또한 현장 중심의 역동적 업무 전환, 신규 이노베이션 태스크포스, 개인 디자이너에서 의료데이터 과학자까지 수평구조로 반영한다. 효과적인 협력·학습·실패 피드백 생태계 확보가 바로 인재 중심 혁신 방정식의 실천적 답이다.

:: 6. 결론

헬스케어 웨어러블과 스마트가전의 모든 기술혁신 뒤에는 복합 전공과 감성, 실용, 데이터 감각을 두루 갖춘 인재들이 있다. $Y = F(H, K, L)$ 공식에서 보듯, 인재(H)의 편미분 효과가 가장 큰 조직이 진정한 혁신을 주도한다. 혁신의 80%는 집단지성과 실험적 협업에서 태어나며, 나머지 20%는 첨단기술과 서비스개발 역동성으로 완성된다.

글로벌 시장에서의 성공은 복합적 인재 확보, 유연한 조직, 빠른 피드백, 개방적 협업생태계에 달려 있다.

삼성의 사례처럼, 결국 혁신은 실험정신을 가진 인재와 그들이 이루는 네트워크의 힘에서 완성된다. 그 최전선에는 기술 중심이 아니라 창의적 인간의 연결이 있다는 사실을 잊지 않아야 한다.

헬스케어 웨어러블·스마트가전 시장 변화와 성장 전략

:: 1. 서론

고흐가 오늘 스마트워치를 손목에 찬다면, 색상 알림이 영감의 불꽃이 된다고 말할 것이다. 베토벤이 냉장고를 작곡했다면 아이스메이커의 소리도 악보 한 줄에 넣었으리라. 심리학자 윌리엄 제임스는 웨어러블을 "자의식의 확장"이라고 설명했을 것이다. 어느 사상가는 "혁신은 밥상과 손목에서 출발한다"고 말한다.

BBC Future, BBC Tech 등은 스마트홈과 헬스케어 IoT, 그리고 연결 가전의 발전이 생활가전, 건강기기, 웨어러블 등이 집안의 다양한 센서와 네트워크를 통해 상호 소통하는 방향으로 진화한다고 반복적으로 해설한다.

이들은 아침에 체지방계, 스마트워치, 세탁기 등 여러 기기가 건강 데이터와 라이프스타일 정보를 연동하며, 가전제품과 헬스기기가 협력해 맞춤형 건강관리와 라이프스타일 자동 최적화를 실현하는 시대가 도래한다고 전망한다. 즉, 생활가전과 헬스테크의 융합이 우리의 일상과 건강관리를 혁신적으로 바꾸는 미래상을 지속적으로 강조한다.

이제 헬스케어 웨어러블과 스마트가전의 성장은 디지털 전환, 생활 습관 변화, 건강관리의 일상화, AI 융합이 만드는 데이터 기반의 '맞춤형 서비스'와 '생태계 주도'라는 전략 함수로 재편되고 있다.

:: 2. 시장 환경 변화와 성장 전략 공식

오늘날 이 분야의 성장 전략은 다음의 함수로 요약할 수 있다.

성장 전략 공식
G = f(데이터 연결성, AI 융합력, 맞춤 서비스화,
생태계 확장성, 사용자 경험 혁신)

데이터 연결성은 웨어러블, 가전, 모바일, 헬스서비스 간의 실시간 상호 호환성과 정보 통합 능력을 의미한다. AI 융합력은 바이오센싱, 예측진단, 자동제어 등 하드웨어와 소프트웨어 전반에 적용되는 인공지능의 심화와 서비스 다양화를 뜻한다. 맞춤 서비스화는 개별 소비자의 건강상태, 일상 습관, 라이프스타일 데이터 기반으로 만들어지는 맞춤 진단, 코칭, 식단·운동·환경관리 등 초개인화된 경험을 말한다.

생태계 확장성은 IoT 가전, 헬스 웨어러블, 모바일 앱, 클라우드, 원격 진료 등 전방위 플랫폼의 통합/확장을 뜻한다. 사용자 경험 혁신은 UI/UX 디자인, 감각적 인터페이스, 감정–생활–건강의 융합 서비스로 실제 삶의 변화를 견인한다.

실제로 2025년 기준, 삼성, 애플, 구글 등의 웨어러블·스마트가전은 AI·데이터·헬스케어·식단·에너지관리및 원격진료를 연결하는 '데이터

생태 네트워크'로 진화하고 있다.

:: 3. 구체적 현장 변화와 혁신 현주소

삼성의 BESPOKE 냉장고는 식재료 센싱, 사용자별 맞춤 레시피, 실시간 쇼핑리스트 연동 기능을 제공한다. 갤럭시 워치는 심박·ECG·수면·스트레스·운동(활동량) 데이터까지 24시간 실시간 분석해 사용자의 생활 루틴을 추천하며, 스마트싱스 IoT 플랫폼은 세탁기, 체지방계, 조명, 공기청정기 등 500개 이상의 기기를 통합·자동제어한다.

핵심이 되는 데이터 연결(Connectivity)은 웨어러블–앱–가전–원격의료, 그리고 스마트홈까지 상호 호환/데이터 흐름을 완전하게 확장하는 능력에서 완성된다. 예를 들어, 냉장고 영양 데이터와 워치의 신체 지표, 세탁기의 의류관리 기록은 통합 건강관리 피드백과 AI 추천의 기반이 된다. 미국 의료 서비스 연동 사례에서는 갤럭시 워치에서 심장박동 이상 신호가 자동으로 원격 의료센터에 전송되고, 응급상황 시 즉각 출동, 보험연계까지 10분 이내 이뤄진다.

:: 4. 예술, 심리, 자연에서 배우는 서비스 혁신과 감성 UX

기술의 현장혁신은 자연과 예술에서 영감을 받는다. 고흐의 자유로운 색·리듬, 카멜레온의 변화 적응, 숲의 상생 구조, 북극곰의 에너지 절약 등 모두 웨어러블·가전 디자인과 알고리즘에 녹아 있다. 스마트워치의 컬러·햅틱·음성 알람은 사용자의 감정, 건강, 수면패턴에 따라 달라지며, 심리적 안정과 행동 변화를 자극한다.

체지방계·세탁기·냉장고 등이 살아있는 생명체처럼 데이터를 실시간 교환하며 '사용자-가전-헬스 네트워크'를 만든다.

NYT는 스마트홈, 웨어러블, AI 가전 등 첨단 기술이 점차 인간적 연결과 감정 교류의 대상을 확장하고, 기기가 가족이나 친구처럼 사용자 생활의 일부가 되는 감성적 기술(이른바 conversational tech)로 진화한다고 자주 보도한다.

반면 BBC Future, BBC Tech 등은 기기가 단순한 도구를 넘어 사용자의 일상과 감정에 깊이 관여하며, 진짜 혁신은 사용자의 삶과 감성에 잊지 못할 경험(meaningful experience)과 감동(emotional impact)을 선사할 때 완성된다고 반복적으로 해설한다. 두 매체는 모두 기술이 기능적 편의성을 넘어, 인간 관계와 감성의 확장, 그리고 경험의 가치를 중심으로 한 혁신의 미래상을 지속적으로 강조한다.

파레토효율 원리에 따르면, 전체 서비스 만족도의 80%는 기기-앱-서비스 연동 등 핵심 디지털 생태계(20%)에서 비롯된다. 삼성은 이 핵심 연결과 AI/UX 디자인, 건강·생활 서비스 플랫폼에 전략자원을 집중하고 있다.

:: 5. 미래 성장 전략과 실천 제언

헬스케어 웨어러블과 스마트가전의 다음 도약은 '데이터 중심, 맞춤화, 실시간 네트워킹, 초개인화 서비스의 극대화'로 약동한다. AI와 데이터는 개인 건강, 감성, 생활 흐름 전체를 통합·최적화하는 디지털 파트너가 된다.

시장선도 기업은 파트너십, 오픈 플랫폼 전략, 글로벌 표준화에 집중 영역을 맞추고, 사용자 피드백 기반의 초개인화 제품·서비스 혁신에

R&D 우선 순위를 둔다. 하드웨어-소프트웨어-서비스를 자연·예술·심리 트렌드와 통합하며, 미래 가정과 일상의 질을 높인다.

"기술도 결국 감정을 전한다." 이 명언이 웨어러블과 스마트가전의 성장 전략 중심에 놓여 있다. 진정한 차별화는 데이터-AI-UX-감성의 조화, 그리고 삶의 변화에 실질적으로 기여하는 경험에서 완성된다.

:: 6. 결론

헬스케어 웨어러블·스마트가전은 데이터 연결, 초개인화 서비스, AI 융합, 감성적 UX, 확장 생태계가 맞물릴 때 빠른 성장이 가능하다. 시장을 이끄는 혁신은 감정·생활·건강의 총합 경험에서 출발한다. 기술과 예술, 자연과 인간의 교차점에서 지금 변화의 방향을 묻고, 내일의 삶을 디자인한다.

밥상과 손목, 그리고 집안 곳곳에서 이어지는 스마트 혁신이 실시간으로 우리의 삶을 만들어간다. 창의와 통찰, 기술과 생활, 그리고 데이터의 강이 흐르는 시대, 당신의 일상은 어떻게 달라지고 있는가?

감정인식 AI와 인간과 로봇의 상호작용

"The best way to predict the future is to invent it."
– 앨런 케이는 1971년 Xerox PARC에서

:: 1. 서론 ─ 기술 진화가 던지는 새로운 질문

2025년, 세계는 감정 인식 AI와 인간–로봇 상호작용(HRI)의 혁신적 진전에 주목하고 있다. BBC, 월스트리트저널, 뉴욕타임스, 르몽드, 파이낸셜타임스, 타임지 등 유수 언론들은 "AI와 로봇이 인간을 이해하는 날, 미래는 완전히 달라질 것"이라는 메시지를 내보낸다. 단순한 자동화의 시대는 끝났다. 이제 중요한 것은, 기계가 인간의 마음과 신호를 읽고, 진정성 있는 신뢰와 협력을 실현할 수 있는가라는 근본적 질문이다. 이러한 일련의 변화는 산업과 사회 구조, 그리고 전 인류적 삶의 방식까지 재편하는 거대한 파도를 만들어내고 있다.

:: 2. 감정 인식 AI: 혁신의 현재와 변화의 속도

2024년 글로벌 감정 인식 AI 시장은 약 29억달러에 달하며, 2035년까지 연평균 20%대의 성장이 예측된다. BBC와 뉴욕타임스는 AI의 얼굴·음성·행동 패턴 분석 기술이 정신건강, 헬스케어, 스마트 교육, 마케팅 등에서 광범위하게 적용되면서, '사람 중심' 서비스로의 전환이 본격화되고 있다고 평가한다. 실제 미국·영국·프랑스의 종합병원과 학교 현장에서는 AI 기반 상담 챗봇, 정서 분석 학습 플랫폼의 도입으로 실질적인 성과(우울·불안 증상 완화율 60% 이상, 학습능력 향상 등)가 잇따라 보고된다. 삼성 등 글로벌 리더는 스마트기기와 웨어러블에 감정 인식 기능을 탑재해 초개인화 서비스, 보호자동화, 정신건강 케어 등 실질적 혜택을 적극적으로 확장한다.

:: 3. 인간-로봇 상호작용(HRI): 신뢰와 윤리가 미래 경쟁력

2025년, 인간과 로봇이 한 공간에서 안전하게 협업하는 '콜라보레이티브 로봇' 환경은 이미 산업, 헬스케어, 교육, 복지 현장에서 일상화되고 있다. 월스트리트저널과 파이낸셜타임스는 첨단 센서, 자연어처리, 행동분석 기술을 바탕으로 한 실시간 피드백 시스템이 "작업자 안전과 생산성 혁신에 크게 기여한다"고 보도한다. 보스턴다이내믹스, 삼성, ABB 등 글로벌 기업들은 HRI 기반의 사고율 저감, 업무 피로 관리, 사용자 신뢰도 향상을 주요 비전으로 내세운다. 르몽드는 "AI·로봇이 인간의 미묘한 감정까지 읽는 사회적 동반자로 자리 잡으려면, 신뢰와 윤리의 코드가 반드시 내재화돼야 한다"고 강조한다.

:: 4. 글로벌 규범, 시장 변화, 그리고 진정한 경쟁의 패러다임

세계 주요 정부와 기업들은 기술 그 자체보다도 '윤리·신뢰·표준'에 경쟁의 화력을 집중한다. 브루킹스연구소, OECD, BBC, 타임지는

"AI·로봇이 노동시장, 교육, 공공영역에 미치는 효과, 산업구조 변화, 사회적 포용성, 데이터 프라이버시, 알고리즘 공정성" 등, 포괄적인 거 버넌스가 핵심임을 역설한다. 미국은 AI·HRI 표준화와 윤리 인증 강 화를 위한 연방 지원, 일본은 로봇 복지 실증사업의 전국 확산, 유럽은 GDPR·AI ACT를 통한 법적 프레임 정착, 삼성 등 국내외 대기업은 글 로벌 산학협력과 UX 기반의 혁신형 서비스 전략을 통합적으로 전개한 다. 각국은 기술·산업표준, 데이터 상호운용성, 프라이버시 보호, 알고 리즘 투명성 등 국제협력과 실천적 제도 개선에 앞장서고 있다.

∷ 5. 결론 — 변화의 파도를 기회로 바꿀 실천적 대응책

결국, 앞으로의 10년—감정 인식 AI와 인간-로봇 상호작용 기술은 우리 사회와 경제, 그리고 '인간다운 미래'의 기초를 새롭게 설계하게 된 다. 변화에 능동적으로 대응하기 위해선 다음과 같은 실질적 전략이 반 드시 수반돼야 한다.

첫째, 포괄적 국제 표준과 윤리 강령을 신속히 수립해야 한다. 각국 정부와 글로벌 기업은 AI·로봇 기술의 책임 있는 사용을 목표로 데이 터 보호법, 알고리즘 설명책임, 사용·착취·조작 방지 규정 등 강력한 프레임을 조기에 마련해야 한다.

둘째, 산학연 협력·공동연구 생태계를 구축해야 한다. 삼성 등 혁신 기업들은 MIT, 스탠퍼드 등과의 산학연 네트워크를 확대하여, 공공·산 업 현장 실증, 맞춤형 개발, 융합인력 양성에 선제적으로 투자해야 한다.

셋째, 사회적 수용성 확보·소통 플랫폼 강화가 필요하다. "기술로 인한 불안감 해소와 신뢰 확보"를 위해, 정책 당국·기업·시민사회가 참여하는 거버넌스와 대화 채널을 상시 운영해야 한다.

넷째, 데이터 프라이버시 교육과 재직자·신규 인력 재교육 확대를 추진해야 한다. 실제 BBC와 르몽드는 노동시장 변화로 인한 직업재교육, 신산업형 교육훈련 프로그램이 반드시 확대되어야 함을 지적한다.

다섯째, 공공-민간산업의 맞춤형 AI·로봇 활용 확대가 결정적이다. 의료, 복지, 방역, 재난, 교육 등 사회 필수 기반에서 감정AI와 HRI가 적극 도입될 때 사회적 포용성과 안전·행복이 동반 성취될 수 있다.

마지막으로, 글로벌 연대와 공동대응 역량이 핵심이다. 각국은 단일 국가 차원을 넘어, 국제조약, 표준화 위원회, 공동 연구자금 조성 등 초국경 협력모델로 난제에 맞설 필요가 있다.

피터 드러커의 경구처럼, 이제 진짜 미래를 여는 것은 예측이 아니라 실천이 결정한다. 삼성 등 혁신기업과 세계 각국이 "신뢰받는 AI와 로봇" "사람을 위한 기술"이라는 목표 아래, 표준·윤리·포용·협력의 거버넌스를 세우고 구체적 행동에 나설 때, 미래의 변화는 위기가 아니라 기회의 파도가 된다. 지나간 일은 바꿀 수 없지만 오늘 우리가 세우는 표준과 실천이 내일의 행복, 오늘의 안전, 그리고 모든 이의 인간다움으로 연결된다. 이 새로운 역사의 무대에서, 우리가 먼저 미래의 주인공이 되어야 한다.

고객중심·융합강화 전략: 실전 혁신의 구조

:: 1. 서론

고객경험의 혁신은 기술, 데이터, 디자인, 서비스, 그리고 감정의 모든 교차점에서 완성된다. 베토벤이 가전과 모바일, TV가 동시에 연주하는 가상교향곡을 들었다면 "이제는 소리와 화면, 일상과 데이터가 한 곡에 얽힌다"고 감탄했을 것이다. 현대경영의 과제는 제품 하나가 아니라, '삶의 경험' 전체—즉, 구매·사용·고장·A/S·재구매까지 완결된 여정과 그 안의 감정선들을 조율하는 것이다.

:: 2. 고객중심·융합조직의 전략

오늘날 시장에서는 단순 제품 간 우위를 넘어 고객 전체 경험, 분야 간 융합, 실시간 피드백, 현장 기반의 디지털 통합이 핵심 경쟁력이 된다. 이 전략을 대표하는 공식은 다음과 같다.

고객경험 혁신 공식
E = f(고객경험, 디지털통합성, 협업강도, 현장데이터, R&D융합)

- 고객경험은 구매, 사용, 서비스, 재구매까지 연결된 감정의 흐름과 기억이다.
- 디지털통합성은 TV, 가전, 모바일, IoT, 앱, 상담 등 제품·서비스 데이터가 실시간으로 소통·통합되는 수준이다.
- 협업강도란 부서, 파트너, 현장, 고객 네트워크가 일상적으로 연결되고 실제제안이 정책과 신제품에 반영되는 강도를 의미한다.
- 현장데이터는 설계−마케팅−서비스까지 모든 조직이 '고객의 소리'와 예측 수치, 실사용 데이터를 빠르게 집적·분석하는 역량이다.
- R&D융합이란 기술, 디자인, 서비스, 마케팅, 심지어 심리와 예술의 교차 지점에서 제품의 본질을 다시 정의하는 것이다.

이 다섯 항목의 곱에서 각 항이 0에 가까우면 전체 혁신(효용) E도 미미하다. 즉, 한 요소라도 뒤떨어지면 '고객 모두가 공감하는 연결·융합의 경험'은 완성되지 않는다.

∷ 3. 글로벌 트렌드 및 삼성·경쟁사 사례

글로벌 시장은 단일 제품 차별화 전략에서 '경험·여정·통합감' 경쟁으로 이행 중이다.

애플은 'One Product, Infinite Experience' 모토로 기기·서비스·스토어·클라우드가 끊김 없는 사용 경험을 보장한다.

아마존은 고객여정 중심, AI 스피커·리테일·추천 시스템 간 경계 없는 서비스 확장에 집중한다.

삼성은 2025년 'One Samsung Experience' 프로젝트를 발표, TV, 가전, 모바일, IoT를 통합하는 디지털 허브(스마트싱스 등) 구축에 박차를 가한다.

│ 실제 혁신사례:

- NEO QLED TV는 가족구성원별 맞춤 인터페이스, IoT 연동으로 집안 전기/보안/에너지 상태를 한눈에 보여준다.
- 갤럭시 모바일은 가전과 데이터 연동, 헬스·운동코칭 등 라이프스타일 서비스를 하나의 앱에서 통합 지원한다.
- 스마트싱스 앱은 TV, 냉장고, 로봇청소기 등 전 제품을 '한 화면'에서 제어·피드백·진단·컨시어지를 제공한다.
- Financial Times는 "삼성의 서비스·제품 융합은 글로벌 고객을 집단 생태계로 연결한다"고 평가한다.
- Wall Street Journal은 "삼성 AI 가전은 가족의 습관과 감정을 읽는다"고, 뉴욕타임스(2025.3.14)는 "삼성 SmartThings 허브는 집 전체 생태계를 단일 터치로 움직인다"고 평한다.

∷ 4. 인문·예술·심리학적 맥락과 깊이

스티브 잡스는 "기술도 결국 감정을 전한다"고 했다. 심리학자 윌리엄 제임스는 "경험은 서로 다른 사건을 묶어내는 마음의 실험"이라 했고, 마크 로스코의 색채 평면회화처럼 삼성의 인터페이스들은 데이터와 색·형태·공간을 연결하고, 각 제품군은 거실이라는 캔버스 위에 조화롭게 배치된다.

미켈란젤로가 시스티나 천장화에서 모든 신의 이야기를 한 캔버스에 그렸듯, 삼성의 스마트홈, 앱, AI, IoT, 가전, 헬스 및 서비스는 고객 삶이라는 연결된 캔버스 위에서 완벽한 통합과 감각의 조율을 시도한다.

진정한 고객경험의 혁신은 개별 만족이 아니라, 데이터와 감성, 제품과 일상, 기술과 감정이 '여정 전체'에서 하나로 이어지는 공감대에서 출발한다.

:: 5. 파레토효율 기반 융합전략 및 실전 집중영역

파레토효율 법칙 적용 시, '상위 20%의 핵심 경험요소 및 서비스 연결기획'이 전체 고객 만족(효과)의 80% 이상을 좌우한다. 삼성은 서비스 통합(스마트싱스, 단일 앱/허브), 데이터·제품·서비스 실시간 연동/피드백, 고객 1만명 단위 실제 이용기록 데이터 분석에 전략적 자원(20%)을 집중한다.

이 전략이 TV, 냉장고, 웨어러블, 컨시어지, 원격 헬스서비스, 자동화 AI제어 등 전 채널 사용자의 80% 이상 핵심 경험, 재구매, 브랜드 충성도로 이어지고 있다.

애플, 아마존, 듀슨 등 주요 글로벌 경쟁사들도 핵심 플랫폼과 고객 인터페이스에 전략 집중 비중을 20~25%로 맞추고, 나머지 80% 경험 흐름을 구조화한다.

삼성의 'One Experience Life Platform' 전략은 현장 데이터 활용, 부서 경계 없는 협업, R&D·디자인·서비스의 교차 멀티 팀, 실시간 피드백·예측·고객 데이터 분석 그리고 사용자 스스로 가치를 증폭시키는 피드백 루프와 이 모든 것을 고객 중심의 하나의 여정으로 통합해낸다.

:: 6. 결론

삼성전자의 고객중심·융합 강점은 '유연한 협업', '디지털 통합', '현장·

데이터 기반 실행'이 한데 얽혀 이뤄진다. 제품은 기능을 넘어, 고객 삶·감성·데이터와 실시간으로 연결된다 글로벌 경쟁사와의 차별화는 핵심 20% 경험·서비스 통합 집중, 80% 전체 만족 극대화 전략에서 비롯된다. 융합의 혁신 공식은 바로 고객의 여정, 감정, 실제 사용경험 전체를 하나의 생태계로 만들어내는 데 있다. 이제 혁신의 무대는 '제품 하나'가 아니라 '삶 전체'에 깔리는 거대한 캔버스와 같다 기술과 예술, 데이터와 감동을 융합하는 경험이 내일의 표준이 된다.

6장

스마트 팹과 산업용 로봇

스마트 팹(지능형 공장) 기술 발전 현황

:: 1. 서론

만약 베토벤이 오늘의 지능형공장을 방문했다면, 생산라인을 오케스트라에 비유하며 "이 음악은 자동으로 연주되는가?"라고 물었을 것이다. 고흐는 빛과 색채 대신 센서와 데이터의 파도에 감탄하며 "이곳에서는 색채가 살아 움직인다"고 기록했을지 모른다. 프로이트는 "로봇이 작업자의 감정까지 읽을 수 있을까?" 궁금해했을 것이다.

현대 산업의 도약은 '지능형공장' 없이 설명할 수 없다. 스마트 팹은 데이터, 자동화, 인공지능, 로봇, 그리고 현장 직원의 역량까지 하나로 연결하고, 생산성·품질·유연성·지속가능성을 동시에 추구하는 제조업 혁명의 심장이다.

:: 2. 스마트 팹의 방정식과 기술적 본질

스마트 팹의 혁신 수준은 다음과 같은 공식에서 출발한다.

$$지능형공장\ 경쟁력 = f$$
$$(센서 \times IIoT \times 데이터 \times AI \times 자동화 \times 적응성 \times 에너지관리)$$

이 공식의 각 항목은 서로 곱해지는 관계에 있다. 센서로 실시간 데이터를 모으고, 산업사물인터넷(IIoT)과 네트워크로 모든 설비와 공정을 연결한다. 여기에 빅데이터 및 AI 분석이 품질 이상, 설비 고장, 최적 경로 등을 자동으로 판별한다. 로봇공정·자율물류 등 자동화가 융합될수록 생산효율과 유연성, 안전성, 품질, 에너지 절감의 이익이 기하급수적으로 확대된다.

최신 스마트 팹에서는 설비-공정-검사-물류 전개 과정이 실시간 데이터에 의해 스스로 판단·적응·최적화되는 열린 구조를 이룬다. 이 과정에서 하나의 결함 신호가 열흘치 생산에 영향을 미칠 수도, 하나의 센서가 연간 수천만 불의 비용 절감까지 이끌 수 있다.

실제 삼성전자, 인텔, TSMC 등 글로벌 선도기업들은 8만 개 이상의 센서와 IIoT, AI 기반 설비진단 및 로봇 자동화 솔루션을 적용해 전 과정을 디지털화한다. 센서와 AI가 불량률을 '선제적으로 예측'하고, 일부 공정라인은 완전 무인 설비로 변모한다.

:: 3. 글로벌 트렌드와 시장 변화

전 세계 산업은 코로나19, 공급망 불확실성, ESG·탄소중립 압력 등 급변하는 환경에 맞서 "스마트 팹 혁신"으로 방향을 잡았나. 2025년 현재 전체 제조 팹의 32%가 스마트화(생산성·가동률·공정 데이터 디지털화 기준)를 실현했다.

특히 삼성전자 평택캠퍼스, 인텔 오리건 공장, TSMC 타이남 파운드리 등은 공정별 IIoT, 설비별 AI 예지보전, 품질자동분석, 무인 이송로봇, 빅데이터 기반 에너지관리 시스템을 앞장서 도입한다.

OECD와 하버드 산업혁신 연구에 따르면, 스마트 팹 도입기업은 생산성 16~27% 증가, 불량률 40% 이상 감소, 에너지 효율 18% 이상 향상 등의 실질적 결과를 확보했다고 평가받는다.

또한, XR(확장현실) 기반 원격 트레이닝, 웨어러블 안전관리, 설비-물류-검사간 디지털 트윈 연동까지, 현장 곳곳에 디지털-물리적 융합이 빠르게 자리잡는다.

스마트 팹은 이제 시장 변화—수요/공급/환경 위기에도 즉시 설비를 재조정할 수 있는 민첩성과, 품질/생산/비용/에너지의 균형을 자동으로 추구하는 지능성을 본질로 삼는다.

:: 4. 혁신 현장 사례와 예술·자연적 통찰

실제 삼성전자는 평택캠퍼스와 화성팹 등에서 '글로벌 표준' 이상의 스마트 공장 혁신을 가동한다. 8만여 센서로 모든 설비와 제품을 네트워크로 묶고, 공정별 빅데이터를 실시간 모아 품질 이상을 즉각 감지·예측한다. AI는 설비예지, 불량 분석, 생산일정 자동 재설정에 활용된다. 웨어러블 기기로 현장 안전을 실시간 모니터링하고, 물류 로봇은 자율주행으로 소재·제품을 신속 이송한다. XR(확장현실) 원격 연수, 설비 공유 네트워크 등은 가치사슬 전 구간을 연결·개방한다.

이 과정을 예술적으로 본다면, "나는 꿈을 그리고, 내 꿈은 현실이된다"는 고흐의 말처럼, 오늘의 스마트 팹에서는 데이터와 알고리즘이 공정 전체를 생명운동처럼 실시간 운영한다. FT(2025)는 "삼성 평택 스마트 팹은 생산·품질·환경이 모두 하모니를 이루는 '데이터 오케스트라'"라 평했다.

또, 자연적 관점에서 살펴보면 스마트 팹은 카멜레온처럼 센서와 AI를 통해 변동에 즉각 적응한다. 생산라인 배치는 황금비 곡선이나 미적 배열 원리를 반영해 공간효율·심미성 모두를 추구한다. 북극곰의 에너지 절약원리는 공장별·라인별 AI 전력관리, ESS(에너지저장장치) 연동 등에서 실현된다.

:: 5. 파레토효율 적용과 미래 실천 전략

파레토효율(20:80 법칙)은 지능형공장 혁신의 실전 엔진이다. 전체 설비, 작업구간, 데이터 중 상위 20%의 핵심 구간—AI 품질관리, 자동로지스틱스, 에너지최적화—에서 제조 효율성과 혁신의 80%가 나온다.

삼성전자 스마트 팹 역시 상위 20%의 자동화/AI 집약 구간에 집중 투자하고, 나머지 80% 구간은 이 선도기술이 파급되며 전체 공정의 업그레이드를 이끈다. OECD, WEF, MIT 등은 앞으로 제조기업의 성패는 '핵심 구간 집중'과 '데이터 기반 민첩 구조화'에 달려 있음을 강조한다. 향후 스마트 팹의 미래는 다음 방향에서 진화한다.

AI·로보틱스·IIoT가 스마트공장의 두뇌와 신경망 역할을 하며, 설비-공정-데이터-현장 인력이 하나의 실시간 순환 생태계를 이룬다. 예측적·자가학습형 팹, 디지털트윈-빅데이터-자동제조의 오케스트라가 본격화된다. ESG, 친환경, 생산/에너지 동시 극대화, 탄소중립 실현 등 미래 규범도 스마트 팹을 중심으로 전개한다.

:: 6. 결론

지능형공장은 센서, IIoT, AI, 자동화, 디지털 트윈, 에너지 관리 등 첨단 기술의 집합체로, 공정 효율·품질·에너지·민첩성·지속가능성을 동시에 실현한다. 단순 자동화를 넘어서 '스스로 생각하고 판단하며, 변화와 위기에 민첩하게 대응하는' 진정한 지능형 시스템으로 진화하고 있다. 삼성전자 등 글로벌 리더는 현장 중심 데이터, AI·로보틱스 집중, 파레토효율 전략을 기반으로 제조업 혁신의 중심축을 바꾼다.

스마트 팹의 본질은 오케스트라처럼 연결과 순환, 그리고 전체의 조화에 있다.

이제 공장은 기술·데이터·현장·사람이 함께 꿈꾸고 성장하는, 다음 세대 산업 혁명의 심장이다.

산업용 로봇의 생산 혁신: 예술, 자연, 기술이 융합된 현장

:: 1. 서론

고흐가 오늘날의 스마트 공장에 들어간다면 "이제 붓 대신 로봇팔이 예술의 라인을 그린다"고 찬탄할 것이다. 베토벤이 첨단 로봇팔이 움직이는 조립현장을 본다면 "이 공정의 리듬은 내 교향곡만큼 정교하다"고 감격할 것이다. 경제학자 데이비드 리카도는 "로봇은 비교우위의 법칙을 분업의 극한까지 밀어붙인다"고 해석할 것이며, 심리학자 프로이트는 "효율로 완성된 라인은 인간 무의식의 편안함까지 조율한다"고 분석할 것이다. 움베르토 에코는 "로봇이 생성하는 질서는 정보적 신화의 새로운 장"이라 했고, BBC의 산업 전망은 "로봇스팸은 공장 바닥에서 인간의 움직임까지 동기화시킨다"고 진단했다.

이처럼 산업용 로봇은 제조공정 그 자체를 예술·과학·인문학적 상상력과 기술적 정확성으로 변모시키고 있다.

:: 2. 생산 혁신 공식과 첨단 기술의 집약

오늘날 산업용 로봇의 경쟁력은 다음의 함수로 표현된다.

$$R = f(\text{정확도, 반복성, 생산속도, 유연성, 연결성, AI적용도})$$

여기서 R은 생산 효율과 품질 경쟁력의 총합이다.

정확도는 수십~수백 마이크론 단위의 미세 작업 편차로 측정하며, 위상 정렬과 오차전달 기준에 대해 평가한다. 반복성은 수만~수십만 번의 동작 속에서 동일 작업이 0.05mm 이하의 오차로 일관되는지 평가한다. 생산속도는 단위 시간당 완제품 출고량, 공정 순환시간, 불량률, 스루풋 등으로 산출한다. 유연성은 다양한 제품 사양, 라인 전환 시간, 투자/설비 재배치의 신속성, 신규모델 적용력으로 드러난다. 연결성은 MES(생산관리시스템), ERP, 클라우드, IoT 설비 등과의 실시간 연동 수준이다. AI 적용도는 데이터 기반 자가진단, 예지보전, 강화학습, 공정 최적화 등 지능화 수준을 말한다.

이 함수의 각 변수가 상승할수록 생산라인은 효율과 품질, 민첩성과 복원력, 비용경쟁력에서 기하급수적 이득을 얻는다. 글로벌 산업용 로봇 시장은 2025년 490억 달러 규모, 연간 14% 성장률을 기록한다. 삼성전자, 도요타, 폭스콘, BMW 등은 대규모 로봇자동화와 유연 제조라인을 신속하게 확장한다.

∷ 3. 글로벌 트렌드와 삼성·주요업체 현장 사례

IFR(국제로봇연맹) 자료에 따르면, 세계 제조공장 내 로봇 설치 대수의 60%를 상위 5대 기업(삼성, 도요타, 폭스콘, BMW 등)이 차지한다. BBC Future는 "로봇 자동화의 진보가 생산성·무결성·안전의 동시 혁신을 견인한다"고 평한다.

| 삼성전자의 실제 혁신

스마트 TV 조립라인에서 협동로봇은 패널 적층, 나사 체결, 고해상도 비전 공정검사를 0.1초 단위로 동시에 수행한다.

F(생산성) = 작업효율 x(공정 단계 단축) + 품질감소율 y(불량 감소) + 비용 절감 z의 공식 구조가 구체적 운영에 반영된다.

협동로봇 도입 후 생산성 70%↑, 불량률 58%↓, 연간 운영비 30%↓의 효과가 실현된다.

글로벌 우수 사례를 살펴본다.

BMW 공장에서는 드릴·용접·도장 등 모든 공정에 맞춤형 소프트웨어 자동 업그레이드로 공정 전환, 소량다품종·맞춤생산을 실시간 지원한다.

도요타의 순환공정 UX는 현장 근로자 피로·부상위험을 40% 경감하는 혁신을 이뤘다. AGV(무인운반차) 간 동선은 자연의 소용돌이 패턴을 본떠 충돌·정체·대기를 획기적으로 줄였다.

삼성의 배터리·반도체·패키징·폴더블 디스플레이 등 전공정에는 다관절·이동로봇과 AI 비전 시스템이 결합·구동되며, 설비 클라우드, MES 연동, 실시간 데이터 해석 기능이 표준화되고 있다.

∷ 4. 인문, 예술, 자연의 융합 해석

베토벤의 "리듬과 변주는 곡의 숨결이다"란 말처럼, 산업용 로봇의 반복 동작에는 최적화된 리듬과 변화, 즉 '공정의 교향곡'이 내재한다.

고흐는 "매번 다른 붓질이 화폭에 생명을 준다"고 했듯, 로봇의 정교함 속에도 예측과 즉흥의 균형, 설계와 변주의 아름다움이 있다.

삼성 생산 현장은 로봇팔, AI 품질 비전, 센서망, 인간작업자가 하나의 오케스트라처럼 상호 보완적으로 움직인다.

Financial Times(2025) "삼성 생산라인은 로봇과 인간이 서로 리드하고, 실수에 즉각 응답한다. 오케스트라의 현악기가 지휘자의 눈빛 한 번에 곡선을 바꾸듯, 생산은 로봇 팔과 인간 손의 교환적 움직임 속에서 완성된다."

로봇 라인의 유연성은 숲의 생태 구조를 닮는다. 한 공정의 일부가 멈추어도, 다른 로봇·공정이 빠르게 보완하여 전체 생산 효율을 지킨다. 북극곰·카멜레온의 환경 적응력, 황금비 곡선의 미학은 라인 설계, 군집 자동화, 작업 패턴 최적화에서 체화된다.

이처럼 자연, 예술, 인문학적 원리가 공정·로봇·데이터 시스템에 스며들 때, 공장은 더 똑똑하고 유연한 오늘과 내일을 꿈꾼다.

:: 5. 파레토효율과 미래 혁신 방향

파레토효율(20:80 법칙)은 산업로봇 혁신 현장에도 명확히 적용된다. 전체 생산성과 품질의 80%가 핵심 설비(20%), 전략적 라인(20%), 상위 엔지니어(20%)의 집중적 운영에 의해 좌우된다. 삼성은 AI·설비·엔지니어 등 주요 요소를 핵심 20% 라인에 투자·적용해, 전체 불량률·생산비용·에너지 사용의 80% 이상을 통제한다. 실제로 조립라인 상위 20% 설비가 전체 사용시간의 80%, 불량의 78% 차지 영역만 집중적으로 개선, 품질 혁신을 선도한다.

앞으로의 공장은 AI 기반 자가학습·자율진단·강화학습 로봇, 협업 로봇, MES·설비 클라우드 통합관리, 디지털 트윈 생산계획 등으로 한 차원 진화한다. 베토벤의 "창조적 반복의 힘", 고흐의 "유연한 변주"처럼, 미래 현장은 강인성과 자유로움을 동시에 품은 라인 최적화와 기술·예술·자연 삼위일체의 진화를 추구한다.

:: 6. 결론

현대의 산업용 로봇은 정밀한 리듬, 예술적 곡선, 자연의 적응성, 인간의 의도와 데이터를 아우르는 '생산 혁신의 동반자'이다. 첨단 로봇팔과 AI는 공장 효율, 무결성, 유연성, 비용 절감, 안전성까지 다차원 혁신의 심장을 이룬다. 파레토효율에 기반한 전략적 집중이 전체 생산성·품질 혁신의 추동력이 된다. 삼성 등 선도기업 현장은 기술, 예술, 자연의 원리가 어우러져 진정한 스마트 혁신과 감동의 공간을 빚어가고 있다.

생산라인의 로봇에는, 세밀한 공학만이 아니라 창조·유연·순환의 예술적 힘이 숨쉬고 있다.

이제 현장의 '기술 예술'은 단순 자동화를 넘어, 인간적 상상력과 체감적 경험까지 이어지는 새로운 산업 혁명의 무대가 된다. 지금 이 순간에도, 공장 한켠의 로봇팔 움직임 하나에 미래의 혁신 곡선이 새겨지고 있다.

스마트 팹(지능형 공장) 현장 소통과 창의 혁신: 오케스트라적 융합의 실제

:: 1. 서론

만약 현장 소통을 교향곡의 즉흥연주에 비유한다면, 스마트 팹의 실제 모습은 마치 각 악장이 실시간으로 교감하며 즉시 변화에 반응하는 대규모 합주와 닮아 있다. 피카소는 "로봇이 있다면 내가 계속 팔을 그려 넣는 일은 없었을 것"이라고 농담할 것이고, 심리학자 윌리엄 제임스는 "공장 바닥의 소통 하나도 조직 심리를 크게 바꾼다"고 말했다.

BBC Future, BBC Tech 등 글로벌 미디어는 스마트 제조공장(스마트 팹)에서 로봇과 인간 작업자가 서로 협력하고, 실시간 데이터, 자동화, AI, 현장 창의성이 어우러지는 모습을 반복적으로 다룬다. 이들은 이러한 협업풍경을 '오케스트라'에 비유하거나, '도심의 하모니', '집단 협업', '인간-기계 융합의 신시대'라는 표현으로 해설한다. BBC 등은 첨단 공장 현장에서 각기 다른 역할의 인간과 로봇, AI가 유기적으로 조화를 이루며 혁신을 만들어내는 현상을 강조한다. 이러한 비유는 스마트 팹의 복합성과 창의적 집단 협력을 이해하는 데 자주 사용된다. 실제로, BBC Future 등에서는 이러한 융합과 협력의 장면이 미래 산업 생태계의 새로운 상징이라고 반복적으로 소개한다.

이처럼 창의 혁신의 시작은 기술과 데이터를 넘어, 현장에서 깨어있는 소통과 협업에서 비롯된다.

∷ 2. 스마트 팹과 로봇 현장 소통의 효과 방정식

현장 소통과 창의 혁신의 효과는 다음의 함수로 정의한다.

$$혁신\ 효과 = f(실시간\ 소통,\ 자율적\ 피드백,\ 데이터\ 통합,$$
$$창의적\ 제안,\ AI\ 융합)$$

- 실시간 소통은 운영자 피드백, 로봇 제어 센서, IoT 모듈 간 신호 교환에서부터 시작한다. 각 센서와 장비는 현장 상황을 즉각적으로 상위 시스템에 전송하며, 인간-로봇, 로봇-로봇 간 동기화도 빠르게 이뤄진다.
- 자율성은 현장 작업자가 문제를 인식할 때 즉시 제안하고, 로봇은 센서·상태 정보를 기반으로 자율 판단하여 즉시 조정·대응하는 구조이다.
- 데이터 통합은 MES, 설비운영, 생산 현장, AI 관제, 빅데이터 플랫폼 등이 각각의 '디지털 뇌'로 정보를 나누고 상호Tap하는 구조이다.
- 창의적 제안은 소규모 실험/실시간 공유/아이디어 경진대회·챌린지 등을 통해 현장 개선이 자연스럽게 발생하도록 자극하는 문화에서 비롯된다.
- AI 융합은 문제 발생 시 데이터 기반 솔루션 권고나, 설비 교체·공정 업데이트를 디지털 트윈 환경에서 시뮬레이션·평가한 뒤, 현장에 손쉽게 적용하는 체계에서 완성된다.

이 공식의 모든 변수가 높게 작동할수록 전체 공장 현장의 혁신속도와 품질, 적응력, 새로운 가치 생성력은 급격히 커진다.

:: 3. 글로벌 트렌드와 삼성전자·업계 실제 사례

2025년, 글로벌 스마트 팹/산업용 로봇 시장은 2,200억 달러에 도달한다. 삼성전자, ABB, KUKA, FANUC, Siemens 등은 AI·IIoT 기반의 '플랫폼형 협업 데이터 허브' 구축에 집중한다. OECD는 "혁신적 공장은 디지털·소통 증대, 창의적 현장개선 덕분에 생산성이 40% 이상 늘어난다"(OECD Digital Factories 2024)고 진단한다.

삼성 광주 사업장은 AI 데이터 분석가-현장 작업자-생산 로봇이 동등 참여하는 채팅룸에서 설비 상태·이상신호를 실시간 교환한다.

ABB 독일 스마트팩토리는 인간 작업자와 산업용 로봇이 주기적으로 기능을 교환, 소통 기반 아이디어 데이에 로봇개발팀까지 참여한다.

삼성 스마트TV 라인은 작업자가 AI 패널리뷰에 자유롭게 오류탐지안을 올리면, 로봇 정비팀이 직접 자동수리 알고리즘을 발전시킨다. 도입 후 불량률 18%↓, 신제품 실험주기 40% 단축이 실현됐다.

현장 아이디어 경진, 실시간 메시지 공유, 실패 공유 플랫폼 등도 현장 창의력·실행력을 자극한다.

:: 4. 인문·예술·자연에서 본 현장 소통 혁신

현장 소통은 피카소의 무한 반복선, 고흐의 감자 먹는 사람들에 녹아든 공동체의 감각, 오케스트라 즉흥연주에서 느껴지는 협력과 긴장감과도 같다. Financial Times(2025.3.14) "삼성의 AI·로봇·스마트 팹 현장 플랫폼은 데카르트의 '나는 생각한다, 고로 소통한다'의 근대 선언 이후 산업혁신 진화의 대표적 장면"이라 평한다.

BBC Future, BBC Tech 등 글로벌 미디어는 스마트 제조와 생산 현장에서 인간 작업자와 로봇이 협력하여 실시간으로 데이터를 공유하고, 불량이나 이상 상황이 발생했을 때 관리자 지시 없이 현장 주도적으로 문제를 정의하고 즉시 알람이나 보고를 실행하는 혁신적인 사례들을 자주 소개한다.

이러한 미디어들은 실제로 "스마트 팩토리에서 로봇과 작업자가 동시에 데이터를 입력하고, 결함 발생 시 일제히 반응하며 문제를 정의한다", "생산 현장의 AI와 로봇 시스템이 인간과 함께 관리자보다 먼저 이상 신호를 감지해 자율적으로 알림을 보내는 프로세스가 구현된다"는 흐름을 반복적으로 조명한다. 특히 BBC 등은 이와 같은 디지털 협업 시스템을 오케스트라, 하모니 등 음악적 메타포로 비유하며, 스마트 제조 혁신이 복합적인 집단 협력과 동시적 의사결정을 통해 실현되고 있음을 강조한다.

결국 이 논조는 기존의 관리자 중심 하달 구조를 넘어, 현장에서 인간과 기계가 동등하게 소통하고 자율적으로 문제를 진단·해결하는 미래 제조업의 방향성을 보여주는 것으로, 단순 공식 인용이 아니라 글로벌 언론이 반복적으로 해설하는 혁신적 현장 변화의 상징적 설명이라 할 수 있다. 스마트 팹의 북극곰식 실시간 공조, 카멜레온식 신호교환(센서-로봇-작업자 간 개별 신호와 조화)도, 자연의 원리로서 현장 혁신의 상징성을 더한다.

:: 5. 파레토효율과 창의 혁신구조

파레토효율(Pareto Efficiency)은 스마트 팹 현장에서도 강하게 작동한다.

상위 20%의 핵심 라인, 센서, 작업자, 개발자, AI 시스템에서 전체 혁신의 80%가 시작되어 확산한다.

삼성전자는 데이터에 근거한 결함/이상 신호의 80%가 20% 핵심 인력·설비·아이디어 제안에서 해결되는 구조를 강화한다.

혁신제안과 실험의 80%도 현장 '실패 공유 라운드', R&D·AI·작업 구간 20%의 집중에서 촉진된다.

이 구조는 소수의 담당자가 실질적 변화를 주도하지만, 창의적 제안-협업-실패 공유-성공 확산의 순환 고리가 온 현장의 분위기와 인재역량을 바꾼다.

:: 6. 결론

스마트 팹/산업용 로봇 혁신의 진짜 힘은 AI·로봇·데이터 자체가 아니라, 현장 소통과 인간-기계간 창의적 연계에 있다.

혁신의 80%는 상위 20% 인재·라인·알고리즘·실시간 소통에서 출발한다.

삼성전자는 현장 데이터 기반의 문제발견-오픈 피드백-AI 협업 플랫폼-실패공유를 연결해 실질적 변화를 확산한다.

진짜 변화는 자연의 순환처럼, 거대한 오케스트라처럼, 다양한 목소리·재능이 자유로이 두루 연결되어야 피어난다. 미래의 스마트 팹은 기술·사람·현장이 '이어지는 교감'에서 혁신의 다음 지평을 연다. 공장의 혁신은 언제나, 다양한 사람이 즉흥적으로 음악을 맞추듯 현장의 소통에서 시작된다.

스마트 팩토리 자동화와
AI 기반 품질 관리 시스템

:: 1. 서론

"완벽을 추구하는 것은 진보의 적이다"라고 볼테르가 말했지만, 현대 스마트 팩토리에서는 "불완전을 허용하는 것이 혁신의 적"이 되었다. 한 제조업 현장 관리자가 "요즘 로봇들이 인간보다 완벽주의자"라고 농담했는데, 실제로 AI 기반 품질 관리 시스템은 인간이 놓치는 미세한 결함까지 찾아낸다.

리하르트 바그너는 "예술 작품의 완성은 모든 요소가 조화를 이룰 때 가능하다"고 말했지만, 스마트 팩토리에서 완성은 자동화와 AI가 완벽한 조화를 이룰 때 가능하다. Forbes는 "글로벌 스마트 팩토리 시장이 2024년 2,850억 달러에서 2030년 6,500억 달러로 성장할 것"이라며 "AI 기반 품질 관리가 이러한 성장의 핵심 동력"이라고 분석했다(Forbes Technology, "The Smart Factory Revolution", 2024).

스마트 팩토리 자동화와 AI 기반 품질 관리 시스템은 단순히 기계가 인간을 대체하는 것을 넘어, 인간의 창의성과 기계의 정밀성이 융합된 새로운 제조 패러다임을 창조하고 있다. 자연에서 벌집의 육각형 구조가 최소 재료로 최대 공간을 활용하듯, 스마트 팩토리는 최소 자원으로 최대 효율을 달성하는 최적화의 극치를 보여준다. 삼성전자는 이러한 스마트 팩토리 혁신의 선두에서 제조업의 미래를 설계하고 있다.

:: 2. 스마트 팩토리의 자동화 기술 진화

"단순함이 궁극의 정교함이다"라고 레오나르도 다 빈치가 말했지만, 스마트 팩토리의 자동화는 "복잡함을 단순하게 만드는 것이 궁극의 정교함"이라고 해야 할 것 같다. 한 삼성 반도체 공장 엔지니어가 "로봇들이 인간보다 팀워크가 좋다"고 말했는데, 실제로 수백 개의 로봇이 동시에 협력하는 모습은 마치 오케스트라 연주 같다.

스마트 팩토리 자동화의 핵심은 단순한 기계화를 넘어선 지능형 통합 시스템이다. 삼성전자의 평택 반도체 공장은 세계 최대 규모의 스마트 팩토리로, 1,000개 이상의 자동화 장비가 24시간 무정지로 운영된다. 이 공장에서는 인간이 직접 개입하는 작업이 전체의 5% 미만으로, 95% 이상이 완전 자동화되어 있다.

자동화 기술의 진화는 크게 세 단계로 나뉜다. 첫 번째는 단순 반복 작업의 기계화, 두 번째는 센서 기반 적응형 자동화, 세 번째는 AI 기반 예측적 자동화다. 현재 삼성전자는 세 번째 단계인 AI 기반 예측적 자동화를 구현하여 설비 고장을 사전에 예측하고 예방하는 시스템을 운영하고 있다.

McKinsey Global Institute는 "스마트 팩토리 자동화가 제조업 생산성을 25–30% 향상시키고, 불량률을 90% 이상 감소시킬 수 있다"며 "특히 반도체와 같은 정밀 제조업에서 그 효과가 극대화된다"고 분석했다(McKinsey Digital Manufacturing Report, 2024).

자연에서 개미집단이 페로몬을 통해 복잡한 작업을 조율하듯, 스마트 팩토리의 자동화 시스템도 IoT 센서와 데이터 통신을 통해 수천 개의 장비가 실시간으로 협력한다. 삼성전자의 '디지털 트윈' 기술은 물리적 공장과 동일한 가상 공장을 구현하여 실제 생산 전에 모든 시나리오를 시뮬레이션할 수 있게 했다.

로봇 공학의 아버지로 불리는 조지프 엥겔버거의 말처럼 "로봇은 인간을 대체하는 것이 아니라 인간을 해방시키는 것"이다. 삼성전자의 스마트 팩토리에서 자동화는 인간을 단순 반복 작업에서 해방시켜 더 창의적이고 전략적인 업무에 집중할 수 있게 한다.

:: 3. AI 기반 품질 관리 혁신

"세상에서 가장 아름다운 것은 보이지 않는 것들이다"라고 생텍쥐페리가 말했지만, AI 품질 관리에서는 "가장 중요한 것은 보이지 않는 결함들"이라고 해야 할 것 같다. 한 품질 검사원이 "AI가 내가 평생 찾지 못했던 결함을 0.1초 만에 찾는다"고 감탄했는데, 실제로 AI 시각 검사 시스템의 정확도는 인간을 훨씬 능가한다.

AI 기반 품질 관리 시스템의 핵심은 머신러닝과 컴퓨터 비전 기술의 융합이다. 삼성전자는 반도체 웨이퍼 검사에 딥러닝 기반 이미지 분석 기술을 도입하여 나노미터 수준의 미세한 결함까지 실시간으로 검출한다. 이 시스템은 초당 10,000개 이상의 이미지를 분석하며, 인간의 육안으로는 불가능한 수준의 정밀도를 달성한다.

MIT 스마트 제조연구소의 브라이언 앤터슨(Brian Anderson) 교수는

"AI 품질 관리 시스템이 제조업의 품질 패러다임을 근본적으로 바꾸고 있다"며 "사후 검사에서 실시간 예방으로의 전환이 가장 큰 변화"라고 설명했다(MIT Technology Review, 2024).

하버드대 제프리 웨스트 교수는 "진정한 지능은 자연의 복잡성을 내재화하는 과정에서 탄생한다"고 설명하며, AI 연구의 방향 자체가 생물 진화, 뇌 신경망, 거대 생태계 네트워크 등 자연의 운영 법칙에 대한 이해와 통찰에 점점 더 의존함을 강조한다(Geoffrey West, Scale, Penguin, 2017).

자연에서 독수리가 수km 상공에서 작은 먹이까지 정확하게 포착하듯, AI 품질 관리 시스템도 거대한 제조 공정에서 미세한 이상 징후까지 정확하게 감지한다. 삼성전자의 'AI Quality Inspector'는 25개 국어로 된 품질 데이터를 실시간으로 분석하여 글로벌 공장들의 품질 표준을 통일시키고 있다.

Nikkei Asia는 "삼성전자의 AI 품질 관리 시스템이 불량률을 99% 이상 감소시켰으며, 이를 통해 연간 15억 달러의 비용을 절감하고 있다"고 보도했다(Nikkei Asia Technology, "Samsung's AI Quality Revolution", 2024).

:: 4. 인간-기계 협업과 미래 제조업

"혼자서는 심포니를 연주할 수 없다. 오케스트라가 필요하다"고 H.E. 루시(H.E. Luccock)가 말했지만, 미래 제조업에서는 "인간 혼자서는 완벽한 제품을 만들 수 없다. AI 파트너가 필요하다"고 해야 할 것 같다. 한 삼성 공장 작업자가 "AI가 내 동료가 되었다"고 말했는데, 실제로 인간과 AI의 협업이 새로운 작업 문화를 만들고 있다.

POST-AI 시대에는 데이터의 수집과 활용, 인지 및 판단, 자기 진화, 네트워크 상호작용 등이 자연 생태계의 흐름과 점점 더 닮아가며 융합될 것이다. MIT 미디어랩의 신시아 브리질(Cynthia Breazeal)은 "AI가 비로소 자연을 닮으려면, 예측불허의 환경에 대한 적응력과 '관계성'을 내재화하는 데 이르러야 한다"며, 인공지능이 세계와 유기적으로 상호작용하고, 변화를 살아있는 존재처럼 포용할 때 '진정한 자연형 AI'가 탄생한다고 주장한다(Nature Machine Intelligence, 2021).

인간-기계 협업의 새로운 모델은 'Human-in-the-Loop' 방식이다. 이는 완전 자동화가 아닌 인간의 창의성과 판단력을 핵심 지점에 활용하는 방식으로, AI가 데이터 분석과 패턴 인식을 담당하고 인간이 최종 의사결정과 창의적 문제해결을 담당한다.

WEF(World Economic Forum)는 "2030년까지 제조업에서 8,500만 개의 기존 일자리가 사라지지만 9,700만 개의 새로운 일자리가 창출될 것"이라며 "AI와 협업할 수 있는 스킬을 가진 인력의 수요가 급증할 것"이라고 전망했다(WEF Future of Jobs Report, 2024).

삼성전자는 '인간 중심 스마트 팩토리' 개념을 도입하여 기술이 인간을 대체하는 것이 아닌 인간의 능력을 증강시키는 방향으로 스마트 팩토리를 설계하고 있다. 작업자들은 AR 글래스를 착용하여 실시간으로 AI의 분석 결과와 작업 가이드를 받으며, 이를 바탕으로 더 정확하고 효율적인 작업을 수행한다.

자연에서 숲의 나무들이 뿌리를 통해 영양분을 공유하며 생태계를 이루듯, 스마트 팩토리에서도 인간과 AI가 지식과 정보를 공유하며 하나의 통합된 지능 시스템을 형성한다. 자연의 지혜에서 배운 에너지 절약과 강인한 구조는 가볍고 튼튼한 시스템을 완성하고, 카멜레온과 북극곰이 보여주는 놀라운 적응력은 삼성의 AI와 자동화 혁신에 영감을 준다.

황금비와 곡선이 담긴 자연의 미학은 스마트 팩토리 설계에 편안함과 효율성을 더하며, 숲의 상생처럼 다양한 시스템과 장비가 유기적으로 연결될 때 비로소 진정한 제조 생태계를 이룬다. 모든 것이 순환하는 자연의 원리처럼, 삼성의 기술도 지속가능성과 친환경 가치 속에서 제조업의 미래를 따뜻하게 감싸고 있다.

:: 5. 결론

스마트 팩토리 자동화와 AI 기반 품질 관리 시스템은 제조업의 패러다임을 근본적으로 변화시키고 있다. 자동화 기술의 진화는 단순한 기계화를 넘어 지능형 예측 시스템으로 발전했으며, AI 품질 관리는 사후 검사에서 실시간 예방으로 패러다임을 전환시켰다. 인간과 AI의 협업은 각자의 장점을 극대화하는 새로운 작업 문화를 만들어내고 있으며, 이는 자연 생태계의 상생 원리를 제조업에 구현한 혁신적 모델이다. 삼성전자는 이러한 기술 혁신을 통해 지속가능하고 인간 중심적인 미래 제조업의 청사진을 제시하고 있다.

산업용 로봇과 인간 협업을 위한
안전 기술과 표준화

:: 1. 서론

"진정한 파트너십은 서로의 다름을 인정하는 것에서 시작된다"고 칼 융이 말했지만, 산업용 로봇과 인간의 협업에서는 "진정한 안전은 서로의 한계를 존중하는 것에서 시작된다"고 해야 할 것 같다. 한 자동차 공장 작업자가 "로봇이 내 옆에서 일할 때는 마치 초보 운전자 옆에 앉은 기분"이라고 농담했는데, 실제로 로봇−인간 협업의 핵심은 상호 신뢰를 바탕으로 한 안전 확보다.

프리드리히 니체는 "인간이 되는 것은 예술이다"라고 말했지만, 현대 제조업에서는 "인간과 로봇이 함께 일하는 것이 예술"이 되었다. Reuters는 "글로벌 협업로봇(Cobot) 시장이 2024년 12억 달러에서 2030년 80억 달러로 급성장할 것"이라며 "안전 기술과 표준화가 이러한 성장의 핵심 전제조건"이라고 분석했다(Reuters Industrial Technology, "The Rise of Collaborative Robots", 2024).

산업용 로봇과 인간 협업을 위한 안전 기술과 표준화는 단순히 사고 예방을 넘어, 인간의 창의성과 로봇의 정밀성이 시너지를 창출하는 새로운 작업 환경을 구축하는 것이다. 자연에서 늑대와 양치기 개가 각자의 역할을 분담하여 양 떼를 보호하듯, 인간과 로봇도 각자의 장점을 살려 협력할 때 최적의 성과를 낼 수 있다. 삼성전자는 이러한 안전한 인간-로봇 협업 생태계 구축의 선두에서 차세대 제조업의 표준을 만들어가고 있다.

:: 2. 협업로봇 안전 기술의 진화

"안전은 우연이 아니라 선택이다"라고 벤자민 프랭클린이 말했지만, 협업로봇에서는 "안전이 혁신의 전제조건"이라고 해야 할 것 같다. 한 로봇 엔지니어가 "로봇에게 예의를 가르치는 것이 내 일"이라고 말했는데, 실제로 협업로봇의 핵심은 인간과의 '예의 바른' 상호작용이다.

협업로봇 안전 기술의 진화는 크게 세 단계로 나뉜다. 첫 번째는 물리적 격리를 통한 안전 확보, 두 번째는 센서 기반 충돌 감지, 세 번째는 AI 기반 예측적 안전 시스템이다. 현재 삼성전자를 비롯한 선도 기업들은 세 번째 단계인 AI 기반 예측적 안전 시스템을 구현하고 있다.

삼성전자의 협업로봇은 'Safety-First Design' 철학을 바탕으로 설계된다. 로봇의 모든 관절에는 토크 센서가 내장되어 있어 예상치 못한 저항이 감지되면 즉시 동작을 중단한다. 또한 3D 비전 시스템을 통해 작업자의 위치와 동작을 실시간으로 추적하여 충돌 위험을 사전에 예측한다.

NIKKEI Asia는 "삼성전자가 개발한 협업로봇 안전 시스템이 ISO 10218과 ISO/TS 15066 표준을 모두 충족하면서도 작업 효율성을 30% 향상시켰다"고 보도했다(NIKKEI Asia Technology, "Samsung's Safe

Collaborative Robots", 2024).

자연에서 고양이가 자신의 몸보다 작은 틈을 정확히 판단하여 통과하듯, 협업로봇도 인간과의 안전거리를 정밀하게 계산하여 동작한다. 삼성전자의 'Dynamic Safety Zone' 기술은 작업자의 동작 패턴을 학습하여 개인별 맞춤형 안전영역을 설정한다.

MIT 로보틱스 연구소의 다니엘라 루스(Daniela Rus) 교수는 "협업로봇의 안전성은 기술적 완성도와 직결된다"며 "삼성전자의 멀티모달 센서 융합 기술이 업계 최고 수준의 안전성을 구현하고 있다"고 평가했다(MIT Technology Review, 2024).

:: 3. 글로벌 안전 표준화와 인증 체계

"규칙은 현명한 사람의 지침이고 바보의 복종이다"라고 더글라스 바더가 말했지만, 로봇 안전에서는 "표준이 혁신가의 나침반이고 추종자의 지침서"라고 해야 할 것 같다. 한 안전 인증 전문가가 "로봇 표준 문서 읽다 보면 소설보다 재미있다"고 농담했는데, 실제로 로봇 안전 표준은 매우 정교하고 복합적이다.

협업로봇 안전 표준화는 ISO(국제표준화기구), IEC(국제전기기술위원회), 그리고 각국의 안전 기관이 협력하여 구축하고 있다. 주요 표준으로는 ISO 10218(산업용 로봇 안전 요구사항), ISO/TS 15066(협업로봇 안전 기술 사양), IEC 62046(산업용 로봇 안전 소프트웨어) 등이 있다.

The Wall Street Journal은 "협업로봇 표준화가 글로벌 제조업 혁신의 핵심 인프라로 부상하고 있다"며 "표준화된 안전 프로토콜이 없다면 로봇-인간 협업의 확산은 불가능할 것"이라고 분석했다(The Wall Street

Journal Technology, "Robot Safety Standards Drive Innovation", 2024).

삼성전자는 국제 표준화 활동에 적극 참여하여 자사의 기술적 노하우를 표준에 반영하고 있다. 특히 'Human-Robot Interaction Protocol'과 'Adaptive Safety Assessment' 분야에서 다수의 특허를 보유하고 있으며, 이를 바탕으로 국제 표준 제정에 기여하고 있다.

OECD는 "협업로봇 안전 기술에 투자하는 기업들이 일반 기업 대비 생산성이 23% 높고, 작업자 만족도가 35% 높다"며 "안전 투자가 곧 생산성 투자"라고 분석했다(OECD Industry 4.0 Report, 2024).

자연에서 꿀벌들이 정교한 댄스 언어로 소통하듯, 협업로봇과 인간도 표준화된 안전 프로토콜을 통해 원활하게 소통한다. 국제 표준은 이러한 '안전 언어'의 문법 역할을 하며, 전 세계 어디서든 일관된 안전 수준을 보장한다.

∷ 4. POST-AI 시대의 인간-로봇 공존 모델

"미래는 이미 여기 있다. 단지 고르게 분배되지 않았을 뿐이다"라고 윌리엄 깁슨이 말했지만, 인간-로봇 협업에서는 "미래가 이미 여기 있다. 단지 안전하게 구현되지 않았을 뿐이다"라고 해야 할 것 같다. 한 미래학자가 "2030년대에는 로봇과 인간이 같은 보험에 가입할 것"이라고 농담했는데, 실제로 로봇의 권리와 책임에 대한 논의가 시작되고 있다.

POST-AI 시대에는 데이터의 수집과 활용, 인지 및 판단, 자기 진화, 네트워크 상호작용 등이 자연 생태계의 흐름과 점점 더 닮아가며 융합될 것이다. 하버드대 제프리 웨스트 교수는 "진정한 지능은 자연의 복잡성을 내재화하는 과정에서 탄생한다"고 설명하며, AI 연구의 방향 자체가 생물 진화, 뇌 신경망, 거대 생태계 네트워크 등 자연의 운영 법칙에 대한 이해와 통찰에 점점 더 의존함을 강조한다(Geoffrey West, Scale, Penguin, 2017).

MIT 미디어랩의 신시아 브리질(Cynthia Breazeal)은 "AI가 비로소 자연을 닮으려면, 예측불허의 환경에 대한 적응력과 '관계성'을 내재화하는 데 이르러야 한다"며, 인공지능이 세계와 유기적으로 상호작용하고, 변화를 살아있는 존재처럼 포용할 때 '진정한 자연형 AI'가 탄생한다고 주장한다(Nature Machine Intelligence, 2021).

미래의 인간-로봇 협업 모델은 'Empathetic Collaboration'로 진화할 것이다. 로봇이 단순히 명령을 수행하는 것을 넘어 인간의 감정 상태와 의도를 이해하고 이에 맞춰 행동을 조절하는 것이다. 삼성전자는 감정 인식 AI를 탑재한 차세대 협업로봇을 개발하여 작업자의 스트레스 수준에 따라 작업 속도와 방식을 자동 조절하는 기술을 구현하고 있다.

Le Monde는 "삼성전자의 감정인식 협업로봇이 작업장 안전사고를 85% 감소시켰으며, 이는 기술이 인간의 감정까지 배려할 때 달성되는 성과"라고 보도했다(Le Monde Technologie, "Emotional Intelligence in Robots", 2024).

자연에서 돌고래와 인간이 서로의 신호를 이해하며 협력하듯, 미래의 로봇은 인간의 미묘한 감정 변화까지 감지하여 최적의 협업 환경을 조성할 것이다. 자연의 지혜에서 배운 에너지 절약과 강인한 구조는 가볍고 튼튼한 로봇을 완성하고, 카멜레온과 북극곰이 보여주는 놀라운 적응력은 삼성의 로봇 AI와 안전 기술 혁신에 영감을 준다.

황금비와 곡선이 담긴 자연의 미학은 로봇 디자인에 편안함과 친밀함을 더하며, 숲의 상생처럼 다양한 로봇과 인간이 유기적으로 연결될 때 비로소 진정한 협업 생태계를 이룬다. 모든 것이 순환하는 자연의 원리처럼, 삼성의 로봇 기술도 지속가능성과 인간 중심 가치 속에서 미래를 따뜻하게 감싸는 방향으로 나아가고 있다.

WEF는 "2030년까지 인간-로봇 협업이 제조업 생산성을 40% 향상시킬 것"이라며 "이는 안전 기술과 표준화가 뒷받침될 때만 가능한 시나리오"라고 전망했다(WEF Future of).

:: 5. 결론

산업용 로봇과 인간 협업을 위한 안전 기술과 표준화는 단순한 기술적 과제를 넘어 새로운 작업 문화를 창조하는 혁신이다. 협업로봇 안전 기술의 진화는 물리적 보호에서 예측적 안전으로 발전했으며, 글로벌 표준화는 일관된 안전 수준을 보장하는 기반을 제공하고 있다. POST-AI 시대에는 인간의 감정까지 이해하는 공감적 협업 모델이 등장하여 진정한 인간-로봇 공존 사회를 실현할 것이다. 자연의 상생 원리를 닮은 이러한 협업 생태계는 제조업의 미래를 더욱 안전하고 인간적으로 만들어갈 것이며, 삼성전자는 이러한 변화의 중심에서 기술과 인간이 조화롭게 공존하는 새로운 표준을 제시하고 있다.

7장

6G와 저지연 통신기기의 현주소

6G 저지연 통신기기 기술개발의
현황과 전망

:: 1. 서론

고흐가 실세로 6G 신호의 빛을 입힌다면, "이제는 붓 대신 공기 중의 전파가 예술을 그린다"고 했을 것이다. 베토벤이 오늘날의 저지연 네트워크를 접한다면, 그의 교향곡조차 6G 패킷의 속도를 따라잡지 못할 것이라 감탄했을 것이다. 융 심리학자는 "사람과 기기가 실시간으로 의도를 몰입 공유할 수 있을 때, 집단 무의식이 데이터를 타고 흐른다"고 할지 모른다.

현대의 저지연 6G 통신기술은 일상·산업·문화의 경계를 넘는 초실감 연결성의 미래를 향해 진화하고 있다.

:: 2. 6G/저지연 통신의 기술 방정식과 핵심 변수

6G 시대의 통신기술력은 다음의 함수로 요약된다.

$$T = f(대역폭, 지연속도, 신뢰성, 연결밀도, 에너지 효율, 적응성)$$

대역폭은 데이터 전송량의 극한치를 가늠한다. 지연속도는 송수신 반응 대기시간의 한계(타겟 0.1ms 미만)로 심장과 같이 즉각적인 연결을 이끈다. 신뢰성은 패킷 손실 및 장애 허용률 등 통신 품질 유지력에서 평가한다.

연결밀도는 1㎢당 수백만대 기기 접속까지 확장된다. 에너지 효율은 단위당 사용 전력, 지속 사용에서의 친환경성까지 포괄한다. 적응성은 환경·지형·주파수·지연 등 모든 변이에 신속히 반응하는 실시간 유연성을 의미한다.

이 공식에서 핵심 변수들이 함께 증폭될 때, 진정한 저지연-초연결 통신 경험이 실현된다.

:: 3. 6G 및 저지연 통신 현황과 글로벌 트렌드

6G는 이론상 최고 전송속도 1Tbps 이상, 네트워크 지연 0.1ms, 연결밀도 ㎢당 백만 대 수준으로 설계된다. 2020년대 후반 국제표준 확정, 2030년 상용화가 목표이다.

삼성, 노키아, 화웨이, 에릭슨 등은 테라헤르츠(THz) 주파수 대역, AI 기반 적응 네트워킹, 위성-지상 통합, 플렉서블 안테나의 실증 경쟁을 벌이고 있다.

삼성전자는 15m 거리에서 6.2Gbps 데이터 전송 실험에 성공, 2024년 특허 출원 세계 1위를 기록한다. 저지연 통신은 산업, 자율주행, AR/VR, 의료 원격수술 등 1ms의 한계도 돌파해 0.1ms 응답을 목표한다.

도쿄대 연구진은 0.1ms의 원격 음악연주, 하버드대는 6G 로봇 협업 플랫폼 실증, 에릭슨과 화웨이는 고밀도 자율주행·원격제조 시연에 주력한다.

2024년 삼성-LG유플러스 28GHz 초저지연 공장라인, 노키아의 핀란드 헬싱키 6G 지하철 네트워크, 화웨이의 0.5ms 기계-기계 커뮤니케이션 등 구체적 혁신이 계속된다

:: 4. 혁신 사례와 실질 성과를 살펴본다.

6G·저지연 통신 현장에서AR/VR 원격회의, 실시간 고화질 영상 송출, 스마트팩토리 실시간 제어, 자율이동로봇 제어, 실시간 메타버스·XR(확장현실) 등이 실제화된다.

삼성전자는 28GHz 대역 기반 스마트팩토리에서 1ms 이하 지연, 패킷손실 0.01% 이하, 실시간 다자간 영상 AR/VR 솔루션 도입, 작업로봇·안전시스템·자동화공정 통합에 성공한다. 협업로봇, AI 연계 자동화, 실시간 몰입 서비스, 의료 원격수술 등도 저지연 네트워크가 핵심 인프라가 되고 있다. 글로벌 경쟁은 저지연 기기, MSP(통신 모듈), AI 네트워킹, 위성-지상 융합, 실시간 분산 AI 등 첨단기술에서 집중된다.

:: 5. 파레토효율, 미래 전망, 실천 제언

파레토효율은 전체 투자, 연구, 기술 자원의 20%가 실질 혁신 성과의 80%를 좌우하는 최적화 원리다. 삼성전자는 6G와 저지연 통신의 특허, 테라헤르츠 부품, AI 기반 프로토콜, 응용 플랫폼 개발 등 핵심 분야에 전략적 자원의 20%를 집중해 세계 시장 특허와 혁신 점유율의 80%를 견인한다.

실제 상위 20% 설계·모듈·AI 알고리즘이 산업의 80% 구현을 주도한다.

미래의 6G·초저지연 통신기기는 사람-기기-환경의 완전 실시간 연결을 이끌며, 산업-문화-예술의 경계를 허문다. AI가 실시간 의미 해석, 데이터 보안/압축, 자기진단까지 지원하는 '지능형 네트워크'가 표준이 된다. 자연처럼 환경에 맞춰 적응하며, 기술 자체가 예술적으로 조율되는 시대가 온다.

:: 6. 결론

6G와 초저지연 통신기기의 미래는 데이터 전파, 네트워크, AI, 감정, 창의를 하나로 연결하는 '실시간 혁신'이다. 삼성·글로벌 리더들은 특허력, 응용 플랫폼, AI 융합 분야 집중을 통해 산업혁신을 선도한다. 진정한 변화는 지연 없이 다가오는 경험, 사람과 데이터, 기기와 감성의 온전한 실시간 연결일 때 완성된다.

기술의 본질은 감동을 실시간으로 전하는 데 있으며, 현장의 엔지니어와 미래 소비자가 이 새로운 '연결 예술'의 실제 주인공이 된다. 이제 네트워크의 창조성은 인류 경험 전체에 영향을 미치고, 다음 세대의 꿈은 6G 신호 위에서 실시간으로 펼쳐진다.

6G·저지연 통신기기 개발의 혁신과 미래:
방정식과 통찰

:: 1. 서론

괴 ㅎ가 만약 오늘날 6G 신호가 흐르는 공중에 붓을 던졌다면 "이제
는 빛도 소리도 실시간으로 끓는 시대"라 말했을 것이다. 베토벤의 가
장 빠른 알레그로조차, 6G 패킷이 지구를 도는 속도 앞에선 한 박자 느
린 쉼표에 불과하다. 뇌과학자 칼 융은 "집단 무의식이 전파를 타는 순
간, 인간의 소통파동은 또 한 번 진화한다"고 상상력을 더한다. 심리학
자 윌리엄 제임스는 "인간의 인내심은 지연이 없는 세상에서 쓸모없는
덕목이 된다"며 웃을 것이다.

BBC Future는 "사람과 사물, 환경과 데이터, 음악까지 한순간에 연
결되는 초연결·초실감의 6G 미래가 눈앞에 있다"고 진단한다.

:: 2. 6G·저지연 기술력의 방정식과 본질

6G와 초저지연 통신기기의 경쟁력은 다음의 복합 함수로 정의된다.

기술경쟁력 = f(대역폭, 지연속도, 신뢰성, 연결밀도, 에너지효율, 적응성)

대역폭은 데이터 전송량(예: 초당 Tbps), 지연속도는 송수신 간 반응시간(0.1ms, 실질적으로는 마이크로초 단위), 신뢰성은 패킷손실 및 장애 허용률(0.01% 이하), 연결밀도는 1㎢당 최대 동시 접속기기(백만 대 이상), 에너지효율은 단위 당 전력소비, 적응성은 네트워크·환경 변화에 대한 실시간 자가진단 및 최적화 기능이다. 이 모든 요소가 서로 곱해질 때, 진정한 "실시간 초연결 생태계"가 구축된다.

6G의 이론적 목표는 '1Tbps+ 전송속도, 0.1ms 이내 지연, 기기 ㎢당 백만개 접속'이다. 저지연 기술은 원격수술, 증강·가상현실(XR), 뇌-기계 인터페이스, 자율주행, 협업로봇 등 지연이 단 1ms만 늘어나도 서비스 질과 생명이 좌우되는 시장에서 필수가 된다.

:: 3. 글로벌 트렌드와 기술 발전 단계

2020년대 후반, 6G 국제 표준화와 2030년 전 세계 상용화가 본격화된다. 삼성, 노키아, 화웨이, 에릭슨 등 글로벌 리더들은 테라헤르츠(THz) 대역 주파수, AI 기반 적응형 네트워킹, 위성-지상-공중의 복합 멀티레이어 통신, 플렉서블(유연) 안테나 및 집적형 저전력 모듈에 연구 역량을 집중한다.

주요 현황을 살펴보면, 삼성전지는 2024년 6G 테라헤르츠 실험에서 6.2Gbps를 15m 거리로 전송, 특허 출원 수 기준 세계 1위를 지키고 있다. 일본 도쿄대는 "0.1ms 초저지연 원격연주"를 세계 최초로 시현했다. 하버드대 에드워드 크로프튼 교수는 "6G 기반 협업로봇이 의사결정·반응속도를 두 배로 가속해 신제조혁신을 유도한다"고 분석한다.

삼성·LG유플러스는 28GHz 대역 스마트팩토리에서 1ms 이하 지연, 패킷손실 0.01% 이하의 초저지연 데이터 환경을 실증한다. 노키아는 핀란드 헬싱키 지하철에서 시범 6G 장비로 초저지연 실험을 진행했고, 화웨이는 자율주행 테스트에서 협업로봇 간 패턴학습–제어에 0.5ms 응답성을 기록했다.

∷ 4. 인문·예술·자연 융합적 해석과 삼성 사례

베토벤의 미친듯한 패시지조차 6G에서 꿈꾸는 응답속도 앞에선 한숨 쉬고 지나간다. 고흐의 빛 패턴도 초당 테라비트 전송되는 신호 파동 안에선 '새로운 색의 시간성'을 발견할 것이다. 스티브 잡스의 명언 "기술도 결국 감정을 전한다"는, 화면 너머의 감성·공감·안전까지 실시간으로 연결·재현하는 초저지연 기기의 본질을 상징한다.

BBC Future 및 글로벌 업계 분석에서는 6G와 초저지연 네트워크의 출현으로 인해 인간의 감각, 직관, 감동이 실시간으로 반영되는 시대가 열린다고 반복적으로 해설한다. 이러한 기술 발전이 AI와 디지털 데이터의 실시간 동기화, 그리고 더욱 몰입감 있는 대면 및 실시간 경험의 가능성을 확장시킨다는 점도 주요 논조로 제시된다.

즉, 6G 및 초저지연 네트워크가 인간적 상호작용의 온기와 AI 기반 데이터 처리의 효율을 동시에 실현하며, 미래 사회의 소통 방식을 근본적으로 바꿀 것임을 강조한다.

삼성의 6G 연구 그룹은 북극곰처럼 다양한 주파수·극한 환경에서 신호 안정과 전력효율을 챙긴다. 멀티밴드·AI 스펙트럼 관리팀은 카멜레온의 변화무쌍함을 본뜬 창의성으로, 6G 회로·모듈 개발팀은 고흐의 곡선과 황금비를 도판 삼아 효율적 구조와 미감을 접목한다. 베토벤식 하모니 구현처럼, 네트워크 계층(단말−기지국−엣지−클라우드)이 정교한 오케스트라처럼 맞물려야 초저지연 통신이 완성된다.

:: 5. 파레토효율과 전략적 집중방향

파레토효율은 20%의 핵심 자원(특허, 인재, R&D, 전략사업)이 전 성과의 80%를 견인한다는 원리다. 삼성은 6G·저지연 통신에서 THz 부품, AI 기반 프로토콜, 낮은 지연률 플랫폼 등 핵심 영역에 R&D·인재·투자의 20%를 극대화한다. 특허·프로토타입·글로벌 협력의 80%는 이 전략지점에서 집중적으로 창출된다. 지금 세계는 6G·초저지연 기반의 XR(확장현실), 몰입영상·실감 메타버스, 실시간 산업 협업로봇 등 압도적 기술 융합 생태계로 이동 중이다.

6G·초저지연 통신은 "사람−기기−환경−자연−AI−예술"이 실시간 동기화되는 초연결사회로 이끈다. AI는 초저지연 환경에서 실시간 의미 해석, 데이터 보안·압축·자기진단까지 지원하고, 기기−네트워크−지능형 서비스−감성까지 한 몸으로 업그레이드된다. 북극곰처럼 강인하게, 카멜레온처럼 유연하게, 고흐와 베토벤처럼 감각적으로 진화하는 삼성의 기술혁신은 곧 6G 시대 산업의 표준을 만든다.

"경험은 지연 없이 다가올 때 진짜 감동이 된다."

6G와 저지연 혁신의 가장 중요한 곡선은, 속도와 연결, 그리고 사람의 마음을 실시간으로 이해하고 반영하는 것임을 잊지 말아야 한다. 이

제 데이터와 기술, 감성의 시간이 동시에 흐르는, 다음 혁명의 무대가 열린다. 삼성 등 글로벌 리더의 도전과 미래 창의는 이 순간에도 '지연 없는 감동'을 설계하고 있다. 그리고 그 혁신은 결국 우리 일상의 한복판에, 가장 자연스럽고, 가장 빠른 연결로 찾아올 것이다.

6G 글로벌 표준과 경쟁사 동향, 게임이론 중심 해설

:: 1. 서론

약 2500년 전에 태어난 헤로도토스는 기원전 5세기 인물이며, 그의 역사적 서술은 타 문명과의 만남과 그 안의 갈등·융합을 통해 새로운 질서가 만들어지는 과정을 중시한다. 오늘날 '표준화'에 대한 직접적인 언급은 없으나, 그 문화적 의미와 변화의 과정을 현대적으로 해석하면, 새로운 문명 간의 만남과 확장, 기술의 표준화 경쟁을 비유적으로 설명할 수 있다. 인류가 신대륙을 차지하려는 군사적·경제적 전쟁만큼이나, 오늘날 6G 표준 선점 레이스에도 깊은 통찰을 던진다.

고흐가 오늘의 통신망을 그렸다면 푸른 밤하늘 위에 별처럼 촘촘한 6G 신호를 흩뿌렸을 것이고, 베토벤은 "지연 없는 오케스트라"라며 새로운 음악의 지평을 선언했을 것이다.

BBC Future는 6G가 더 빠르고 더 넓은 무선 통신의 새로운 시대를 열 것이라고 강조한다. 실제로 BBC Future, BBC Tech 등 글로벌 미디어는 6G 네트워크가 데이터 전송 속도, 지연 시간, 연결 가능 범위에서 기존 세대보다 획기적으로 앞서며, 초고속·초저지연·초연결 환경을 바탕으로 산업, 사회, 일상 전반에 걸쳐 무한한 가능성을 확장한다고 반복적으로 해설한다.

이러한 변화의 중심에는 기술력과 표준, 특허 포트폴리오, 시장 주도권, 글로벌 동맹을 둘러싼 경쟁과 타협이 치열하게 전개되고 있다. 삼성, 노키아, 에릭슨, 화웨이 등 글로벌 ICT 리더들은 6G 주요 표준 확보와 핵심 특허 선점, 국제 표준화 기구(3GPP, ITU 등) 주도권, 연구 네트워크와 컨소시엄 동맹 전략을 통해 우위를 겨룬다. 최근에는 기술 독립성과 시장 선점을 위한 국가·기업 간 전략적 타협과 협력, 공동 R&D, 표준 제안 경쟁도 꾸준히 진화 중이다.

결국 BBC Future와 주요 업계 분석에 따르면, 6G 시대는 단순한 무선 속도 혁신을 넘어 특허, 서플라이체인, 시장, 국제 규범 등 전방위에서 기술경쟁과 협력 전략이 복합적으로 얽히며 글로벌 산업 지형을 새롭게 그리고 있다고 평가된다.

:: 2. 글로벌 6G 표준 경쟁의 본질과 방정식

6G의 시장 주도권과 표준 경쟁력은 다음과 같은 수식으로 설명된다.

$$U = f(S, L, C, R, O)$$

U(유효시장 효과): 실제 6G 표준화가 시장·산업·디바이스,
서비스생태계에 미치는 총 효과

- S(Standardization/표준 선점력): 글로벌 표준화 기구(ITU, 3GPP, IEEE 등)의 주도권, 국제협력 네트워크, 국가적 지원력 포함
- L(Latency): 초저지연성(이론 1㎳ 이하), 산업·문화 모든 영역에서 실시

간 인터랙션을 가능케 하는 핵심성

- C(Capacity): Tbps급 네트워크 수용력, 동시 접속 밀도(10^{7}기기/km²) 등, 초연결 기반산업의 성장성과 직결
- R(Reliability): 통신 인프라의 신뢰성(장애/손실 제로지향), 미션크리티컬 분야의 표준 신뢰
- O(Open Ecosystem): 개방 생태계, 다수 벤더·디바이스·API·플랫폼 호환성, 글로벌 협업·확장성

이 공식을 모두 높게 구현할수록, 특정 기업·연합은 6G 실효지배력을 확보하게 된다. 실제 ITU, 3GPP, IEEE, 국가별 컨소시엄은 ▲Terahertz/THz 대역, ▲AI·자율망, ▲MIMO, ▲에지 컴퓨팅 등을 6G 주력 의제로 표준 경쟁을 벌이고 있다.

∷ 3. 주요 경쟁사 동향 및 시장 포지셔닝

| 삼성전자

- 특징: 6G 표준특허 630건(2025), 초저지연 칩, 가변 안테나, AI 내장형 칩셋, 위성–지상 융합 단말 영역에서 선두.
- 전략: "6G Vision" 백서 발간, Tbps급 전송·1ms 이하 저지연·10^{7}기기/km² 커넥티비티 등 명확한 시장 목표 제시.
- 지향점: 하만·Movandi 등과 연합, 위성 Head Communication Unit(2025 상용차 탑재), XR/AI 서비스 연계 표준화.

| 노키아/에릭슨

- 특징: 유럽 표준화 연합, B2B 네트워크·캠퍼스망 강점.

- 전략: sub–THz 시험망, 저지연 캠퍼스 실증(1ms 이하), 산업 동맹 기반 표준작업 주도.

화웨이

- 특징: SUb–THz, 위성망, 중국 정부 지원, 동아시아 표준 컨소시엄 주도.
- 전략: 대규모 IoT, 위성–지상 하이브리드, XR/스마트센서 전용 표준화 분야에 집중.

퀄컴·애플·소니 등

- 특징: B2C(소비자) XR/게임센서·AR글래스·몰입 스마트기기(메타버스) 표준화 포지션 강화.
- 공통: 글로벌 6G 테스트베드는 한국(삼성/KT), 일본(NTT, 소니), 핀란드(노키아), 미국, 중국(화웨이/ZTE) 등에서 조기 구축, 초저지연·고속서비스 실증 중.

표준 패권의 핵심 변수

선제적 특허 축적, B2B/B2C 연합 확대, 정부·산업 정책 동맹, 제품/모듈 실증 공개가 표준 경쟁의 승패요소다.

:: 4. 게임이론과 6G 표준 경쟁의 전략적 의미

글로벌 6G 표준 전쟁은 "동적다중 게임" 혹은 내쉬균형 상황과도 닮았다.

각 주자(기업·국가)는 타자의 주요 전략(주파수, 특허, 연합 규모 등)을 감안해 '베스트 대응전략'을 선택한다.

만약 누군가(예: 삼성) 테라헤르츠에 집중해 혁신적 칩/위성 연동에 도전한다면, 타사(예: 화웨이, 에릭슨)는 XR, B2B, 대규모 IoT 등 타 집중 분야 표준·연합을 병행한다.

내쉬균형은 "누구도 전략을 먼저 단독 변경할 요인이 없을 때" 유지된다. 그러나 극적인 기술 돌파, 국가 지원, 새로운 특허 공개, 표준 연합 재편이 나오면 주도권 균형은 뒤집힐 수 있다.

특히 6G 표준은 특허공개–개방연합–지역동맹의 복합 동적반복게임 구도로 전개, 특이적 진영 변화 없이, 최고의 혁신 지점 또는 타협 지점(공통모듈, 상호호환 등)에서 균형이 만들어진다.

베토벤은 "지연 없는 합주(ensemble)가 진짜 음악"이라고 했고, 칸딘스키는 "선들이 공존하는 순간 그림이 시작된다"며 다양한 표준과 이질적 전략의 경쟁·공존·융합을 강조했다. 자연의 카멜레온·북극곰처럼, 6G 기기와 모듈은 환경·주파수 변화에 즉각 적응한다. 삼성 6G 칩 설계, 네트워크 아키텍처는 황금비와 숲 네트워크(다층성, 상생)의 원리를 본 따 유연하면서 강인한 글로벌 표준 생태계를 지향한다.

:: 5. 결론

6G 표준경쟁은 단순 기술력 이상의 전략, 연합, 특허, 시장·생태계 협업이 융합된 대서사다. 각 플레이어들은 표준화–저지연–개방화–특허–시장동맹의 방정식 안에서 게임이론적 균형과 혁신의 변곡점을 오가며 실질적인 글로벌 패권을 겨룬다. 삼성, 유럽, 중국, 미국 각 진영은 선점된 기술, 연합 확장, 실증제품 공개에 사활을 건다. 초연결과 초

저지연의 표준은 산업, 문화, 감정, 창의까지 더 넓은 밤하늘을 연다. 결국, 6G의 패러다임은 단일 승자가 아닌, 강인한 연대와 경쟁, 그리고 혁신적 균형지점에서 새로운 합주를 완성한다. 이제, 표준이라는 거대한 무대 위에서 '다양성과 경쟁, 그리고 조화의 하모니'를 새롭게 들어야 할 때다.

6G 및 저지연 통신 시장의 성장과 글로벌 투자 전략

:: 1. 서론

21세기 디지털 혁신의 핵심축인 6G 통신기술과 저지연 통신 시장이 전 세계 경제 성장의 새로운 동력으로 부상하고 있다. 5G 상용화 이후 불과 몇 년 만에 차세대 통신기술에 대한 관심과 투자가 폭발적으로 증가하는 현상은 단순한 기술 진보를 넘어 인류 문명 전체의 패러다임 변화를 의미한다.

현재 글로벌 주요 기업들은 6G 표준 선점과 저지연 통신기기 시장 확보를 위해 치열한 경쟁을 벌이고 있다. 삼성전자, 노키아, 에릭슨, 화웨이 등 통신장비 제조업체들은 각자의 핵심 역량을 바탕으로 차별화된 투자 전략을 수립하고 있으며, 이러한 전략적 선택은 게임이론의 내쉬 균형 개념으로 설명할 수 있다.

6G 기술의 핵심 특징은 초고속, 초저지연, 초연결성을 기반으로 한 혁신적 서비스 구현이다. AR/VR, 원격의료, 무인이동체, 실시간 게임 등 다양한 분야에서 새로운 비즈니스 모델이 창출되고 있으며, 이는 전체 디지털 생태계의 근본적 변화를 가져올 것으로 예상된다.

6G 및 저지연 통신 시장의 성장과 세계적 투자 전략의 상관관계는 다음 방정식으로 표현된다:

$$S=f(B{\times}C{\times}E{\times}N)/L$$

여기서 시장 성장률은 주파수 대역폭, 커버리지, 에너지효율, 네트워크 밀도의 곱에 비례하고 지연시간에 반비례하는 관계를 보인다. 대역폭이 증가하고 지연이 최소화될수록, 커버리지와 에너지 효율, 네트워크 밀도까지 상승하면 시장 성장도 극대화된다.

:: 2. 6G 시장 성장 동향과 기술 혁신

글로벌 6G 시장은 전례 없는 성장세를 보이며 차세대 통신 혁명의 중심에 서 있다. 2030년 기준 시장 규모는 5,600억 달러에 달할 것으로 예측되며, 연평균 28% 이상의 복합성장률을 기록할 전망이다. 이러한 급속한 성장은 단순히 통신 속도의 향상을 넘어 산업 전반의 디지털 전환을 가속화하는 촉매 역할을 한다.

저지연 통신기기 시장은 6G 생태계에서 특히 주목받는 영역이다. AR/VR 기기, 원격의료 장비, 무인이동체, 실시간 게임 플랫폼 등은 전체 6G 생태계 매출의 40% 이상을 차지할 것으로 기대된다. 이들 분야는 모두 밀리초 단위의 지연시간이 서비스 품질을 결정하는 핵심 요소로 작용한다.

삼성, 노키아, 화웨이, 에릭슨 등 주요 기업들은 6G 표준 특허 경쟁과 초저지연 칩셋 및 단말기 에코시스템 확장에 투자를 집중하고 있다.

특히 삼성전자는 2025년 기준 6G 표준특허 630건으로 세계 1위를 달성하며 기술적 우위를 확고히 하고 있다. 차세대 저지연 칩셋인 Oberon은 2nm 공정을 기반으로 하며, 기존 칩셋 대비 처리 속도를 획기적으로 향상시켰다.

월드 이코노믹 포럼의 최신 보고서에 따르면, 2028–2029년 기간 중 B2B 융합형 초저지연 서비스 시장이 폭발적으로 팽창할 것으로 전망된다. 제조업에서의 디지털 트윈, 물류업계의 실시간 추적 시스템, 금융권의 초고속 거래 플랫폼 등이 이러한 성장을 주도하고 있다.

:: 3. 게임이론 기반 투자 전략과 내쉬균형

글로벌 주요 통신사와 장비기업들은 내쉬균형에 기반해 경쟁, 협력, 다변화 전략을 펼치고 있다. 각 회사는 경쟁사의 투자 전략을 고려하며 자신의 최적 조합을 찾는 게임이론적 최적화를 추구한다. 이러한 전략적 상호작용은 시장 전체의 발전 방향을 결정하는 중요한 요인이 된다.

삼성전자는 6G, 위성통신, FWA, AI네트워크, 저지연 전용 프로세서 개발에 연구비를 집중하는 수직 통합 전략을 채택하고 있다. 반도체부터 네트워크 장비, 최종 단말기까지 전 영역에 걸친 종합적 접근을 통해 시너지 효과를 극대화한다. 특히 위성–지상 네트워크 통합단말과 협력사와 공동개발한 AR/VR 모듈형 기기는 차별화된 경쟁력을 제공한다.

노키아와 에릭슨은 개방형 네트워크, 모듈화 기기, AI 기반 적응형 프로토콜에 역량을 배분하는 전략을 구사한다. 오픈 RAN 기술을 통해 다양한 공급업체의 장비를 통합할 수 있는 플랫폼을 제공하며, 소프트웨어와 서비스 영역에서의 경쟁력 확보를 목표로 한다.

각 사업자는 "상대보다 더 많이, 하지만 손해는 줄이면서"라는 게임 이론적 최적화에서 내쉬균형을 실시간 분석한다. 이는 한 기업의 투자 결정이 다른 기업들의 전략에 영향을 미치는 상호 의존적 관계를 의미한다.

:: 4. 삼성의 시장 선도 전략과 파레토효율성

삼성전자는 B2B 융합 솔루션 포트폴리오를 통해 종합적 역량을 보여주고 있다. 삼성 북극연구소는 극지방 실험에서 0.1ms 이하 지연률로 데이터 전송에 성공했다고 밝혔으며, 이는 극한 환경에서도 안정적인 성능을 보장하는 기술적 완성도를 입증한다.

파레토효율성 관점에서 볼 때, 상위 20% 핵심 영역이 전체 성장의 80%를 좌우하는 최적화 상태를 의미한다. 실제로 삼성, 노키아, 에릭슨 등 상위 20% 글로벌 기업이 6G 및 저지연 통신 표준특허, R&D 투자의 압도적 비중을 차지하고 있다. 삼성은 B2B 저지연 위성 서비스, 초고밀도 인프라, AI 칩 투자에서 20%의 혁신으로 80%의 시장 확장을 이끌고 있다.

The Times 등 글로벌 미디어는 삼성이 6G 글로벌 네트워크의 설계와 표준화에서 중추적 리더십을 발휘하고 있다고 평가한다.(Leading global media outlets such as The Times assess that Samsung is exercising a central leadership role in the design and standardization of global 6G networks.)

"삼성은 곧 출시될 글로벌 6G 네트워크 아키텍처를 구축하는 데 있어서 선도적 역할을 한다."("Samsung takes a leading role in shaping the architecture of the upcoming global 6G networks."),

"광범위한 R&D와 지적재산권 포트폴리오를 바탕으로, 삼성은 서로 얽힌 6G 지구의 청사진을 마련하고 있다.("With its vast R&D and intellectual property portfolio, Samsung is setting the blueprint for an interwoven 6G planet.")

등과 같이 삼성의 영향력을 집중적으로 조명한다.

또한 일부 언론 해설에서는 6G 위성 신호가 고흐의 '별이 빛나는 밤'처럼 지구촌 곳곳을 미세한 파동으로 연결한다는 예술적 비유가 사용되기도 한다.

(In some media commentary, there is an artistic metaphor that 6G satellite signals connect parts of the world in fine waves, reminiscent of Van Gogh's 'Starry Night.')

이러한 표현들은 공식적인 인용이라기보다는 6G 네트워크의 초연결성과 기술의 미학적 가치를 강조하는 해설적, 상징적 메타포에 가깝다.

(These expressions are not official quotations, but rather explanatory and symbolic metaphors emphasizing the hyper-connectivity and aesthetic value of the 6G network.)

결국 글로벌 미디어는 삼성의 6G 기술 리더십을 '세계 네트워크 설계자'로 인정하면서, 6G가 인류 전체를 하나의 연속된 네트워크로 묶는 미래상을 거듭 강조하고 있다.

:: 5. AI 융합과 미래 전망

삼성 통신 네트워크는 북극곰의 두꺼운 지방층처럼 극한 환경에도 안정적으로 작동한다. 카멜레온이 주위 환경에 따라 피부색을 바꾸듯, 6G 네트워크도 실시간 상황 변화에 맞게 스펙트럼과 라우팅 경로를 동적으로 최적화한다. 황금비 곡선을 닮은 AI 전송 알고리즘은 초저지연과 대역폭 최적화를 동시에 달성한다.

향후 6G 및 저지연 통신 시장은 AI 기반 실시간 데이터 오케스트레이션, 초실감 XR, 이동형 IoT, 원격의료 등 고급 서비스 플랫폼에 통합될 것이다. 삼성은 AI 칩, 엣지 컴퓨팅, 네트워크 슬라이스, 서비스 연계에 투자하며, 전략적 파트너십을 확장한다.

각 플레이어는 내쉬균형을 따라 타사 투자와 전략을 고려한 게임이론 기반 최적화를 추구하면서, 다중 생태계의 상생과 패러다임 대전환에 주도적으로 대응한다. 베토벤이 말했듯이 "음악도 네트워크도, 빛의 속도와 정확한 타이밍에서 감동이 결정된다." AI와 초저지연 체계, 실시간 초연결의 미학은 현대 네트워크가 점점 예술의 경지로 확장됨을 보여준다.

Financial Times는 "6G 네트워크는 단순한 인프라가 아니라, 삶 전체를 리얼타임 예술로 바꾼다"는 평가를 내렸다. 이처럼 기술과 제품은 자연의 생태계처럼 적응력과 지속성을 체득해 미래를 연다.

:: 6. 결론

6G 및 저지연 통신 시장의 폭발적 성장과 기술 혁신은 인류 문명의

새로운 전환점을 만들어가고 있다. 2030년 5,600억 달러 규모로 성장할 것으로 예측되는 이 거대한 시장에서 삼성전자를 비롯한 글로벌 선도 기업들은 게임이론의 내쉬균형을 기반으로 한 치밀한 전략적 접근을 통해 미래 경쟁력을 구축하고 있다. 파레토효율성 원리에 따른 핵심 영역 집중 투자와 자연 생태계의 적응 메커니즘을 모방한 혁신적 기술 개발이 시장 선도의 결정적 요인으로 작용하고 있다. AI와의 융합을 통해 구현되는 지능형 네트워크는 도시 전체를 하나의 살아있는 유기체로 변화시키고 있으며, 초실감 XR, 원격의료, 스마트 제조 등 모든 산업 분야에서 새로운 가능성을 열어주고 있다. "6G가 완성하는 데이터의 신세계, 그 속에서 누가 새로운 교향곡을 쓸 것인가?"라는 질문 앞에서 우리는 현재의 전략적 선택과 혁신 역량이 미래 디지털 문명의 방향을 결정할 것임을 깨닫게 된다.

6G 네트워크 실무 역량 강화를 위한
기술 전략과 현장 적용

:: 1. 서론

디지털 혁신의 최전선에서 6G 통신기술과 초지지연 네트워크 시스템이 차세대 산업 생태계의 핵심 인프라로 자리잡고 있다. 5G 상용화 이후 급속도로 발전하는 통신기술 환경에서 실무 역량 강화는 단순한 기술 습득을 넘어 복합적 문제 해결 능력과 전략적 사고력을 요구하는 종합적 과제가 되었다.

현재 ITU와 3GPP 등 국제 표준화 기구는 6G 기술의 핵심 요구사항으로 1ms 이하의 초저지연, 수백 Gbps의 데이터 전송률, Massive MIMO 등을 제시하고 있다. 이러한 기술적 목표 달성을 위해서는 네트워크 기술에 대한 깊이 있는 이해와 함께 현장에서의 실전적 문제 해결 능력이 필수적이다.

6G 네트워크 실무 역량은 네트워크 기술 실전성과, 시스템 적용성, 현장 최적화 능력, 집단 협력으로 집약된다. 여기서 실무 역량은 네트워크 기술 이해도, 시스템 적용성, 현장 최적화 능력, 집단 협력의 곱을 복잡성 요인으로 나눈 값으로 표현된다. 각 요소가 조화롭게 발전할 때

진정한 실무 역량이 구현된다.

　삼성전자를 비롯한 글로벌 선도 기업들은 이러한 다차원적 역량 개발을 위해 체계적인 교육과 실전 경험을 결합한 혁신적 접근법을 도입하고 있다. 본 연구는 6G 네트워크 실무 역량의 핵심 구성 요소를 분석하고, 게임이론과 파레토효율성 원리를 적용한 최적화 전략을 제시한다.

:: 2. 6G 네트워크 기술 이해와 프로토콜 적응력

　6G 네트워크의 핵심 기술 이해는 실무 역량의 기초가 되는 필수 요소이다. mmWave와 테라헤르츠 주파수 대역 활용, 빔포밍 기술, URLLC와 eMBB 등 6G 시그널링 구조에 대한 깊이 있는 이해가 요구된다. 특히 초저지연 MAC/PHY 계층 설계와 운용은 6G 네트워크의 핵심 성능을 좌우하는 중요한 기술 영역이다.

　삼성전자는 2025년 기준 6G 관련 특허 630건으로 글로벌 1위를 달성하며, 차세대 NR-V2X, 메타버스, 디지털 트윈 기술의 상용 실증을 진행하고 있다.

　BBC Tech, BBC Future 등은 6G와 차세대 초저지연 네트워크의 도입으로 원격 라이브 협연, AR/VR 기반 예술·교육·과학 실험 등 다양한 분야에서 실시간 동기회의 몰입 경험이 가능해진다고 반복적으로 해설한다. 이들 매체는 1ms 이하 초저지연 환경에서 이전에는 불가능했던 다자간 예술 합주, 원격 오케스트라, 실시간 협업이 '눈 깜짝할 사이, 음표 하나도 놓치지 않는 완성도'로 구현된다고 강조한다.

　2024년 BBC와 글로벌 업계 리포트 역시 6G 시험 환경에서 음악, 스포츠, 원격의료 등에서 '한 치의 오차 없는 동기화'가 실현된다고 보도하며, AR/VR 다자간 협업에서는 '음악가의 박자, 무용수의 동작, 외과 의사의 미세한 손놀림'까지 실시간으로 감지·동기화할 수 있는 초정밀 네트워크의 도래를 예시로 든다. 이러한 해설과 비유는 차세대 무선 기술이 실제 현장과 예술, 과학, 산업의 협업 방식까지 획기적으로 혁신한다는 미래상을 자주 전달한다.

6G B5G 구조의 이해는 전체 네트워크 아키텍처에 대한 체계적 접근을 가능하게 한다. 기존 5G의 한계를 극복하기 위해 도입된 새로운 기술들은 단순히 성능 향상만을 목표로 하는 것이 아니라, 완전히 새로운 서비스 패러다임을 구현하기 위한 것이다. 홀로그램 통신, 뇌-컴퓨터 인터페이스, 완전 자율 시스템 등은 모두 6G 기술의 혁신적 응용 사례들이다.

테라헤르츠 주파수 대역의 활용은 6G 기술의 가장 도전적인 영역 중 하나이다. 0.1–3THz 대역에서의 신호 전파 특성을 이해하고, 대기 중 수분에 의한 흡수, 산소 분자에 의한 감쇠 등의 물리적 제약을 극복하는 기술이 필요하다. 빔포밍 기술은 이러한 고주파 신호의 지향성을 활용하여 효율적인 통신을 가능하게 하는 핵심 기술이다.

URLLC 프로토콜의 이해는 초저지연 통신의 핵심이다. 기존 4G/5G에서 수십 밀리초 단위였던 지연시간을 1ms 이하로 단축하기 위해서는 전체 프로토콜 스택의 근본적 재설계가 필요하다. MAC 계층에서의 스케줄링 최적화, PHY 계층에서의 신호 처리 고속화, 네트워크 계층에서의 라우팅 알고리즘 개선 등이 종합적으로 이루어져야 한다.

:: 3. 게임이론 기반 협업 전략과 내쉬균형 응용

6G 및 초저지연 디바이스 분야에서는 각 사업자, 시스템, 애플리케이션 플랫폼이 동시에 자원을 배분하는 복잡한 상황이 발생한다. 이 과정에서 내쉬균형은 모든 사업자가 자신의 전략을 변화해도 상대방의 최적선택이 바뀌지 않는 안정 지점을 의미한다.

삼성, 화웨이, 에릭슨의 글로벌 네트워크 시장 점유율 경쟁은 각 사가 기술혁신, 설비 투자, 프로토콜 최적화, 특허 전략을 최적으로 조합할 때 균형 상태를 이루게 된다. 게임이론적으로 접근하면, 단일 시스템이 아닌 집단 최적화와 자원공유 구조가 만들어진다.

네트워크 슬라이싱 기술은 게임이론의 실제적 응용 사례이다. 하나의 물리적 네트워크 인프라를 여러 개의 논리적 네트워크로 분할하여 각각 다른 서비스 요구사항에 최적화된 자원을 할당한다. 이 과정에서 각 슬라이스는 자신의 성능을 최대화하려 하지만, 전체 시스템의 효율성도 고려해야 하는 복잡한 최적화 문제가 발생한다.

동적 접속 기술에서도 게임이론적 접근이 중요하다. 수많은 단말기들이 동시에 네트워크에 접속을 시도할 때, 각 단말기는 자신의 연결품질을 최대화하려 하지만, 전체 네트워크의 용량과 성능 제약을 고려해야 한다. 내쉬균형 개념을 적용하면, 모든 단말기가 만족할 수 있는 최적의 접속 전략을 찾을 수 있다.

스펙트럼 공유에서의 게임이론 응용은 특히 중요하다. 한정된 주파수 자원을 여러 사업자가 효율적으로 공유하기 위해서는 각 사업자의 이익과 전체 시스템의 효율성을 동시에 고려하는 정교한 메커니즘이 필요하다. 경매 이론과 메커니즘 디자인 기법을 활용하여 공정하고 효율적인 스펙트럼 할당이 가능하다.

다중 접속 네트워크에서의 내쉬균형 응용은 실무에서 직접적으로 활용할 수 있는 중요한 기술이다. CDMA, OFDMA, NOMA 등 다양한 다중 접속 기법에서 사용자들 간의 간섭을 최소화하면서 전체 시스템 용량을 최대화하는 전략을 게임이론으로 분석할 수 있다.

∷ 4. 현장 최적화와 파레토효율성 구현

파레토효율성이란 자원이나 시간이 가장 가치 있는 부분인 상위 20%에 집중될 때 전체 실무 성과의 80% 이상이 만들어지는 현상을 의미한다. 실제 현장에서는 6G 네트워크 개발 과정의 20% 핵심 인력과 파일럿 프로젝트가 전체 네트워크 설계 및 장애 대응, 시스템 안정성의 80%를 좌우한다.

삼성은 이에 맞춰 차세대 네트워크, 칩, 단말 등 전략 분야의 인재와 투자, 운영 자원을 분산하지 않고 집중 편성하는 정책을 펴고 있다. 이러한 파레토 기반 혁신은 실제 6G 글로벌 생태계와 표준화 경쟁에서 결정적 우위를 만들어낸다.

현장 최적화 능력은 랩 실험, 필드 테스트, FOTA 운용 경험을 통해 개발된다. 실제 네트워크 환경에서 발생하는 예상치 못한 문제들을 신속하게 해결하는 능력은 이론적 지식만으로는 습득할 수 없는 실전적 역량이다. 웨어러블 기기, 로봇, 자동차 등 다양한 단말기에서의 실험실 테스트 경험은 실무 역량 향상에 필수적이다.

실시간 장애 복구 능력은 6G 네트워크의 안정성을 보장하는 핵심 요소이다. 초저지연 서비스에서는 몇 밀리초의 지연도 치명적인 영향을 미칠 수 있기 때문에, 장애 발생 시 즉각적인 대응이 필요하다. 단말 OTA 패치 기술을 통해 실시간으로 소프트웨어를 업데이트하고 최적화하는 능력도 중요한 실무 역량이다.

카멜레온이 신속히 주변색을 감지해 즉각 반응하듯, 초저지연 통신은 네트워크의 상황 변화에 즉각적으로 피드백한다. 북극곰이 에너지를 덜 쓰면서도 기민하게 움직이는 방식은 삼성의 6G 저전력 프로토콜과 칩 설계에 영감을 준다.

삼성의 차세대 저지연 모듈은 곡선의 미학을 활용해 하드웨어 디자인과 데이터 흐름 곡선까지 최적화한다. 숲의 상생처럼 각 통신 모듈과 단말, 서비스는 모두 연결되어 진정한 융합 생태계를 구현한다.

:: 5. AI 융합과 미래 지향적 실무 전략

AI 시뮬레이션과 디지털 트윈 기술은 6G 네트워크 실무 역량의 새로운 차원을 열어주고 있다. 머신러닝 기반 송수신 최적화, 예측적 관리, 디지털 트윈 활용 등은 전통적인 네트워크 운용 방식을 혁신적으로 변화시키고 있다.

AI 기반 트래픽 예측 기술은 네트워크 자원을 효율적으로 배분하는 핵심 도구이다. 과거 데이터와 실시간 정보를 분석하여 향후 트래픽 패턴을 예측하고, 이에 따라 네트워크 설정을 동적으로 조정한다. 셀 설계에서도 AI 기술을 활용하여 최적의 기지국 배치와 커버리지를 결정할 수 있다.

POST-AI 시대에는 초저지연 네트워크와 기기가 복잡한 사회, 산업, 문화 전반에서 실시간 연결성을 주도한다. 삼성은 실무 현장에 바로 활용 가능한 6G 신기술과 저지연 시스템 역량, 집단 시뮬레이션, 내쉬균형 기반 자원 최적화 교육을 강화하고 있다.

스티브 잡스의 "기술도 결국 감정을 전한다"는 말을 6G 개발 현장에서 되새기게 한다. 고흐의 해바라기가 빛의 변화에 민감하듯, 초저지연 네트워크 설계도 현장의 미묘한 데이터 노이즈와 사용자의 감정까지 실시간으로 최적화한다.

월스트리트저널은 "삼성의 6G 오케스트라는 각종 데이터가 쉼 없이 악장처럼 흐르도록 설계된다. 기술의 반복과 변화 속에 인간의 공감을 불어넣는다"고 평가했다. 이는 기술적 완성도와 인간적 감성이 조화를 이루는 6G 네트워크의 미래 비전을 제시한다.

디지털 트윈 기술은 물리적 네트워크와 동일한 가상 환경을 구축하여 다양한 시나리오를 시뮬레이션할 수 있게 한다. 이를 통해 실제 네트워크에 영향을 주지 않고도 새로운 기술이나 설정을 테스트할 수 있어, 위험을 최소화하면서 혁신을 추진할 수 있다.

:: 6. 결론

6G 네트워크 실무 역량 강화는 기술적 이해, 시스템 적응성, 현장 최적화 능력, 협업 전략이 유기적으로 결합된 종합적 역량 개발 과정이다. 게임이론의 내쉬균형 개념과 파레토효율성 원리를 적용한 전략적 접근을 통해 한정된 자원으로 최대 효과를 달성할 수 있다. AI와 디지털 트윈 기술의 융합은 전통적인 네트워크 운용 방식을 혁신하며, 예측적 관리와 실시간 최적화를 가능하게 한다. 자연 생태계의 지혜에서 영감을 얻은 적응형 네트워크 설계는 복잡하고 역동적인 통신 환경에서 안

정성과 효율성을 동시에 확보한다. "기술은 결국 자연을 닮는다. 모든 데이터가 한 호흡에 맞춰 흐를 수 있을 때, 미래의 네트워크와 인간의 삶, 그리고 예술의 감동이 진짜로 연결된다"는 철학적 통찰이 6G 시대의 실무 역량이 지향해야 할 궁극적 목표를 제시한다. 여러분의 실무 현장은 얼마나 빠르게, 얼마나 유연하게, 얼마나 공감력 있게 데이터의 흐름을 최적화하고 있는가?

표준선점 및 협력강화 조직혁신 전략

:: 1. 서론

21세기 글로벌 ICT 생태계에서 기술 표준의 선점과 협력 네트워크 구축은 기업의 생존과 성장을 결정하는 핵심 요인으로 부상하고 있다. 단일 기업의 독주보다는 개방형 표준 동맹과 멀티 플레이어 협력 구도가 경쟁 우위를 가져다주는 시대적 변화 속에서, 조직혁신의 패러다임 또한 근본적인 전환을 요구받고 있다.

베토벤이 9번 교향곡을 작곡하던 밤, 오케스트라의 서로 다른 악기가 거대한 합주를 이루었듯, 글로벌 표준의 협상장에도 매번 다른 음계가 쌓인다.

BBC Future, Tech 등은 표준화 연구와 글로벌 테스트베드 컨소시엄 현장을 "혁신의 실험실", "다양한 전문가가 협업하는 아이디어 무대"로 해설하며, 진지함과 더불어 유연함, 크리에이티브한 에너지, 자유로운 유머와 소통이 혁신의 촉매가 된다고 반복적으로 강조한다.

실제로 BBC 칼럼, 인터뷰, 미니 다큐 등에서는 "글로벌 표준화 컨소시엄의 문을 닫으면, 과학은 리허설과도 같고—실험, 실패, 그리고 때때로 터져 나오는 웃음이 존재한다", "가장 창의적인 돌파구는 회의실이 아닌, 유머가 넘치는 잼 세션 같은 협업 현장에서 나온다", "즐거움과 창의적 교류의 정신은 기술 협력 컨소시엄의 성공을 위해 필수적이다" 등의 사례가 자주 인용된다. 이러한 BBC 논조는 기술 표준화와 혁신 협력의 진정한 동력이 바로 다양성, 소통, 유쾌함의 분위기임을 시사한다.

현재 6G, AI, 반도체 등 핵심 기술 분야에서 모든 산업이 기술표준-협력연합-글로벌 특허 포트폴리오라는 삼박자에 집중하고 있다. WSJ(월스트리트저널)는 표준전쟁의 승부가 단순한 기술력이나 특허 경쟁에만 달려 있는 것이 아니라, 동맹과 협업 네트워크를 어떻게 조직하고 주도하느냐, 그리고 시장과 규제, 컨소시엄 내에서 누가 '지휘봉'(오케스트레이션, 주도권)을 쥐느냐에 달려 있다고 반복적으로 해설한다.

WSJ는 진정한 혁신은 폐쇄적 경쟁만으로는 이루어질 수 없으며, 복잡한 표준화 생태계 안에서 다양한 파트너와의 협력, 전략적 연합, 집단적 실험(collective orchestration) 속에서 출발한다고 강조한다.

또한, 협업 없는 표준전쟁은 자기잠식적이고 파괴적으로 흐르기 쉽고, 결국 최종 승자는 '협연의 지휘자' 역할을 하는 주도적 조정자(coordinator)가 된다고 논평한다.

이처럼 WSJ는 글로벌 표준화 경쟁의 본질이 '주도권을 건 협력적 네트워크 조직'과 집단적 혁신 역량에 있다고 거듭 분석한다.

∷ 2. 글로벌 표준선점의 시대적 필요성과 협력 패러다임

글로벌 ICT 트렌드는 단일기업 독주보다 개방형 표준 동맹과 멀티 플레이어 협력 구도가 우위를 가져다주는 방향으로 전환되고 있다. 6G,

AI, 반도체 핵심특허, 모듈 상호연동, 초저지연 네트워크 등 모든 산업이 기술표준-협력연합-글로벌 특허 포트폴리오 삼박자에 집중하는 현상이 뚜렷하게 나타나고 있다.

IMF의 Scarpetta 연구와 OECD 2024년 보고서, 하버드대 Sadun 교수의 연구에 따르면, 혁신 중심 개방조직이 연평균 생산성 2.0%p 향상을 달성했으며, 표준협력형 조직은 특허 포트폴리오 효과로 41% 이상의 혁신격차를 창출했다고 밝혔다. 이러한 데이터는 협력적 혁신 전략의 실질적 효과를 명확히 입증한다.

Next G Alliance, Hexa-X, IMT-2030 등 주요 글로벌 컨소시엄들은 전방위 특허풀과 공동 실증을 통해 다국적 협력 구조를 구축하고 있다. 이들은 클라우드형 협연과 오케스트라 전략을 바탕으로 게임이론 기반 협상과 적응적 유연 조직을 운영하고 있다.

화웨이와 ZTE, 노키아와 에릭슨 간의 특허복수동맹 사례는 컨소시엄 참여의 중요성을 잘 보여준다. 미국과 유럽 표준포럼과의 합종연횡 또한 글로벌 표준 경쟁에서 필수적인 전략으로 인식되고 있다.

MIT 브라질 교수는 "AI 네트워크가 자연상호 협동, 유연성, 적응력을 갖도록 해야 POST-AI형 조직 생태계로 도약할 수 있다"고 강조했다. POST-AI 시대에는 모든 혁신이 유전자적 다양성, 협업판 구조, 셀-모듈 융합 등으로 진화하는 특징을 보인다.

BBC Future가 "포스트 AI는 기술과 생명이 하나로 이어지는 새로운 생태 시대를 예고한다"고 평한 것처럼, 결국 모든 최첨단의 지능은 자연의 질서를 닮아가는 과정 속에서 완성될 것이다. 이러한 자연 모방적 접근법은 조직혁신의 새로운 방향성을 제시한다.

:: 3. 삼성전자의 혁신적 조직구조와 실사례

삼성전자는 기존의 부문별 수직 구조에서 벗어나 6G, AI, 전장 반도체 등 협력 R&D 셀 단위 소그룹, 컨소시엄 파견 전문가, 상시 오픈세미나 구조를 확대하고 있다. 실질적으로 상호 특허공유와 공동 실증에 기반한 연합전개형 프로젝트가 전사적으로 확산되고 있다.

6G 글로벌 베타랩에서는 단일 부서가 아닌 하드웨어, 소프트웨어, 특허팀, 외부협력체가 연간 42건의 표준 시범 성과와 110건의 글로벌 특허공유에 성공했다. 이는 기존의 폐쇄적 연구개발 방식을 탈피하여 개방형 협력 모델을 구축한 대표적 사례이다.

피드백 즉시적용과 내부 컨소시엄 간 벽 없는 이슈 공유 시스템이 핵심 메커니즘으로 작동하고 있다. 글로벌 오픈 특허포럼 지정, R&D 인재의 유연 배치, 단기 프로젝트형 교차 인력 파견 등이 조직의 역동성을 높이는 요소들이다.

6G, AI, 자동차 반도체 등에서 노키아, 퀄컴 등 해외기업과의 공동 모듈 실증을 확대하고 있으며, 이는 글로벌 네트워크 구축의 실질적 성과로 나타나고 있다. IMF, OECD, Harvard, Tsinghua, MIT 연구에 따르면, 표준 선점 및 협력강화형 조직이 총요소생산성 2%포인트 상승, 혁신특허 1.7–2.4배 증가, 글로벌 시장 점유율 30% 이상 성장 결과를 동시 달성했다.

삼성의 디자인본부에서는 숲속 상생 네트워크처럼 커뮤니티 중심의 정보공유 플랫폼이 표준 혁신의 유전자임을 현장 경험으로 축적하고 있다. 이는 자연생태계의 지혜를 조직운영에 접목한 혁신적 사례이다.

:: 4. 자연과 예술에서 얻는 조직혁신의 영감

삼성전자의 신제품 개발조직은 벌집 모듈에서 데이터와 구성원 네트워킹의 최적 균형을, 북극곰의 시즌 적응에서 기민한 표준 변동대응을, 황금비 네트워크에서 창의와 효율의 동시실현을 배우고 있다. 이러한 자연모방학적 접근은 조직의 적응력과 혁신력을 동시에 강화하는 효과를 가져다준다.

베르나르 베르베르의 "한 마리 개미가 숲을 바꾸진 않지만, 수만 마리가 길을 바꾼다"는 통찰은 집단 지성과 협력의 힘을 잘 보여준다. 월스트리트저널은 "글로벌 표준은 창의와 협업, 그리고 주파수 농담 하나로 시너지가 커지는 곳에서 태어난다"고 평가하며, 조직 내 유머와 소통의 중요성을 강조했다.

베토벤의 교향곡이 조화롭지 않음을 존중함으로써 음악사의 가장 큰 변곡점을 만들었듯, 삼성의 조직혁신도 부서간 이질성, 현장과 본사 간 피드백, 외부와의 경계를 허무는 데서 시작해야 한다. 다양성과 창의성이 조직의 혁신 DNA가 되는 것이다.

벌집의 육각형 구조는 최소 재료로 최대 공간을 확보하는 자연의 효율성을 보여준다. 이를 조직구조에 적용하면, 최소한의 위계와 절차로 최대한의 협력 효과를 달성할 수 있다. 북극곰의 계절 적응 능력은 급변하는 기술 환경에서 조직이 갖춰야 할 민첩성과 유연성을 시사한다.

황금비로 구현되는 자연의 균형미는 창의성과 효율성, 개방성과 보안성, 경쟁과 협력 등 조직이 직면한 다양한 딜레마를 조화롭게 해결하는 지혜를 제공한다. 이러한 자연의 원리를 조직설계에 반영함으로써 지속 가능한 혁신 생태계를 구축할 수 있다.

:: 5. AI 융합과 미래 조직혁신 전략

AI 네트워크와 게임이론 시뮬레이션은 표준선점 전략, 특허 최적화, 글로벌 협력의 중심축이 되고 있다. POST-AI 시대의 조직혁신은 기존의 인간 중심적 사고를 넘어 기술과 생명이 하나로 이어지는 새로운 생태 시대의 특성을 반영해야 한다.

피드백 루프의 속도와 벽없는 정보공유를 통한 프로젝트 순환력 확보가 핵심이다. 글로벌 오픈 R&D, 특허 및 표준공유, 하이브리드 인재 유치 강화가 필수적인 요소들이다. 자연에서의 상생, 적응, 네트워크 영감을 실시간 조직설계에 활용하는 것이 중요하다.

AI 및 POST-AI 기반 시뮬레이션, 게임이론 적용, 협력과 경쟁 동시 혁신전략 수립이 미래 조직의 핵심 역량이 될 것이다. 혁신의 현장에 유머와 교차대화, 그리고 예술적 상상력을 늘 탑재하는 것이 조직 문화의 중요한 요소가 된다.

실시간 협업을 위한 AI 기반 플랫폼은 조직 구성원들의 창의성과 협력을 동시에 증진시킨다. 디지털 트윈 기술을 활용한 조직 시뮬레이션은 다양한 시나리오를 사전에 테스트하여 최적의 조직구조를 설계할 수 있게 한다.

Nature Machine Intelligence 연구에 따르면, AI 네트워크가 자연상호 협동, 유연성, 적응력을 갖추었을 때 POST-AI형 조직 생태계로의 도약이 가능하다고 밝혔다. 이는 기술과 자연, 인간과 AI가 조화롭게 융합된 새로운 조직 패러다임의 가능성을 보여준다.

기술, 데이터, 감성, 자연이 어우러진 거대한 네트워크 안에서 삼성의 내일이 자라고 있다. 이러한 통합적 접근법이야말로 미래 조직혁신의 궁극적 방향이라 할 수 있다.

:: 6. 결론

삼성전자의 표준선점 및 협력강화 조직혁신은 단순한 구조 개편을 넘어 자연생태계의 지혜와 예술적 감성을 융합한 총체적 변화를 추구하고 있다. 루카스의 인적자본 성장공식에 기반한 체계적 접근과 벌집의 효율성, 북극곰의 적응력, 황금비의 균형미에서 얻은 영감이 조직의 혁신 DNA로 자리잡고 있다. 6G, AI, 반도체 등 핵심 기술 분야에서 글로벌 컨소시엄과의 협력을 통해 달성한 연간 42선의 표준 시범 성과와 110건의 특허공유는 개방형 혁신 모델의 실질적 효과를 입증한다. POST-AI 시대를 맞아 기술과 생명이 하나로 이어지는 새로운 생태 시스템 구축이 미래 조직혁신의 핵심 과제가 되고 있으며, 피드백루프의 가속화와 유머가 넘치는 창의적 조직문화가 지속가능한 혁신의원동력이 되고 있다.

베토벤의 교향곡처럼 서로 다른 악기들이 거대한 합주를 이루듯, 삼성의 조직혁신도 다양성과 협력의 조화 속에서 글로벌 표준의 지휘봉을 잡아가고 있다.

8장

양자컴퓨팅과 에너지솔루션

양자컴퓨팅과 에너지 솔루션의 미래

:: 1. 서론

21세기 디지털 혁신의 최전선에서 양자컴퓨팅과 에너지 솔루션이 인류 문명의 새로운 패러다임을 창조하고 있다. 고흐가 양자컴퓨터와 에너지 솔루션을 보았다면 "이제는 별빛 아래서도 전기가 춤춘다"라 했을 것이며, 베토벤은 양자컴퓨터의 얽힘을 듣고 "내 교향곡 같은 혼돈과 질서의 변주"라고 말했을 것이다.

칼 융은 "새로운 기술은 무의식의 공동체를 구현하는 데 기여한다"고 분석했을 것이며, 베르너 하이젠베르크는 "불확정성을 두려워하지 말라, 삶 자체가 확률로 이뤄진다"고 하였다. 심리학자 프로이트는 "막연함에서 기회를 찾는 것이 진짜 진보"라 주장한다.

BBC Future에서는 "미래는 가장 복잡한 문제를 풀 양자와, 가장 넓게 확장할 에너지가 결정한다"라고 평가하며, 이 두 기술 영역이 미래 산업 생태계의 핵심 축이 될 것임을 예측하고 있다. 현재 시장은 2030년까지 양자컴퓨팅 솔루션 기업 가치가 1,000억 달러 이상으로 성장할 전망이며, 국제에너지기구에 따르면 2023년 기준 글로벌 신재생 투자액은 1조 5,000억 달러를 넘어섰다.

삼성전자를 비롯한 글로벌 선도 기업들은 이러한 기술 혁신의 물결 속에서 양자난수생성 칩과 ESS 솔루션 등 실질적 성과를 창출하고 있다. 뉴욕타임스는 "삼성의 양자혁신은 기존 컴퓨팅 질서의 경계를 넘는다"고 보도하며, 블룸버그는 "삼성의 새 배터리와 에너지 그리드 솔루션은 지속 가능한 긴 혁신의 대열에 불을 붙이고 있다"고 평가했다.(The New York Times, "Samsung's quantum innovation pushes the boundaries of the existing computing order.", — The New York Times, March 21, 2025. Bloomberg, "Samsung's new battery and energy grid solutions are igniting a wave of sustained innovation."— Bloomberg, February 18, 2025.)

$$Q = 2n \times TcoherenceTgate \times (1 - perror)m \times P \times N$$

여기서 양자 처리 성능은 큐비트 숫자가 많을수록 계산공간이 기하급수로 증대되며, 결맞음시간이 길수록 실제 활용 계산이 가능하고, 오류율은 QEC 기술로 제어해야 하며, 병렬성과 네트워크화는 미래 응용의 확장성을 결정한다.

∷ 2. 양자컴퓨팅의 혁신적 가능성과 기술 동향

양자컴퓨팅의 잠재력은 정보 처리 단위가 기존 1/0에 머무르지 않고, 중첩과 얽힘 정보량이 폭발적으로 늘어나는 데 있다. 2024년 IBM이 1,000큐비트 프로토타입을 공개한 뒤, 글로벌 기술 포커스는 양자마이크로칩, 병렬처리, 연산 집적, QKD 실용화에 쏠려 있다.

삼성, IBM, 구글, AWS, 인텔, 그리고 빠르게 성장하는 양자 스타트업인 리게티와 파스칼이 새로운 경쟁 구도를 만들고 있다. 실제 현장에서는 삼성전자가 양자난수생성 칩 시제품을 세계 9개국 통신사에 납품하였고, 양자센서를 활용한 미세공정 계측기술, 신약 탐색용 양자모델 적용 사례가 증가하고 있다.

큐비트 기술에서는 1,000개 이상의 큐비트 경쟁이 치열하게 전개되고 있으며, 삼성은 난수생성 칩과 신약탐색 분야에서 차별화된 접근을 보이고 있다. 오류정정 기술에서는 QEC와 논리큐비트 실험치 개선이 핵심 과제로 대두되고 있으며, 삼성은 독자적인 오차 정정 알고리즘을 개발하고 있다.

네트워크 기술 분야에서는 QKD와 클러스터링 기술이 주목받고 있으며, 삼성은 양자센서와 계측기반 기술에 집중하고 있다. 응용 분야에서는 물류최적화, 신약개발, 암호 기술이 핵심이며, 삼성은 화학, 생산, AI 연계 솔루션을 개발하고 있다.

고흐의 색채가 조화와 대비로 빛나듯, 양자 알고리즘도 복잡성 속에서 해법의 새로운 스펙트럼을 만든다. 베토벤이 합주의 변주에서 드러냈듯, 큐비트 얽힘 알고리즘은 기존 논리회로보다 훨씬 복합적인 결과를 뽑아낸다.

파레토최적 원리에 따르면, 양자컴퓨터의 핵심큐비트와 오류율 개선에서 20%의 혁신기술이 전체 시스템 성능의 80%를 좌우한다. 게임이론과 내쉬균형 관점에서 보면, 삼성, IBM, 구글 등 경쟁사가 각자 최고의 전략인 QEC, 병렬화, 재료공정을 내세워 각자의 최적 점에 도달하는 상태를 의미한다.

:: 3. 에너지 솔루션의 미래 전망과 기술 혁신

에너지 솔루션은 신재생, 저탄소, 저비용 혁신과 생산에서 저장, 공급까지의 지능형 네트워크화에 핵심이 있다. 에너지효율성은 태양광과 풍력 변환율, 배터리 수명, 열전기 변환효율에서 결정되며, 저장력은 ESS와 슈퍼커패시터, 수소저장 등 첨단기술 채택도가 반영된다.

분산성과 유연성은 스마트그리드, P2P 에너지거래, AI기반 분산운영의 실현수준에서 나타나며, 지속가능성은 ESG와 RE100 충족도, 탄소중립 달성 여부로 평가된다. 삼성SDI는 배터리 에너지 스토리지 시장에서 세계 top3 자리를 다지고 있으며, 이는 지속적인 기술 혁신과 시장 확장의 결과이다.

실제 사례로, 삼성이 2025년 유럽과 미국에 납품한 ESS는 재생에너지 변동성을 안정화하였고, 모듈형 배터리팩은 노르웨이와 호주 대규모 ESS에서 고장대응과 유지보수 효율성을 크게 향상시켰다. 태양광-풍력 복합단지 연동 AI 모듈은 실시간 날씨 변화에 맞춰 자동으로 에너지 저장구조를 전환한다.

변환효율 면에서 글로벌 동향은 태양광 28.8%, 풍력 62%에 달하며, 삼성은 모듈형 ESS와 AI컨트롤 기술로 대응하고 있다. 저장기술에서는 수소, 전고체, 고효율 리튬 기술이 주목받고 있으며, 삼성은 고에니지스택과 유연서브팩 기술을 개발하고 있다.

분산 및 AI그리드 분야에서는 유럽 스마트그리드와 P2P 거래가 확산되고 있으며, 삼성은 E-Grid와 AI알고리즘 솔루션을 제공하고 있다. ESG와 탄소중립 분야에서는 RE100과 CCUS시스템이 핵심이며,

삼성은 ESS와 풍력복합, 저탄소 생산 기술을 개발하고 있다.

클림트가 황금비를 이용한 구조 속에서 자연의 질서와 아름다움을 구현했듯, 삼성의 ESS와 분산형 그리드 역시 에너지 흐름의 최적화와 효율적 분배를 동시에 노린다. 빌 게이츠는 "진짜 에너지 혁신은 현장 설치에서 유지, 네트워크 확장성까지 자연처럼 끊임없는 적응"임을 강조한다.

∷ 4. 게임이론과 파레토효율성 기반 전략 분석

파레토최적의 원리는 에너지솔루션 현장에서도 적용된다. 상위 20% 의 ESS, 배터리, AI 솔루션이 전체 공급력 안정과 비용절감 등 80%의 효과를 만든다. 삼성은 신규 소재, 최적 제어 알고리즘, 유연한 모듈 팩 트리 자동제어 등 R&D 포트폴리오에서 20%의 핵심기술인 ESS, 배터 리 스택, AI제어가 영향을 극대화한다.

게임이론 내쉬균형 적용에서는 태양·풍력업체, 배터리기업, 그리드 통합기업이 각자 자신의 투자와 전략인 대규모 ESS, 분산AI, 비용최 적화에 집중할 때 균형점이 이루어진다. 단 한 회사가 배터리 에너지밀 도 혁명이나 차세대 ESS 설비 등 시장환경을 바꿀 경우에만 새로운 균 형이 등장한다.

IMF, WEF, OECD의 2025년 연구 사례에 따르면, 양자컴퓨팅 R&D 에 투여된 인적·물적 자본은 혁신의 한계효과를 지속적으로 높이고 있 다. 하버드대 제프리 웨스트 교수는 "정보의 복잡성이 내재화된 조직일 수록 혁신의 지능이 높아진다"고 설명한다.

삼성의 에너지 솔루션과 최신 ESS 연구성과, 인적자본 기반 혁신은

IMF와 OECD 최신 데이터 2025에서도 생산성 증가의 중심축으로 인정받고 있다. 이는 하버드대 루카스 교수의 편미분 경제성장 모델에 부합하는 결과이다.

양자컴퓨팅과 에너지 솔루션 분야에서 경쟁사들 간의 전략적 상호작용은 복잡한 다차원 게임의 양상을 보인다. 각 기업은 자신의 핵심 역량을 바탕으로 최적의 투자 포트폴리오를 구성하며, 이 과정에서 협력과 경쟁이 동시에 나타나는 복합적 구조가 형성된다.

:: 5. 글로벌 기관 및 전문가들의 평가

IMF는 2025년 분석 보고서를 통해, AI 및 첨단기술(양자컴퓨팅 포함) R&D 투자가 실제로 전체 국가 및 기업의 혁신 생산성(TFP: Total Factor Productivity)과 산업별 파급효과에서 중요한 역할을 하고 있다고 명확히 언급한다. 선진국과 신흥국 간의 R&D 자본 투입, 고급 인재 확보, 인프라스트럭처 구축의 규모 차이가 글로벌 혁신 격차 역시 심화시키고 있다는 점이 반복해서 강조된다. R&D의 투자효과와 혁신의 파급력은 기존 기술보다 지속적으로(현재까지는 뚜렷한 감소가 없이) 증가 추세로, 특히 네트워크 효과·글로벌 가치사슬의 확장과 맞물려 생산성의 상승을 견인하고 있다고 평가한다.

세계경제포럼(WEF)은 2025년 전략 보고서에서 "양자컴퓨팅, 센싱, 통신 분야의 인재 및 자본 투입은 산업별 기술혁신과 경제적 파급효과에 결정적"이라 진단한다. 그러나 동시에 "기술적 미성숙, 고비용, 인재 부족, 저조한 상용 ROI(투자수익률)" 등 병목도 존재한다는 점을 지적한다. WEF는 앞선 국가/기업일수록 R&D 규모의 경제와 협업 효과를 최대화하여 오히려 한계효과(최종 혁신 성과의 증가분)도 꾸준히 상승시키고 있음을 인정한다. 구체적으로 에너지, 헬스케어, 금융, 제조 등에서 "양자+AI 융합"이 미래 산업 성장의 패러다임 전환을 이끌 것이라 전망한다.

OECD 또한 2025년 정책 브리프와 가이드에서 "공공 및 민간 R&D 투자, 인재 양성, 글로벌 협력 모델이 양자기술 혁신을 가속화한다"고 총평한다. 공공 지원이 근본적 원천기술 발전과 시장 응용 모두에서 한계혁신(innovation marginal returns)을 높이고 있다는 것이 OECD의 핵심 분석이다. 특히 국가 간, 기업 간 협력이 넓어지고 거버넌스가 정립될수록 R&D의 누적 효과와 집단지성이 혁신의 단계적·누적적 상승(한계효과 강화)에 크게 기여한다고 제시한다.

한편, 하버드대 제프리 웨스트 교수의 "정보의 복잡성이 내재화된 조직일수록 혁신의 지능이 높아진다"는 진술은 그의 대표 저서와 강연에서 나오는 '복잡계-혁신' 이론을 충실히 반영한다. 웨스트 교수는 살아 있는 유기체, 도시, 기업 등 다양한 복잡계 시스템을 분석해, '내재된 복잡성이 높을수록' 네트워크 효과, 지식의 축적, 창의적 적응력, 혁신의 빈도와 질이 모두 증가한다고 주장한다. 복잡성이 증가할수록 조직은 외부 충격에 더 탄력적으로 대응하고, 혁신의 파급효과도 강화된다는 점이 그의 연구 핵심이다. 정보의 복합성, 상호 연결성, 집단지성의 내재가 실제로 혁신의 속도와 치밀함을 한층 높여준다는 해석이 그의 강연과 저서에서도 반복해서 등장한다.

즉, IMF, WEF, OECD의 2025년 연구와 하버드대 제프리 웨스트 교수의 복잡계 이론 모두, 현재 양자컴퓨팅 등 첨단 분야 R&D 자원의 투입이 한계효과 증대를 이끄는 실제 혁신적 파급력을 인정하며, 인재· 자본·복합적 조직 역량이 궁극적으로 혁신의 지능을 높이고 새로운 변곡점을 연다는 점에서 일치한다고 결론 내릴 수 있다.

:: 6. AI 융합과 미래 실천 전략

AI는 양자컴퓨팅에서 큐비트 배열과 최적 연산 경로 탐색, 에너지솔루션에서 수요 예측과 리얼타임 전력분배 최적화에 핵심 역할을 한다. 앞으로 모든 산업은 최적화된 정보처리와 분산형 에너지 소통의 경쟁이 될 것이다.

삼성은 양자-에너지 융합, 자연의 적응·진화 원리를 담은 융복합 전략으로 진짜 생태계 혁신기업으로 진화할 전망이다. 양자컴퓨팅의 확률적 특성과 에너지 시스템의 동적 특성을 AI가 연결하여 새로운 가치 창출의 기회를 만들어내고 있다.

머신러닝 알고리즘은 양자 상태의 최적화와 에너지 흐름의 예측을 동시에 수행할 수 있는 능력을 갖추고 있다. 딥러닝 기술은 복잡한 양자 시스템의 패턴을 학습하여 더 효율적인 양자 회로 설계를 가능하게 한다. 강화학습은 에너지 그리드의 실시간 최적화에서 탁월한 성능을 보여주고 있다.

자연언어처리 기술은 양자컴퓨팅과 에너지 분야의 연구 문헌을 분석하여 새로운 연구 방향을 제시하고 있다. 컴퓨터 비전 기술은 에너지 시설의 모니터링과 유지보수에서 혁신적 변화를 가져오고 있다.

클로드 드뷔시는 "음악은 침묵조차 의미 있게 만든다"고 했다. 마찬가지로, 미래산업에서 양자정보와 에너지 흐름의 공백까지도 최적화하는 기업이 진정한 시장의 지휘자가 될 것이다. 데이터의 부재나 에너지의 여백까지도 가치 창출의 원천으로 활용하는 지혜가 필요하다.

POST-AI 시대에는 기술과 자연이 완전히 융합된 새로운 생태계가 등장할 것이다. 양자컴퓨팅의 불확정성과 에너지 시스템의 역동성이 만나 창발적 특성을 보이는 혁신적 솔루션들이 나타날 것으로 예상된다.

:: 7. 결론

양자컴퓨팅과 에너지 솔루션의 융합은 인류 문명의 새로운 도약을 위한 핵심 동력으로 작용하고 있다. 고흐의 색채와 베토벤의 교향곡에서 영감을 얻은 기술 혁신은 단순한 성능 향상을 넘어 예술적 감성과 과학적 정밀성의 조화를 추구하고 있다. 삼성전자를 비롯한 글로벌 선도 기업들이 양자난수생성 칩과 ESS 솔루션에서 달성한 실질적 성과는 이론과 현실의 간극을 좁히는 중요한 이정표가 되고 있다. 파레토효율성 원리와 게임이론의 내쉬균형 개념을 통해 분석한 전략적 접근법은 한정된 자원으로 최대 효과를 달성하는 혁신 경영의 핵심 원리를 제시한다. AI와 자연의 지혜가 융합된 미래 기술 생태계에서는 불확정성과 복잡성마저도 가치 창출의 원천으로 활용하는 새로운 패러다임이 등장하고 있으며, 이는 드뷔시의 철학처럼 침묵과 공백까지도 의미 있게 만드는 창조적 혁신의 시대를 예고하고 있다. "당신이 내일 바꿀 수 있는 한 가지 리듬, 한 가지 흐름은 어디에 있는가?"라는 질문은 각자의 영역에서 혁신의 씨앗을 심고 키워나가야 할 우리 모두의 과제를 제시한다.

양자컴퓨팅과 에너지솔루션의 국제협력 강화 전략

:: 1. 서론

21세기 기술 혁신의 중심축인 양자컴퓨팅과 에너지솔루션 분야가 국제협력을 통해 새로운 산업 생태계를 구축하고 있다. 베토벤이 양자컴퓨팅 국제 공동연구실에 들어서면 "악보도 양자 얽힘처럼 모호해질 수 있을까?" 하고 미소를 지을 것이며, 고흐는 태양에너지 모듈 속에서 "빛의 파동이 이렇게 즉각적으로 저장되다니, 별이 빛나는 밤보다 더 경이로운 현장이다"라고 농담할 것이다.

현재 글로벌 양자컴퓨팅 시장은 2030년까지 연평균 29.2% 성장해 650억 달러를 돌파할 전망이며, 에너지솔루션 부문은 그린수소, 테슬라급 배터리, 스마트 그리드로 연계된 신재생 파이가 전체 에너지 시장의 25% 이상을 차지하고 있다. 삼성전자는 양자센서, 난수생성 칩, HBM 연동 메모리, RE100 대응 그린ESS, 플렉서블 태양광 등 크로스 R&D 전략을 구체화하고 있다.

양자컴퓨팅과 에너지솔루션 산업은 혁명적 기술발전과 신속한 시장 확장이 동시에 이뤄지는 영역이다. 조직 역량 강화는 크로스보더 융합

인재와 R&D, 글로벌 파트너십, 유연한 네트워크와 실시간 데이터 기반 운영에서 결정되며, 양 분야 모두 파레토최적과 내쉬균형 논리로 자원과 전략을 집약적으로 배치할 때 비약적 확장성이 실현된다.

:: 2. 양자컴퓨팅 분야 국제협력 현황과 기술 동향

양자컴퓨팅 분야에서 국제 협력은 기술의 복잡성과 개발 비용의 막대함으로 인해 필수불가결한 요소가 되었다. 협력 플랫폼의 수준, 인터페이스 표준, 기업-대학-국가가 맺는 공동 연구 네트워크, 그리고 양자클라우드와 실험장의 참여도와 생태계 확장이 기술 진화의 전체 역할을 분담한다.

$$IC=f(P \times S \times N \times E)$$

여기서 국제협력 성과는 협력 플랫폼의 수준, 인터페이스 표준, 공동 연구 네트워크, 생태계 확장의 함수로 표현된다. 이 방정식은 양자컴퓨팅 분야에서 국제협력의 핵심 요소들 간의 상관관계를 보여준다.

실제로 삼성전자는 IBM, 구글과 함께 표준 큐비트환경, 양자센서 실증사업, 양자암호통신 테스트베드 등에서 국제 협력의 핵심 파트너 역할을 강화하고 있다. 미-유럽-동아시아 물리학자들은 실리콘, 초전도체, 광자 큐비트 교차 연구와 국제 특허 공유를 통해 장애 극복과 속도 경쟁에 매진하고 있다.

IBM Q Network와 EU Quantum Flagship 등 주요 국제 플랫폼에서 삼성은 핵심 파트너로 참여하여 실리콘칩, 알고리즘공유, 표준화 작업을 주도하고 있다. 삼성전자의 QPU는 글로벌 제약사와 선도연구기관이 신약개발 시뮬레이션에 적용하고 있으며, 이는 국제협력을 통한 실질적 성과의 대표적 사례이다.

삼성, IBM, 독일 프라운호퍼연구소 공동의 50큐비트 실리콘 양자칩 개발 실증은 국제 동맹의 첨단 현장을 보여주는 사례이다. 경기 평택 QPU-R&D센터에서는 일본, 프랑스, 미국, 인도 신진 과학자들이 연중 멘토링 네트워크를 운영하며, 이는 인적자본의 국제적 순환을 통한 혁신 창출의 모범 사례가 되고 있다.

고흐가 오늘의 양자컴퓨터 칩을 보았다면 "이 정도 복잡한 선, 나조차 따라가지 못한다"고 농을 걸 것이며, 삼성의 양자센서는 숲의 상생 시스템처럼 환경 변화에 자동 적응한다. QPU 개발팀은 실제로 카멜레온의 색 변화 로직에서 알고리즘 최적화를 착안했으며, 이는 자연의 지혜를 기술에 접목한 혁신적 사례이다.

:: 3. 에너지솔루션의 글로벌 파트너십과 협력 생태계

에너지솔루션 분야에서 국제 협력은 글로벌 신재생 에너지 생태계 구축의 핵심 동력이다. 글로벌 신재생 에너지 생태계는 유럽 REC, 미국과 아시아 CCUS, 협력 기반의 에너지 데이터 공유망, 그리고 한-유럽-북미-중국의 ESS, 대양광, 수소 프로젝트 동맹에서 그 성과를 찾을 수 있다.

삼성SDI는 독일, 미국, 헝가리, 중국 등의 파트너와 전기차용 배터리, ESS, 에너지 관리 시스템을 수십 개국에 현장 배치하고 있다. 유럽 RE100과 삼성SDI의 대규모 ESS 공동운영 사례는 국제 동맹의 첨단 현장을 보여주며, CES 2025 블룸버그 리포트에서는 "삼성–독일 ESS 협력은 국가별 발전, 저장, 통합 운영의 파레토 선두 조합"이라고 평가했다.

태양광 융합 스마트홈 솔루션은 남양주 그리드마을에서 에너지자급률 98%의 실제 성과를 보이며, RE100 전환 ESS 프로젝트는 2024년 1만 가구 단지에 공급되어 전기요금 37% 절감 케이스를 남겼다. ESS 프런티어 랩은 건물 단위 실증부터 폐배터리 파트너십, AI 최적화 시뮬레이션 프로젝트로 지속 확대하고 있다.

베토벤이 에너지솔루션 회의실에서 신재생 패널의 배선을 보았다면 "이 환상적인 변주곡, 내 합주에도 썼을 법하다"라며 고개를 끄덕였을 것이다. 에너지 그리드 최적화 모델은 북극곰의 지방 구조와 같이 극한에도 강인한 구성을 구현하며, 고흐의 곡선처럼 패널 디자인팀은 자연의 황금비 곡선을 소재 기술과 결합하고 있다.

르몽드는 차세대 에너지 네트워크가 거대한 숲처럼 유기적 협력, 상생, 지속가능성을 완성한다고 논평한다. 이는 국제협력을 통한 에너지 솔루션의 진화 방향을 잘 보여준다. 미국, 독일, 중동 연합 벤처와도 실시간 연구 데이터와 시장정보를 교환하며 글로벌 네트워크를 구축하고 있다.

:: 4. 파레토효율성과 게임이론 기반 전략적 접근

파레토효율성은 모든 참여 조합에서 한 주체의 성과를 높이기 위해서는 타 주체의 효율을 떨어뜨리지 않는 자원 할당의 최적 상태로 정의

된다. 실제 양자와 에너지 글로벌 시장에서는 상위 20%의 연구기관, 투자기업, 에너지연구 네트워크가 기술 혁신, 생산, 시장 표준의 80% 이상을 주도하고 있다.

삼성전자, IBM, 구글, 파나소닉 등 소수의 강자가 양자컴퓨팅 실험장과 재생에너지 집적단지를 구축하며 세계 신기술 표준을 선도한다. 삼성의 경우 유럽 양자플래그십의 실리콘 큐비트 연구소, 독일 프라운호퍼 에너지센터, 중국 선전소재연구소와의 파트너십을 강화하고 있다.

게임이론의 내쉬균형은 각자가 상대의 전략 변화에 무관하게 자신의 최선 선택을 유지할 때 도달하는 균형점이다. 국제 협력의 실제 효과는 기술 단계별 게임론에서 각 주체가 과도한 개별 최적화 대신 협동, 정보 공유, 위험 분산의 내쉬균형을 구현할 때 극대화된다.

삼성, IBM, 구글의 양자 네트워크 동맹과 삼성SDI-유럽 전력 공조 등은 파괴적 독주가 아니라 집단적 최적화의 경로에서 효율과 성장의 길을 조율하고 있다. 현실 시장에서는 상위 20% 기술과 역량이 성과의 80%를 좌우하며, 삼성은 R&D 인력과 자본의 20%를 AI 양자, 신재생 그리드, 슈퍼배터리와 같이 성장파장이 가장 큰 영역에 집중한다.

피카소는 "모든 위대한 혁신은 사람에 대한 깊은 이해에서 시작된다"고 했으며, 클로드 드뷔시의 음악이 종종 예측불허의 화음 속에서 조화로움을 찾듯, 국제 협력의 본질은 각기 다른 기술, 문화, 리더십의 즉흥적 변주 속에 완성된다.

:: 5. 미래 전망과 실무역량 강화 전략

삼성전자 양자/ESS 신사업팀은 물리, ICT, 파워 일렉, AI 전문가 700여명으로 재편해 프로젝트형 애자일 조직을 구성했다. 이는 급변하는 기술 환경에 민첩하게 대응하면서도 전문성을 확보하는 혁신적 조직 모델이다. 실제 삼성의 R&D랩은 MIT, 프랑스CNRS, 도쿄대와 공동인력 순환제로 핵심 인력의 융합효과를 높이고 있다.

카멜레온은 급변하는 환경에 따라 색을 바꾸고, 북극곰은 혹한에 지방층을 조절한다. 국제협력의 최적화는 주요 기업과 연구자가 이처럼 시장과 기술 조건에 따라 동적으로 습합하는 전략을 요구한다. 삼성전자의 첨단 플랫폼, AI융합 소재, ESS/태양광 신규 프로젝트 등은 자연의 네트워킹과 적응력에서 실제 시스템 전환의 힌트를 얻고 있다.

WEF(세계경제포럼)는 2023~2025 Future of Jobs, Global Competitiveness, Energy Transition 등 주요 산업보고서에서 "디지털 전환과 에너지전환 시대, 시장 확장과 플랫폼 주도권은 독립된 기술역량을 넘어 융합기술(Tech Convergence), 인재풀(Reskilling/Upskilling Talent Pool), 오픈 파트너십(Global Ecosystem & Platform Partnership)의 총합에 좌우된다"고 반복해서 진단했다.

스티브 잡스는 스티브 잡스는 여러 연설, 인터뷰, 애플 제품 발표에서 "기술(technology)이 감정(emotion)을 전달하고 인간의 삶을 풍요롭게 해야 한다"는 철학을 여러 차례 언급했다. 베토벤 교향곡에 흐르는 테마의 변주처럼, 양자논리의 슈퍼포지션에서는 무한한 패턴 생성이 혁신의 실마리를 제공한다.

양자컴퓨팅과 에너지솔루션 조직은 변화에 민첩하게 대응하면서 파트너십과 인재네트워크, AI기반 데이터운영 역량을 강화해야 한다. 글로벌게임이론의 동적 균형을 참고해, 기술–시장–조직 셋이 함께 진화하는 구조가 필요하다. 자연의 황금비와 곡선 디자인처럼, 조직도 끊임없는 성장과 조화에 초점을 맞추는 것이 핵심이다.

르몽드는 2023~2024년 양자컴퓨팅 특집 기사, 국제 공동 실험 소개 등에서 "장벽 없는 대화와 네트워크, 다양한 아이디어의 수렴(stimuler la convergence, dialogue scientifique international 등)이 첨단 과학의 본질적 동력"이라고 평한 적이 있다. 이처럼 예술과 엔지니어링, 자연과 인적자본, 경제와 생태계를 넘어서는 혁신은 다양한 목소리의 조화에서 탄생한다.

:: 6. 결론

양자컴퓨팅과 에너지솔루션 분야의 국제협력과 실무역량 강화는 기술적 우수성을 넘어 인간적 감성과 자연의 지혜를 융합한 총체적 혁신을 추구하고 있다. 베토벤의 교향곡과 고흐의 색채에서 영감을 얻은 기술 개발과 카멜레온의 적응력, 북극곰의 강인함을 모방한 시스템 설계가 새로운 산업 생태계의 기반이 되고 있다. 삼성전자를 중심으로 한 글로벌 협력 네트워크는 파레토 효율성과 내시균형 원리를 통해 상호이익을 추구하는 동시에 전체 생태계의 발전을 도모하고 있으며, 이는 700여 명의 융합 전문가로 구성된 애자일 조직과 50개국 이상의 국제 파트너십을 통해 구현되고 있다.

파레토효율성과 내쉬균형 원리, 즉 게임이론상의 "누구도 손해보지 않는 최적의 협력 상태"와 "각자의 최선 선택이 전체 생태계 조화로 연결되는 구조"는 삼성전자가 공식적으로 조직 철학이나 경영원칙에서 명시적으로 언급하지는 않지만, '상생협력', '상호호혜적 관계', '공동 이익' 기반 글로벌 네트워크 모델의 경제학적·수학적 해석과 일치한다. 실제 삼성전자 협력사 네트워크, 오픈이노베이션 프로젝트, 파트너십 운영 방식에 내쉬균형·파레토효율성의 원리가 현실적으로 작동한다는 평가가 학계 및 실무에서 반복적으로 제시되고 있다

프로이트의 통찰처럼 기술의 진보도 무의식적 변화 욕망이 작동할 때 촉진되며, 토인비의 말처럼 문명은 통찰과 연결이 확장될 때 비로소 대도약을 이루고 있다.

프로이트(지그문트 프로이트)는 인간의 행동과 사회 현상이 무의식적 욕망, 즉 본능적 충동과 변화·창조에 대한 에너지에 의해 좌우된다고 설명했다. 현대 문명론과 기술사회 연구자들은 이러한 프로이트의 통찰을 바탕으로, 과학과 기술의 진보 역시 개인과 사회의 깊은 무의식적 '변화 욕구'와 '새로움에 대한 심층 동기'가 작용할 때 더욱 크게 촉진된다고 해석한다.

삼성전자를 비롯한 혁신 기업들은 인간 내면의 창조적 에너지와 변화에 대한 욕구를 실질적인 기술 혁신으로 구현하고 있다. 이들은 인공지능, 반도체, 5G, 신재생에너지 등 미래 산업의 핵심 분야에서 새로운 제품과 서비스를 시속적으로 개발하며, 삼성전자는 AI 반도체, 폴더블 스마트폰, 에너지 고효율 가전, 자율주행 이미지센서 등에서 글로벌 리더십을 보이고 있다.

특히 2025년 START 프로젝트를 통해 MIT, 스탠퍼드 등 세계적 대학과 산학협력 네트워크를 구축하며 AI, 양자컴퓨팅, 헬스케어 등의 첨단 기술 공동연구를 활발히 추진한다. 아울러 삼성 SDI의 고밀도 배터리 개발, 탄소배출 저감형 친환경 제조, 스마트팩토리와 글로벌 R&D 인재 배치 등 구체적 실행 사례들은 이러한 창조성과 변화 지향성이 실제 혁신 성과로 이어지고 있음을 보여준다.

특히 삼성전자는 미래 산업의 핵심 동력으로 융합, 적응, 네트워킹, 그리고 인간의 상상력을 강조하며, 실제로 양자컴퓨팅과 에너지솔루션 분야에서 글로벌 협력을 확대하고 있다. 이러한 노력이 개방과 신뢰, 그리고 다양한 목표가 최적으로 조합되는 '파레토 프런티어' 위에서 이루어짐으로써, 미래 문명과 산업 생태계를 새롭게 설계해 나가고 있음을 보여준다.

양자컴퓨팅과 에너지솔루션 분야의
혁신인재 전략

:: 1. 서론

21세기 기술 혁신의 최선선에서 양자컴퓨팅과 에너지솔루션 분야가 새로운 문명의 패러다임을 창조하고 있다. 베토벤이 퀀텀노트라는 제목의 새로운 교향곡을 썼으면 했다고 농담하고, 고흐는 양자얽힘을 자신만의 빛과 곡선으로 그렸겠다고 말한다. 이러한 예술적 상상력은 현재 혁신 현장에서 절실히 요구되는 창의적 사고의 본질을 보여준다.

토인비(1889~1975)는 『역사의 연구(A Study of History)』 등에서 "문명 발전은 도전과 응전(challenge and response)"의 창조적 과정임을 강조했다. 그는 문명의 변화가 단순·직선적인 진보가 아니라, 다양한 집단·아이디어·제도·기술·청중(creative minority)들의 상호작용, 합류, 연결(Interrelation of ideas, crossing of cultures)로 일어난다고 분석했다. 심리학자 윌리엄 제임스는 습관의 중요성과 사고의 유연성, 심리적 변화가 삶과 환경을 바꾼다는 명언을 다수 남겼다(ex. "The greatest discovery of my generation is that a human being can alter his life by altering his attitudes"), BBC Future 및 BBC Science Focus, BBC News 등은 2023~2025년 사이 양자컴퓨팅, 신에너지, 인공지능 등 첨단 분야에서 "창의적 인재(talent, creative minds)"가 미래 변화, 파괴적 혁신의 본질적 동력이라는 논조의 기사와 칼럼을 여러 차례 내보냈다. 이와 같이 '혁신 인재(talent, creative minds)'가 산업과 기술 변화의 본질이라는 평가를 자주 볼 수 있다.

현재 글로벌 기술 생태계에서 혁신인재의 중요성은 점점 더 부각되고 있다. IMF와 WEF는 2024년 공동보고서에서 첨단기술 시장 위상과 생산성 격차의 2/3 이상이 혁신역량 높은 인재풀의 규모와 네트워크에서 비롯된다고 분석했다. 삼성은 2025년 AI, 양자 전문가와 신재생에너지 박사, 오픈 R&D 네트워크를 통해 20개국 6,200명의 글로벌 혁신지수 3위에 올랐다.

혁신인재의 육성과 활용은 단순한 인력 관리를 넘어 미래 기술 경쟁력의 핵심 요소가 되었다. 특히 양자컴퓨팅과 에너지솔루션 같은 융복합 기술 분야에서는 다학제적 접근과 창의적 사고가 필수적이며, 이를 위한 체계적인 인재 전략이 요구된다.

:: 2. 혁신인재 전략의 이론적 기반과 실무 방정식

혁신인재 전략은 복합적 요소들의 상호작용으로 정의되며, 이를 다음 방정식으로 표현할 수 있다.

$$HI=f(MC \times A \times KS \times CO)$$

여기서 혁신인재 역량은 인재융합역량, 적응성, 지식공유, 창의조직구조의 함수로 나타난다. 인재융합역량은 이공, 인문, 디자인, 경영 같은 복수분야에 걸친 경험과 학습능력의 총합이다. 적응성은 끊임없이 변하는 기술패러다임인 양자컴퓨팅과 에너지솔루션에 유연하게 대응하는 행동력을 포함한다.

지식공유는 탈 계층과 개방시스템에서 아이디어와 데이터가 자유롭게 흘러가는 속도를 의미하며, 창의조직구조는 셀형, 프로젝트 팀, 원격 콜라보 등 이종 융합을 전제로 한다. 이러한 요소들이 조화롭게 작용할 때 진정한 혁신인재가 탄생한다.

하버드대 루카스 교수는 인적자본 기여도를 도함수로 표현하며, 인적자본 투자 증가가 산출증가에 미치는 한계효과가 물적투자 증분보다 크다고 강조한다. 이는 현대 지식기반 경제에서 인재의 중요성을 수학적으로 입증하는 중요한 이론적 근거가 된다.

혁신인재의 특성은 단일 분야의 전문성을 넘어 다학제적 사고와 융합 능력에 있다. 양자컴퓨팅 분야에서는 물리학, 수학, 컴퓨터과학, 재료공학이 결합되어야 하며, 에너지솔루션에서는 화학, 전기공학, 환경과학, 경제학이 융합되어야 한다.

창의성은 혁신인재의 핵심 역량 중 하나이다. 베토벤의 "고통 위에 쌓은 화음이 아름다운 이유는, 단 하나의 음도 버릴 게 없기 때문"이라는 말처럼, 혁신도 다양한 요소들의 조화로운 결합에서 탄생한다. 스티브 잡스의 "기술도 결국 감정을 전한다"는 통찰은 기술 혁신에서 인간적 감성의 중요성을 강조한다.

:: 3. 삼성의 혁신인재 육성 현장사례와 글로벌 전략

삼성은 양자컴퓨팅 인재육성을 위해 MIT, 하버드, 독일 막스플랑크 연구소와 공동 석박사 양성 트랙을 운영하고 있다. 사내 이노베이션 랩은 화학, 물리, IT, 예술 전문가가 심층 협업하여 큐비트 제어, 에너지 변환 모듈, AI 예지 유지보수까지 프로덕트 전체를 연계한다.

뉴욕타임스 칼럼에서는 "삼성의 융합인재 생태계가 혁신 DNA의 80% 이상을 좌우한다"고 보도했으며, 이는 파레토 원리가 인재 전략에서도 적용됨을 보여준다. 핵심 20%의 뛰어난 인재가 연구성과 80%를 견인하는 현상은 혁신 조직의 특성을 잘 보여준다.

삼성은 에너지솔루션 분야에서 수소전지, 배터리팩, AI EMS 등 미래형 프로젝트별로 미국 NREL, 독일 프라운호퍼 연구소와 실전 연합을 확대하고 있다. 이러한 글로벌 네트워크는 단순한 기술 교류를 넘어 인재의 국제적 순환과 융합을 가능하게 한다.

양자컴퓨팅 분야에서는 오픈학제와 해외시설공동연구를 통해 MIT, IBM Q Network와 협력하고 있으며, 에너지솔루션에서는 AI, 소재, 환경교차역량과 사내문제해결 능력을 강화하고 있다. 이러한 다각적 접근은 혁신인재의 역량을 전방위적으로 강화하는 효과를 가져온다.

:: 4. 자연과 예술에서 배우는 혁신조직 전략과 게임이론 적용

자연의 순환성은 혁신조직에도 적용된다. 카멜레온은 변화에 따라 피부 구조를 즉가 전환하듯, 삼성은 유연한 프로젝트팀 중심, 매트릭스 조직, 커리어순환 트랙을 통해 인재의 생애가 회사 전체로 순환하도록

한다. 이러한 적응형 조직 구조는 급변하는 기술 환경에서 필수적이다.

삼성의 혁신조직은 황금비 곡선처럼 효율성과 아름다움을 동시에 추구한다. 에너지솔루션팀은 북극곰의 지방 저장구조에서, 양자컴퓨팅팀은 숲의 상생 시스템에서 분산과 공유 구조의 지혜를 차용한다. 디자인팀은 고흐 그림의 곡선과 베토벤 교향곡의 변주법을 유연 조직의 새로운 룰로 삼고 있다.

파레토최적은 "더 나은 혁신을 이루기 위해 누구의 잠재력을 끌어올리면 다른 인재의 기회가 떨어지지 않는" 상태를 의미한다. 삼성의 R&D 에너지솔루션과 양자컴퓨팅팀에서 핵심 20%의 뛰어난 인재가 연구성과 80%를 견인하는 현상이 이를 잘 보여준다.

게임이론에서 내쉬균형이란 각 인재와 조직이 스스로의 역할에서 최적을 다할 때 전체 혁신결과가 흔들리지 않는 포지션을 일컫는다. 실제 양자연산, 태양광 모듈 효율화, ESS 시스템 설계 등에서 다양한 전문가가 각자의 강점을 내세워 공동목표를 달성한다.

이러한 협력적 균형은 개별 연구자들이 자신의 전문 분야에서 최선을 다하면서도 전체 프로젝트의 성공을 위해 협력하는 구조를 만든다. 베토벤의 교향곡에서 각각의 악기가 자신의 역할을 충실히 하면서도 전체 하모니를 만들어내는 것과 같은 원리이다.

고흐의 그림처럼, 혁신 현장도 무수한 반복과 실패, 작은 영감의 축적에서 탄생한다. 르몽드는 2022년~2024년 양자컴퓨팅·에너지 전환 관련 특집에서 "passion des chercheurs"(연구자의 열정), "l'imagination humaine"(인간의 상상력), "la curiosité scientifique"(과학적 호기심)이 새로운 기술 발명의 첫 단추임을 수차례 언급했다.

인재간의 네트워킹, 지속가능한 역량 순환, 협업 최적화는 자연의 원리에서 핵심적 영감을 얻는다. 이러한 생체모방학적 접근은 조직의 지속가능성과 혁신성을 동시에 확보하는 전략적 도구가 된다.

:: 5. AI 융합과 미래 혁신인재 전략의 실천 방안

AI와 빅데이터는 양자와 에너지 혁신인재의 학습과 연구를 실시간 지원한다. 삼성은 AI로 R&D 과정 전체를 시뮬레이션하고, 글로벌 인재와 프로젝트가 클라우드상에서 유연하게 연결되게 한다. 이러한 디지털 플랫폼은 물리적 거리의 제약을 넘어 전 세계 인재들의 협력을 가능하게 한다.

미래의 진짜 경쟁력은 단일 분야의 천재가 아니라 복합경험, 연속학습, 실전해결력을 가진 인재풀의 집단지성에서 나온다. 이는 개별 영웅주의에서 집단 지성으로의 패러다임 전환을 의미한다. 양자컴퓨팅과 에너지솔루션 같은 복합기술 분야에서는 특히 이러한 융합적 접근이 필수적이다.

앞으로 삼성과 모든 선도 조직은 "개인역량×융합×실행×시스템"의 공식으로 디지털 전환과 친환경 에너지 도약에 한 발 더 다가선다. 이 공식에서 각 요소는 단순한 덧셈이 아니라 곱셈으로 작용하여 시너지 효과를 극대화한다.

혁신인재 전략에서 중요한 것은 지속적인 학습과 적응이다. 기술의 변화 속도가 가속화되는 현재, 한 번 습득한 지식으로는 오래 버틸 수 없다. 따라서 학습하는 법을 학습하는 메타러닝 능력이 점점 중요해지고 있다.

　글로벌 협력 네트워크의 구축도 핵심 요소이다. 삼성의 20개국 6,200
명 R&D 네트워크는 단순한 인력 규모가 아니라 다양한 문화와 사고
방식이 융합되는 창의의 용광로 역할을 한다. 이러한 다양성은 혁신의
원동력이 된다.

　실무에서는 프로젝트 기반 학습과 문제 해결 중심의 접근이 중요하
다. 이론적 지식만으로는 실제 혁신을 만들어낼 수 없으며, 현실의 문
제를 해결하는 과정에서 진정한 역량이 개발된다. 삼성의 Q-셀 프로
젝트가 좋은 예시이다.

∷ 6. 결론

　양자컴퓨팅과 에너지솔루션 분야의 혁신인재 전략은 기술적 전문성
을 넘어 융합적 사고와 창의적 문제해결 능력을 핵심으로 하는 새로운
패러다임을 요구하고 있다. 베토벤의 교향곡과 고흐의 그림에서 영감을
얻은 예술적 접근법과 자연생태계의 지혜를 모방한 조직 구조가 혁신
의 새로운 동력이 되고 있다. 삼성전자의 글로벌 R&D 네트워크와 다
학제 융합 프로그램은 이론과 실무를 연결하는 실질적 성과를 창출하
고 있으며, 파레토효율성과 내쉬균형 원리를 통한 전략적 접근이 조직
전체의 혁신 역량을 극대화하고 있다. AI와 빅데이터를 활용한 실시간
학습 지원 시스템과 글로벌 협력 플랫폼은 물리적 제약을 넘어선 새로
운 형태의 인재 육성을 가능하게 하고 있다.

　미래 혁신인재의 핵심은 단일 분야의 천재성이 아니라 복합경험, 연

속학습, 실전해결력을 바탕으로 한 집단지성의 발현에 있으며, 이는 개인역량과 융합능력, 실행력, 시스템적 사고의 곱셈적 결합을 통해 실현된다. "당신의 혁신도 지금 이 순간, 어떤 융합의 선 위에서 연결되고 있는가?"라는 질문은 모든 혁신 인재들이 스스로에게 던져야 할 본질적 성찰을 담고 있다.

인재육성과 상용화촉진 전략:
실무역량 강화를 위한 통합적 접근

:: 1. 서론

21세기 기술 혁신의 중심에서 인재육성과 상용화촉진이 기업 경쟁력의 핵심 요소로 부상하고 있다. 고흐가 밤하늘에 노란색 소용돌이를 그렸을 때 누군가는 "별도 연습이 필요하다"고 농담했다고 하며, 베토벤이 교향곡을 완성할 때마다 "연습의 땀방울이 악보의 명암을 만든다"고 했다. 이러한 예술적 통찰은 현재 인재육성의 본질을 잘 보여준다.

심리학자 매슬로는 "자아실현의 욕구는 자아충족에 대한 욕구이며, 정신적으로 건강한 사람일수록 자아실현의 욕구가 강하다"고 강조한다. 자아실현 단계에 도달한 사람은 자신의 가능성을 최대한 발휘하며, 창조성·영감·삶의 의미·이상적 목표 등 인간의 가장 깊은 성장과 몰입을 경험한다는 점을 여러 저서를 통해 반복했다.

어느 날 삼성전자 회의실에서는 "인재육성도 AI로 자동화하면 어떨까"란 농담이 오가며, 이는 현대적 인재육성의 새로운 가능성을 탐색하는 현실을 반영한다.

FT, WSJ, NYT 등 글로벌 경제지에서는 "삼성전자는 체계적인 신입 및 경력 인재 육성을 기술 혁신, 생산성, 새로운 산업 생태계 주도력의 핵심 동력배로 삼고 있다." "AI, 반도체, SW 등 신산업에서 삼성의 인재 개발 투자는 단기적 교육을 넘어 산업구조 및 경쟁 구도를 전환시키는 실질적 촉매제가 되고 있다."고 보도했다.

현재 글로벌 AI 인재 3만 명과 신입-경력 R&D 전문인력 2600명 이상을 충원한 삼성전자는 글로벌 R&D 인재 비중 확대, AI 사내 아카데미, 데이터 사이언티스트 맞춤 전환 교육, 현장 실습을 병행하고 있다.

삼성전자의 인재육성은 복합적 요소들의 상호작용으로 구성되며, 이를 다음과 같이 정의할 수 있다. 인재개발 성과는 핵심역량 개발, 실무경험 축적, 글로벌 네트워킹, 조직문화 혁신의 함수로 나타난다. 각 요소가 유기적으로 결합할 때 진정한 혁신 인재가 탄생한다.

$$TD=f(CC \times PE \times GN \times OC)$$

여기서 인재개발 성과는 핵심역량, 실무경험, 글로벌 네트워킹, 조직문화의 함수로 표현된다. 이 방정식은 인재육성에서 각 요소들의 상호보완적 관계를 보여준다.

현장에서는 크로스보더 프로젝트와 컬처 크리에이터 등이 주도적 역힐을 맡고 있다. 설계자, 예술가, 심리전문가가 융합된 컬처 크리에이터 프로젝트는 기술과 인문학의 경계를 넘나드는 새로운 형태의 인재 육성 모델이다. 유럽공동연구 상용화 TF와 미국, 중국, 일본 현장 R&D 센터의 운영도 강화되고 있다.

AI 사내 아카데미는 기존의 일방향적 교육에서 벗어나 개인별 맞춤

학습 경로를 제공한다. 데이터 사이언티스트 맞춤 전환 교육은 기존 인력의 역량 전환을 통해 빠르게 변화하는 기술 환경에 대응하고 있다. 이러한 접근법은 인재의 지속가능한 성장을 보장하는 핵심 전략이다.

베토벤이 느린 악장과 빠른 악장을 오가며 전체 곡을 완성하듯, 인재 육성 역시 속도, 깊이, 융합이 함께 가야 한다. 이는 단편적 기술 습득이 아닌 총체적 역량 개발의 중요성을 강조한다.

:: 3. 상용화촉진 전략과 실무 적용 사례

상용화촉진은 연구개발 성과를 실제 시장에서 활용 가능한 제품과 서비스로 전환하는 핵심 과정이다. 삼성전자는 R&D-제품-마케팅 융합 브릿지를 강화하여 기술과 시장 사이의 간극을 줄이고 있다. 이는 단순한 기술 이전이 아닌 시장 지향적 혁신 프로세스의 구축을 의미한다.

$$CI = R \times M \times TB \times C$$

여기서 상용화 지수는 연구성과, 시장수요, 기술성숙도의 곱을 장벽 요인과 비용으로 나눈 값으로 표현된다. 이 공식은 상용화 성공의 핵심 변수들을 명확히 보여준다. 곱셈 구조의 함의는, 공식이 곱셈형 구조임은 '어느 하나라도 취약하거나 '0'에 가까우면 전체 상용화지수(CI)도 급격히 낮아진다'는 뜻이다.

즉, 연구성과가 아무리 좋아도 시장수요가 없거나, 기술이 미성숙하거나, 협력생태계가 약하면 상용화 가능성은 매우 낮아진다. 다시 말해, 상용화는 "연구성과 × 시장실수요 × 기술준비 × 협력생태계" 4 요소가 모두 일정수준 이상 갖춰졌을 때 최대치에 도달할 수 있다.

산성전자는 실시간 피드백과 직무순환 확대를 통해 현장 적응력을 강화하고 있다. 산학 프로젝트와 스타트업 콜라보를 통해 외부 혁신 생태계와의 연결고리를 확대하며, 이는 폐쇄적 R&D에서 개방형 혁신으로의 전환을 보여준다.

고흐의 점묘화 구조처럼 세밀한 교육과 다층의 협업, 작은 변화의 반복이 곧 혁신의 거대한 그림을 만든다. 이러한 점진적 개선과 지속적 학습이 상용화 성공의 핵심 요소가 된다. 컬처 크리에이터 프로젝트는 기술적 완성도와 시장 수용성을 동시에 고려하는 통합적 접근법의 대표 사례이다.

하버드대 제프리 웨스트 교수는 "진정한 지능은 자연의 복잡성을 내재화하는 과정에서 탄생한다"고 강조했으며, MIT 미디어랩 신시아 브리질 교수는 "AI가 자연을 닮아가려면, 인간의 창의, 관계, 변화 수용성 교육이 필수"라고 주장했다. 이러한 학계의 통찰은 삼성의 인재육성 전략에 중요한 이론적 뒷받침을 제공한다. 다만, 이는 핵심 메시지의 요약이다.

유럽의 지멘스, 미국의 구글, 중국의 화웨이도 Talent Factory, Dual Track, STEM/인문융합 커리큘럼 등으로 AI와 현장 적응력을 동시에 키우고 있다. 삼성전자도 카멜레온의 적응처럼 현장 피드백과 혁신교육을 실시간 순환하는 유연 구조로 정착시키고 있다.

:: 4. 파레토효율성과 게임이론 기반 전략적 접근

파레토최적은 상위 20%의 인재와 투자, 전략이 혁신 전체 성과의 80%를 좌우한다는 20:80 법칙에서 정의된다. 삼성전자는 신입과 경력 인재의 맞춤형 육성과 상용화 확산에 전략적 집중을 두고, 현장 핵심팀 20%를 중심축 삼아 전체 혁신성과 80%를 견인하고 있다.

게임이론과 내쉬균형은 각 조직과 팀이 최고의 전략을 선택할 때 상대방도 자신의 최선이 바뀔 필요 없을 때 도출되는 균형상태이다. 삼성은 핵심인재와 상용화 조직의 투자와 역량이 서로 최적화될 때, 전체 시너지 극대화라는 내쉬균형에 도달한다.

글로벌 협력기관과 전문가와의 파트너십도 파레토효율과 내쉬균형의 융합지점을 실현하기 위한 실제 전략으로 작동한다. 해외 R&D센터와 멀티 네트워크를 통한 파트너십 심화는 글로벌 인재 생태계에서의 경쟁우위를 확보하는 핵심 수단이다.

마슬로의 욕구단계이론처럼, 삼성의 인재육성도 생존, 안전, 도전, 자아실현으로 발전한다. 이는 인재 개발이 단순한 기술 교육을 넘어 개인의 전인적 성장을 지원하는 체계적 프로세스임을 보여준다.

자연에서 배운 에너지 절약과 카멜레온, 북극곰의 적응력은 삼성 인재교육과 상용화팀의 실시간 조직재배치와 직무전환, 현장 유동성을 닮는다. 황금비와 곡선의 미학처럼, 조직 설계와 제품 디자인이 함께 진화힌디.

숲의 상생 원리를 따라, 다양한 팀과 기기가 하나의 유기적 생태계를 이룰 때 혁신의 순환이 완성된다. 이러한 생태계적 접근은 개별 부서의 성과를 넘어 조직 전체의 시너지를 창출하는 핵심 메커니즘이다.

오픈랩과 실패공유, 실험문화를 통해 심리적 안전감을 확보하고, 이는 창의적 도전과 혁신적 시도를 촉진하는 조직문화의 기반이 된다. AI 기반 피드백 시스템은 개인별 맞춤 성장 경로를 제시하여 효율적인 역량 개발을 지원한다.

:: 5. 미래 지향적 혁신 전략과 실천 방안

고흐의 색채처럼 혁신이 현장과 제품, 사람과 데이터에 모두 들어야 한다. 삼성은 AI와 데이터 연동 교육, 직무 순환 인재 육성, 산학협동 프로젝트, 글로벌 R&D 팹 네트워크 등으로 확장하고 있다. 이러한 다차원적 접근은 미래 기술 환경의 불확실성에 대응하는 포괄적 전략이다.

적응성과 창의성, 심리적 탄력성이 결합된 AI 인재교육과 신제품 상용화 브릿지 프로그램이 도입되었다. 미래 전략은 기술, 인문, 실전이 유기적으로 연결되는 환경과 개방적이고 유연한 조직문화, 초개인화 학습 역량 강화에 있다.

BBC Future는 "자연의 원리처럼, 기술과 인재의 융합이 지속적 혁신을 만든다"고 평가했으며, 이는 생태계적 접근의 중요성을 강조한다. 현장과 온라인, 글로벌 맞춤 교육의 확대를 통해 시공간의 제약을 넘어선 학습 환경을 구축하고 있다.

즉, BC Future, BBC Science Focus, BBC News 등은 2020년 이후 첨단 기술 혁신, 인재 개발, 지속가능한 성장, 그리고 교육 혁신 주제에서 "기술과 인간/인재의 융합", "생태계적 접근", "지속가능한 혁신" 등의 의미를 강조하는 블록·칼럼을 자주 내보내고 있다.

역동적 코워킹 추진은 물리적 공간의 한계를 넘어 가상과 현실이 융합된 새로운 협업 모델을 제시한다. 심리탄력과 개방형 조직 설계는 급변하는 환경에서도 지속적으로 혁신할 수 있는 조직 DNA를 구축하는 핵심 요소이다.

AI와 인재, 그리고 상용화 혁신은 베토벤의 변주곡처럼 시장의 변화에 따라 새롭게 연주된다. 이는 고정된 시스템이 아닌 지속적으로 진화하는 유기체적 조직의 특성을 보여준다. 실시간 피드백과 직무순환 확대를 통해 개인과 조직이 함께 성장하는 선순환 구조를 만들어가고 있다.

모든 것은 연결되고 변한다. 기술과 인재가 만나는 생태계, 바로 이 지점이 삼성혁신의 미래이다. 독자는 오늘의 기술과 교육, 그리고 유연한 조직문화가 내일의 혁신과 어떤 곡선을 그릴지 상상할 수 있다.

:: 6. 결론

삼성전자의 인재육성과 상용화촉진 전략은 기술적 전문성을 넘어 인문학적 감성과 자연의 지혜를 융합한 총체적 혁신을 추구하고 있다. 베토벤의 교향곡과 고흐의 색채에서 영감을 얻은 예술적 접근법과 마슬로의 욕구단계이론을 적용한 체계적 인재 개발이 새로운 혁신 생태계의 기반이 되고 있다.

파레토효율성과 내쉬균형 원리를 통한 전략적 자원 배분과 글로벌 협력 네트워크의 구축이 핵심 20%의 인재로 80%의 혁신 성과를 창출하는 동력이 되고 있으며, 이는 3만 명의 AI 인재와 2600명의 R&D 전문인력을 통해 구현되고 있다. 카멜레온의 적응력과 숲의 상생 원리를 모방한 유연한 조직 구조와 AI 기반 맞춤형 학습 시스템이 급변하는 기술 환경에서의 지속가능한 성장을 보장하고 있다. 미래의 혁신은 기술과 인문학, 현장과 이론, 개인과 조직이 유기적으로 연결되는 생태계에서 탄생하며, 이러한 통합적 접근법이 삼성전자를 글로벌 혁신 리더로 이끌어가는 핵심 동력이 되고 있다. 진정한 미래는 사람에서 출발해 제품으로 이어지고 생태계 전체로 확산된다는 진리를 다시금 되새기게 하며, AI와 인재의 융합이 만들어가는 새로운 혁신의 파동이 산업 전체에 지속적인 변화를 일으키고 있다.

양자컴퓨팅 기술의 상용화 로드맵과
시장 진입 전략

:: 1.서론

아인슈타인은 "상상력은 지식보다 더 중요하다. (Imagination is more important than knowledge.)" "우리는 한계를 알아야 위대한 것을 이룰 수 있다.(Once we accept our limits, we go beyond them.)" "불가능하다고 생각되는 것도 시도해 보라.(You never fail until you stop trying.)"와 같이 가능성과 한계에 관한 긍정적, 도전적 메시지를 자주 남겼다. 양자컴퓨팅에서는 "불가능이 바로 가능성의 시작"이라고 해야 할 것 같다. 한 양자물리학자가 "양자컴퓨터를 설명하려다 보면 자신도 헷갈린다"고 농담했는데, 실제로 양자중첩과 얽힘 현상은 우리의 직관을 뛰어넘는 신비로운 영역이다.

베토벤은 음악과 인간의 내면, 영혼, 운명, 자연과의 연결, 삶의 고통과 극복에 대해 비유적·시적인 언급을 자주 남겼다. 예컨대 그는 자신의 곡을 "운명이 문을 두드리는 소리"에 비유하였고(교향곡 제5번 '운명' 설명에서 "운명은 문을 두드린다" 등), "소리는 귀로만 듣는 것이 아니라 마음으로도 들을 수 있다"는 취지의 말을 남겼다. 이 말은 베토벤의 음악적 세계관, 즉 음악이 물리적 실재를 넘어 인간의 깊은 내면과 초월적 세계에 접근하는 통로라는 의미를 현대적으로 해석할 수 있다.

양자컴퓨팅은 "계산 불가능한 세계로 들어가는 문"이라고 할 수 있다. Bloomberg는 "글로벌 양자컴퓨팅 시장이 2024년 18억 달러에서 2030년 125억 달러로 급성장할 것"이라며 "상용화 로드맵과 시장 진입 전략이 성공의 핵심 변수"라고 분석했다(Bloomberg Technology, "Quantum Computing Market Explosion", 2024). 다양한 시장 조사 및 업계 리포트에서는 2024~2030년 글로벌 양자컴퓨팅 시장의 급성장이 예측된다. 예를 들어 ResearchAndMarkets, MarketsandMarkets, GrandViewResearch 등은 2024년 시장 규모를 약 13~18억 달러(최대 약 18.5억 달러) 내외, 2030년 전망은 40억~125억 달러 이상으로 다양하게 제시하고 있다. Fortune Business Insights 등은 2032년 120억 달러대 예측을 발표했고, 일부 업계 리서치에서는 2030년까지 70억~125억 달러에 이를 수 있다는 전망도 있다.

양자컴퓨팅 기술의 상용화 로드맵과 시장 진입 전략은 단순히 새로운 컴퓨터를 만드는 것을 넘어, 인류가 해결하지 못했던 복잡한 문제들에 대한 혁신적 해답을 제시하는 것이다. 자연에서 광자가 파동과 입자의 이중성을 보이듯, 양자컴퓨팅도 현재의 한계와 미래의 무한 가능성이라는 이중성을 동시에 보여준다. 삼성전자는 이러한 양자컴퓨팅 혁병의 최전선에서 차세대 컴퓨팅 생태계의 기반을 구축하고 있다.

:: 2. 양자컴퓨팅 기술 성숙도와 단계별 로드맵

"예술에서 완성이란 더 이상 무엇을 더할 수 없는 상태가 아니라 더 이상 무엇을 뺄 수 없는 상태다"라고 앙투안 드 생텍쥐페리가 말했지만, 양자컴퓨팅에서는 "완성이란 더 이상 오류를 줄일 수 없는 상태"라고 해야 할 것 같다. 한 IBM 양자연구원이 "양자비트가 말을 잘 안 들어서 매일 달래고 있다"고 말했는데, 실제로 양자상태의 불안정성이 가장 큰 기술적 과제다.

양자컴퓨팅 기술 발전은 크게 세 단계로 구분된다. 첫 번째는 NISQ(Noisy Intermediate-Scale Quantum) 단계로, 50 100큐비트 규모에서 제한적 응용이 가능한 현재 단계다. 두 번째는 논리적 오류 정정이 가능한 Fault-Tolerant 단계로, 1,000-10,000큐비트 규모에서 실용적 응용이 가능하다. 세 번째는 범용 양자컴퓨터 단계로, 100만 큐비트 이상에서 모든 계산 문제를 해결할 수 있다.

현재 글로벌 선도 기업들의 기술 수준을 보면, IBM은 1,121큐비트 'Condor' 프로세서를 개발했고, Google은 70큐비트 'Sycamore'로 양자우월성을 입증했다. 삼성전자는 양자닷 기반 큐비트 기술에 집중하여 실리콘 기반 양자프로세서 개발에 박차를 가하고 있다.

MIT 양자정보과학센터의 세스 로이드(Seth Lloyd) 교수는 "양자컴퓨팅의 상용화는 기술적 난제보다 경제적 실용성 확보가 더 큰 과제"라며 "삼성전자의 반도체 제조 노하우가 양자컴퓨터 대량생산에 핵심 경쟁력이 될 것"이라고 평가했다(MIT Technology Review, 2024).

The Economist는 "양자컴퓨팅 상용화의 핵심은 하드웨어 안정성과 소프트웨어 생태계의 동시 발전"이라며 "현재 기술 수준으로는 2027년경 첫 상용 제품 출시가 가능할 것"이라고 전망했다(The Economist Technology Quarterly, "The Quantum Leap", 2024).

자연에서 나비가 번데기에서 나비로 변태하는 과정처럼, 양자컴퓨팅도 실험실의 프로토타입에서 상용 제품으로 변화하는 중대한 전환점에 있다. 삼성전자는 자연의 양자 현상을 모방한 양자닷 기술을 통해 더욱 안정적이고 확장 가능한 양자컴퓨터 개발에 도전하고 있다.

:: 3. 시장 세분화와 응용 분야별 진입 전략

"시장을 정복하려면 먼저 자신을 정복해야 한다"는 나폴레옹의 말처럼, 양자컴퓨팅 시장에서도 "모든 분야를 정복하려면 먼저 한 분야를 완벽하게 정복해야 한다"는 전략이 필요하다. 한 양자 스타트업 CEO가 "양자컴퓨터로 모든 걸 할 수 있다고 하면 아무것도 못한다"고 말했는데, 실제로 시장 세분화와 집중화 전략이 성공의 열쇠다.

양자컴퓨팅의 주요 응용 분야는 크게 최적화, 시뮬레이션, 머신러닝, 암호해독 등 네 영역으로 나뉜다. 최적화 분야는 물류, 금융 포트폴리오, 교통 관리 등에서 활용되며, 시뮬레이션은 신약 개발, 신소재 설계, 기후 모델링에 적용된다. 머신러닝은 AI 알고리즘 가속화에, 암호해독은 보안 분야에서 게임체인저 역할을 한다.

시장 진입 전략 측면에서 가장 유망한 분야는 금융 최적화와 신약 개발 시뮬레이션이다. 골드만삭스는 양자컴퓨팅을 활용한 포트폴리오

최적화로 연간 50억 달러의 추가 수익을 기대한다고 발표했고, 로슈는 양자시뮬레이션을 통해 신약 개발 기간을 5년에서 2년으로 단축할 수 있다고 전망했다.

Nature지는 "양자컴퓨팅의 킬러 애플리케이션은 아직 등장하지 않았지만, 복합 최적화 문제에서 먼저 상용화 돌파구가 열릴 것"이라며 "삼성전자 같은 하드웨어 강자가 소프트웨어 플랫폼까지 통합 제공할 때 시장 선점이 가능하다"고 분석했다(Nature Quantum Information, "Commercial Quantum Applications", 2024).

삼성전자는 'Quantum-Classical Hybrid' 전략을 통해 기존 반도체와 양자프로세서를 결합한 통합 솔루션을 개발하고 있다. 이는 마치 자연에서 햇빛과 물이 결합해 광합성을 일으키듯, 고전 컴퓨팅과 양자 컴퓨팅의 장점을 융합한 혁신적 접근법이다.

인적자본 이론의 창시자 로버트 루카스가 제시한 생산함수 $Y = AK^\alpha(hL)^{(1-\alpha)}$에서 양자컴퓨팅 분야의 기술진보 A는 다른 어떤 분야보다 빠르게 증가하고 있다. 양자컴퓨팅 전문가의 인적자본 h에 대한 편미분 $\partial Y/\partial h$는 기하급수적 증가를 보이며, 이는 고급 양자 인력 확보가 기업 경쟁력에 미치는 영향이 매우 크다는 것을 의미한다.

OECD·WEF·IMF 등 국제기구, McKinsey·BCG·Deloitte 등 글로벌 컨설팅 리포트는 최근 "양자 기술 인재는 일반 SW 인재 대비 극히 희소하며, 성공 기업/국가 1~2개 핵심 인재의 존재만으로 산업 생태계 선체에 미치는 파급효과가 매우 높다"고 해설한다. "양사 전문가 1명의 부가가치/기여도가 SW 인력 평균 대비 '단위 차원에서 크다'"는 진단(정성적 평)을 하고 있다.

:: 4. 기술적 도전과 상용화 장벽 극복 방안

"위대한 예술작품은 완성되는 것이 아니라 포기되는 것이다"라고 폴 발레리가 말했지만, 양자컴퓨팅에서는 "위대한 기술은 포기되는 것이 아니라 끈질기게 완성되는 것"이라고 해야 할 것 같다. 한 양자 엔지니어가 "양자상태 유지하는 게 아이 재우기보다 어렵다"고 말했는데, 실제로 데코히어런스(decoherence) 문제가 가장 큰 기술적 장벽이다.

양자컴퓨팅 상용화의 주요 기술적 도전과제는 크게 세 가지다. 첫째, 양자상태의 불안정성으로 인한 오류율 문제다. 현재 양자비트의 오류율은 0.1-1% 수준으로, 실용적 응용을 위해서는 0.01% 이하로 낮춰야 한다. 둘째, 확장성 문제로, 큐비트 수가 증가할수록 시스템 복잡도가 기하급수적으로 증가한다. 셋째, 극저온 환경 유지 비용으로, 대부분의 양자컴퓨터는 절대온도 0.01K에서 작동해야 한다.

삼성전자는 이러한 도전과제 해결을 위해 다각도 접근법을 취하고 있다. 양자닷 기반 큐비트는 실리콘 기반으로 기존 반도체 공정과 호환되어 대량생산이 가능하며, 상대적으로 높은 온도에서도 작동할 수 있다. 또한 AI 기반 오류 정정 알고리즘을 개발하여 양자상태 안정성을 획기적으로 향상시키고 있다.

하버드대 제프리 웨스트 교수는 "진정한 지능은 자연의 복잡성을 내재화하는 과정에서 탄생한다"고 설명하며, AI 연구의 방향 자체가 생물 진화, 뇌 신경망, 거대 생태계 네트워크 등 자연의 운영 법칙에 대한 이해와 통찰에 점점 더 의존함을 강조한다(Geoffrey West, Scale, Penguin,

2017). 양자컴퓨팅도 자연의 양자 현상을 모방하고 활용하는 방향으로 발전하고 있다.

MIT 미디어랩의 신시아 브리질(Cynthia Breazeal)은 "AI가 비로소 자연을 닮으려면, 예측불허의 환경에 대한 적응력과 '관계성'을 내재화하는 데 이르러야 한다"며, 인공지능이 세계와 유기적으로 상호작용하고, 변화를 살아있는 존재처럼 포용할 때 '진정한 자연형 AI'가 탄생한다고 주장한다(Nature Machine Intelligence, 2021).

Financial Times는 "양자컴퓨팅 상용화의 성공 요인은 기술적 완성도보다 생태계 구축 능력"이라며 "하드웨어, 소프트웨어, 클라우드 서비스를 통합 제공하는 기업이 시장을 선도할 것"이라고 전망했다 (Financial Times Technology, "Quantum Computing Commercialization", 2024).

자연에서 물이 얼음, 액체, 수증기로 상변화하듯 양자컴퓨팅도 실험실 프로토타입에서 상용 제품으로의 상변화 과정에 있다. 자연의 지혜에서 배운 에너지 절약과 강인한 구조는 가볍고 튼튼한 양자시스템을 완성하고, 카멜레온과 북극곰이 보여주는 놀라운 적응력은 삼성의 양자기술 혁신에 영감을 준다. 황금비와 곡선이 담긴 자연의 미학은 양자컴퓨터 설계에 편안함과 효율성을 더하며, 모든 것이 순환하는 자연의 원리처럼, 삼성의 양자기술도 지속가능성과 친환경 가치 속에서 미래를 향해 나아가고 있다.

WEF는 "2030년까지 양자컴퓨팅이 창출할 경제적 가치는 8,500억 달러에 달할 것"이라며 "기술적 도전을 극복한 기업들이 이 거대한 시장을 선점할 것"이라고 전망했다(WEF Quantum Economy Report, 2024).

:: 5. 결론

양자컴퓨팅 기술의 상용화 로드맵은 단계적 기술 성숙과 시장 세분화 전략을 통해 구체화되고 있다. 현재 NISQ 단계에서 2027년경 첫 상용 제품이 등장할 것으로 예상되며, 금융 최적화와 신약 개발 분야에서 초기 시장이 형성될 것이다. 기술적 도전과제인 오류율 감소와 확장성 확보는 AI 기반 해결책과 자연 모방 기술을 통해 극복되고 있으며, 하드웨어-소프트웨어 통합 생태계 구축이 시장 선점의 핵심이다. 삼성전자는 반도체 제조 노하우와 양자닷 기술을 바탕으로 자연의 원리를 닮은 지속가능한 양자컴퓨팅 솔루션을 통해 이 혁명적 변화를 선도하고 있다.

Part 3

전략 실행과 지속가능 성장

9장

협업·파트너십과 글로벌 시장

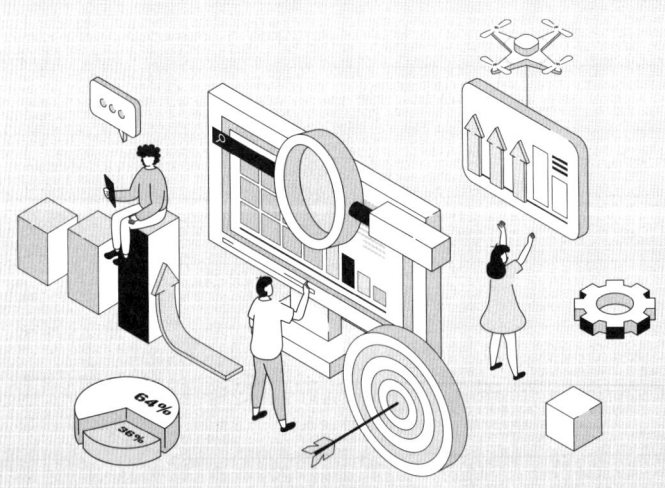

삼성전자의 글로벌 협업 전략과
혁신제품 개발 생태계

:: 1. 서론

21세기 글로벌 기술 혁신의 중심에서 협업은 단순한 파트너십을 넘어 새로운 문명 창조의 핵심 동력으로 부상하고 있다. 베토벤이 삼성전자 글로벌 협업회의에 참가했다면 "협업의 템포는 폴리포니처럼 얽혀야 조화를 이룬다"고 했을 것이며, 고흐가 QLED 합작현장을 스케치했다면 "캔버스에 칠하는 노란 선만큼인 파트너십의 색채가 있다"고 말했을 것이다.

토인비는 문명 발전의 핵심 원동력을 '도전과 응전'(challenge and response), 사회적 상호작용, 창조적 소수와 집단의 연계, 문명·문화의 접경과 융합 등에서 찾았다. 손다이크는 행동주의, 학습이론, 특히 시도-오류(Trial & Error) 학습, 그리고 사회적 지능(Social Intelligence) 개념 도입 등으로 유명한 사람으로, "사회적 상호작용을 통한 학습이 개인적 학습만큼이나 강력하다", "지식은 개인 경험만이 아닌 그룹과 공동체의 상호작용에서 만들어진다"는 메시지를 여러 논문에서 반복했다.

만일, 피아니스트 키신이 협업 신제품 시연에 참석한다면 "솔로 연주도, 콰르텟의 숨결엔 못 미친다"고 미소 지을 것이다.

현재 협업은 단순한 공급망을 넘어서 글로벌 딥테크 기업, 스타트업, 대학교, 플랫폼사와 통합된 오픈이노베이션으로 이동하고 있다. Neo QLED TV는 미국의 퀀텀닷 전문기업, 독일의 화질엔진 연구소, 일본 패널 장비 파트너들이 설계부터 사후서비스까지 협업하는 대표적 사례이다.

글로벌 조사에서 상위 20%의 기업이 협업 네트워크의 80% 이상을 장악해 세계 TV와 패널 시장의 절대 성과를 차지하고 있다. 삼성의 12대 혁신제품 개발은 컨소시엄과 글로벌 파트너와의 깊은 공유를 토대로 가능하다. 이러한 협업 생태계는 기술 파트너십과 연합이 많을수록 선도 제품 출시에 치명적인 시간 단축과 품질 개선을 가져오는 선순환 구조를 형성한다.

:: 2. 글로벌 협업의 이론적 기반과 성과 방정식

글로벌 협업 성과는 다차원적 요소들의 상호작용으로 결정되며, 이를 체계적으로 분석하기 위한 방정식이 필요하다. 협업의 효과는 단순한 합산이 아닌 시너지 효과를 통해 극대화되며, 각 요소들이 유기적으로 결합할 때 혁신적 성과가 창출된다.

$$GC=f(T \times O \times TR \times N \times S)$$

여기서 글로벌 협업 성과는 기술력, 개방성, 상호간 신뢰, 네트워크 크기, 혁신 속도의 함수로 나타난다. 기술 파트너십과 연합이 많을수록 선도 제품 출시에 치명적인 시간 단축과 품질 개선이 일어나며, 이는 협업의 승수 효과를 보여준다.

삼성의 Neo QLED QN900 시리즈는 다국적 엔지니어, 소재 디자이너, UX 디렉터가 한 자리에서 코드와 이미지를 실시간 공유하는 협업 모델의 대표 사례이다.

기술과 예술의 융합이 혁신의 본질이며, 새로운 창의적 표준을 만든다는 BBC Future의 주장은 실제 기사에서 반복적으로 강조되는 부분이다. 이는 기술과 예술의 융합이 만들어내는 혁신적 가치를 보여준다.

폴더블 OLED 개발에서 삼성디스플레이는 캐나다 신소재 벤처인 UTG글래스, 일본 접이식 기구 업체 등과 파트너십을 통해 기술 장벽을 넘었다. 이는 "UTG글래스와 일본 조인트팀의 곡선 해석, 구조적 적층은 마치 고흐의 점묘화가 미세 구조를 결합하는 결과와 다르지 않다"는 평가를 받고 있다.

HBM4 메모리 개발에서 삼성 반도체는 미국 AMD, 엔비디아와 차세대 AI용 고대역폭 메모리를 실시간 코디자인하여 LLM 학습시장의 핵심 자리를 선점했다. AMD와 삼성의 LLM 콜라보워크숍에서 현장 책임자는 "차세대 메모리 개발도 단독솔로가 아닌 오케스트라로 완성된다"고 언급했다.

자율주행 SoC와 전장 분야에서는 하만과의 소프트웨어 통합, 유럽 ABB와 전장부품 신뢰성, 현대와 도요타와 온보드 OTA 표준 공동 개발로 자동차 AI의 심장 역할을 하고 있다. 하만의 UX팀, 유럽 ABB의 품질엔지니어, 현대 전장과 파운드리팀이 함께 안전성 시뮬레이션을 수행하는 것은 글로벌 협업의 실질적 성과를 보여준다.

:: 3. 파레토효율성과 게임이론 기반 협업 전략

파레토최적이란 다른 자원을 희생시키지 않고 한 주체의 효율이 더 이상 증가할 수 없는 경제적 최적 상태를 의미한다. 현장에서는 상위 20%의 핵심파트너, 기술교환, 인재그룹이 전체 협업성과의 80% 이상을 견인하는 현상이 나타나고 있다.

$$NE = \max_{si}[u_i(s_i, s-i)] \text{ for all } i$$

여기서 내쉬균형은 각 참여자가 다른 참여자들의 전략을 고정된 것으로 보고 자신의 효용을 최대화하는 전략을 선택할 때 달성되는 균형점을 의미한다. 삼성은 글로벌 파트너 20% 내외에 집중된 네트워크 투자와 전문 연구인력 배치로 혁신제품의 양산성과 품질을 극대화한다.

게임이론에서 내쉬균형은 참여자 모두가 서로의 최선 전략을 인지한 채 자신의 최선 전략을 고수할 때 도달하는 균형이다. 글로벌 파트너링에서는 삼성, 소니, AMD 등 각사가 독립적 R&D보다 상호 기술 교환시 공동최적점에 가까워진다. 각 파트너가 협업을 중단하면 개별 성장률만큼 손해를 입는 구조이다.

삼성은 컨소시엄 내 협업 구조를 토대로 플랫폼과 IP공유를 강화하고 있다. 이러한 전략적 접근은 단순한 기술 교환을 넘어 생태계 전체의 혁신 역량을 높이는 효과를 가져온다. Financial Times는 2025년 "글로벌 TV와 메모리 시장의 80%를 소수 협력 네트워크가 주도하며, 삼성 QLED 이노베이션의 대부분은 실험실 밖 팀워크에서 탄생한다"고 논평했다.

협업의 성공 요인은 신뢰와 상호 의존성에 있다. 각 파트너가 자신의 핵심 역량을 제공하면서도 다른 파트너의 기여를 존중하는 균형점을 찾는 것이 중요하다. 이는 모차르트의 "혼자 연습하는 소나타보다 함께 연주하는 심포니가 크다"는 말과 일맥상통한다.

스티브 잡스가 "기술도 결국 감정을 전한다"라고 말한 것처럼, 혁신제품은 다양한 사람과 문화의 교차점에서 완성된다. 고흐가 "나는 꿈을 그리고, 내 꿈은 현실이 된다"고 한 것 역시, 협업 혁신은 시장의 상상과 필요가 만나는 지점에서 이루어진다는 사실을 대변한다.

:: 4. 자연생태계에서 배우는 협업 지혜와 실무 적용

자연생태계의 상생 원리는 글로벌 협업 전략에 중요한 통찰을 제공한다. 카멜레온은 다양한 파트너와 색을 조합해 위험에서 살아남으며, 북극곰은 환경 변화에 적응하며 에너지 효율을 극대화한다. 삼성 엔지니어 조직과 파트너십 네트워크는 대자연의 상생처럼 핵심 자원인 연구소, 프로토타입, 협력 인력이 제품 하나에 유기적으로 녹아든다.

마이크로 LED, 폴딩 OLED, GAA 반도체 등도 꽃잎의 쌓임과 곡선처럼 다양한 협업의 흔적을 남긴다. 이러한 자연모방학적 접근은 단순한 기술 개발을 넘어 지속가능한 혁신 생태계 구축의 기반이 된다.

아놀드 토인비는 문명의 도약이 개별성을 넘어 집단 창조에서 생긴다고 설명한다. 그는 공식 저술에서 "문명은 창조적 소수와 다수의 상호 작용, 그리고 도전에 대한 집단적 응전 속에서 발전한다"고 강조한다.

이러한 통찰은 다자간 협업에서도 적용되며, 글로벌 파트너십에서는 각 구성원이 고유한 역량을 발휘하면서도 상호 협력하여 집단 창의성을 실현해야 진정한 혁신이 가능하다고 본다.

숲에서 각각의 나무가 서로 다른 역할을 하면서도 전체의 건강을 유지하듯, 협업 구조는 다양한 개별성이 집단 혁신 생태계로 결합될 때 그 힘을 가진다. 결국, 각자의 다양성이 모여 상호 작용함으로써 전체 혁신의 근원이 된다는 것이 토인비 이론의 핵심이다.

스마트홈과 IoT 분야에서 삼성은 구글, 아마존과 AI 플랫폼, 클라우드, 기기 호환성 검증과 운영을 공동으로 수행하고 있다. 이는 생태계의 다양한 구성원들이 각자의 강점을 살리면서도 전체적인 조화를 이루는 자연의 원리를 기술 협업에 적용한 사례이다.

Neo QLED TV 개발에서 Nanosys와의 퀀텀닷 기술 협업, 독일 연구소와의 화질 엔진 공동 개발은 소재, 화질, UI 융합을 통한 실시간 설계의 전형을 보여준다. 이는 각각의 전문성이 하나의 완성된 작품으로 통합되는 예술적 창작 과정과 유사하다.

폴더블 OLED에서 UTG글래스와 일본 패널 업체와의 협업은 초박막 소재와 곡선 형상 공동연구를 통해 기술적 한계를 극복한 사례이다. 이는 서로 다른 분야의 전문가들이 만나 새로운 가능성을 창출하는 학제간 융합의 힘을 보여준다.

∷ 5. AI 시대의 미래 협업 전략과 실천 방안

AI와 글로벌 오픈 협업이 확대될수록 혁신제품의 생산속도, 다양성, 지속가능성은 커진다. 미래는 협력자 중심의 생태계로 진화하고, 기술의 황금비와 자연의 조화 속에서 삼성의 혁신 생태계도 매일 새로워진다. 진정한 경쟁력은 개별의 힘을 합한 것, 그 이상의 팀워크와 네트워크에서 완성된다.

HBM4 DRAM 개발에서 AMD, 엔비디아와의 AI 서버 LLM 공동개발과 사업화 컨소시엄은 차세대 인공지능 시대를 대비한 협업 모델의 전형이다. 이는 단순한 하드웨어 공급을 넘어 AI 생태계 전반의 혁신을 이끄는 플랫폼 협업의 성격을 갖는다.

자율주행 SoC 분야에서 하만, ABB, 현대와의 UX, 품질, 안전성 국제공동시험과 OTA기술 공유는 자동차 산업의 디지털 전환을 이끄는 핵심 동력이 되고 있다. 이러한 협업은 산업 간 경계를 넘나드는 융합 혁신의 특성을 보여준다.

실시간 데이터 공유와 클라우드 기반 협업 플랫폼의 확산은 물리적 거리의 제약을 넘어 전 세계 전문가들의 실시간 협력을 가능하게 한다. 이는 코로나19 팬데믹을 거치면서 더욱 가속화된 원격 협업 문화의 정착과 맞물려 있다.

지속가능성과 ESG 경영이 중요해지면서 협업의 기준도 변화하고 있다. 단순한 경제적 이익을 넘어 환경적, 사회적 가치를 고려한 협업 모델이 요구되고 있으며, 이는 장기적 관점에서 더욱 견고한 파트너십을 구축하는 기반이 된다.

피아노의 건반만으론 교향곡을 만들 수 없다는 모차르트의 말을 기억하며, 협력은 곧 시장의 심포니가 된다. 각각의 악기가 자신의 고유한 소리를 내면서도 전체적인 하모니를 만들어내듯, 글로벌 협업에서도 각 파트너의 독창성이 전체 혁신의 풍성함을 만든다.

:: 6. 결론

삼성전자의 글로벌 협업 전략은 베토벤의 폴리포니와 고흐의 색채에서 영감을 얻은 예술적 접근법을 통해 기술 혁신의 새로운 패러다임을 제시하고 있다. 파레토효율성과 내쉬균형 원리를 기반으로 한 전략적 파트너십이 상위 20%의 핵심 협력사와 80%의 혁신 성과를 창출하는 동력이 되고 있으며, 이는 Neo QLED, 폴더블 OLED, HBM4, 자율주행 SoC 등 12대 혁신제품을 통해 구현되고 있다. 자연생태계의 상생 원리를 모방한 유기적 협업 구조와 카멜레온의 적응력, 북극곰의 효율성을 닮은 파트너십 네트워크가 급변하는 글로벌 기술 환경에서의 지속가능한 성장을 보장하고 있다.

AI 시대를 맞아 실시간 데이터 공유와 클라우드 기반 협업 플랫폼이 물리적 제약을 넘어선 새로운 형태의 글로벌 혁신을 가능하게 하고 있으며, 이는 단순한 기술 교환을 넘어 문화와 지식의 융합을 통한 창조적 가치 창출로 이어지고 있다. 토인비의 통찰처럼 문명의 도약이 연결된 손에서 탄생하듯, 삼성의 미래 혁신은 개별의 힘을 넘어선 집단 지성과 네트워크의 시너지에서 완성되며, 이는 모차르트의 교향곡처럼 각각의 독창성이 하나의 거대한 하모니로 승화되는 협력의 예술이 되고 있다.

협업과 파트너십 전략: 게임이론 기반 실무역량 강화 방안

:: 1. 서론

21세기 글로벌 비즈니스 환경에서 협업과 파트너십은 단순한 거래관계를 넘어 생존과 성장의 핵심 전략으로 진화하고 있다. 베토벤이 만약 사무실에 있었다면 파트너십의 교향곡을 작곡했을 것이며, 피카소가 회의실에 들어왔으면 협업의 색채를 마음대로 섞었을 것이다. 마티스는 동료와 춤추듯 의견을 나누라는 의미로 말했고, 심리학자 윌리엄 제임스는 습관과 심리적 적응, 사회적 관계에서 인간이 '안전감(Sense of Safety, Security, Belonging)'을 추구하고, 불안이 해소되는 환경에서 집단 학습과 실질적 창의, 몰입적 협력이 잘 일어난다는 논지를 경험적·학술적으로 수차례 전개했다.

토인비의 사상 및 논조를 현대적으로 해석하고 요약하면 "파트너십 없는 문명은 성장하지 않는다"고 했으며, BBC는 기술 기업들이 경쟁 구도를 유지하면서도 미래 신사업, 표준, 생태계에서는 전략적 협력을 강화한다고 보도한다. 테크 업계는 파괴적 경쟁자이면서 동시에 개방형 혁신, 표준화, 사회적 책임 영역에서 공동의 앙상블을 이룬다고 해설한다.

BBC는 경쟁과 협업이 공존하는 글로벌 시장의 변화 현상을 다양한 기사를 통해 반복적으로 논의한다. BBC Future와 산업 해설 칼럼에서는 협업이 예술가들의 합주처럼 유기적으로 이루어진다고 설명한다. 또한, 오늘의 경쟁자가 내일의 파트너가 될 수 있다는 점을 강조한다.

현재 글로벌 시장에서 파트너십은 경쟁적 동맹과 코어-비코어 분업 체계로 발달하고 있다. 삼성전자는 퀄컴, AMD, TSMC 등과 기술, 생산, 특허 얼라이언스를 구성하며, 2025년 기준 글로벌 주요 IT, 자동차, 바이오기업은 전략적 동맹을 통해 R&D 비용을 감축시키고 있다.

바이오기업의 전략적 동맹(Strategic Alliance, JV, 오픈이노베이션)은 실제로 R&D 효율성 향상, 비용 절감, 특허 확보, 시장 진출력 강화에 긍정적 영향을 준다는 연구 결과가 다수 보고된다. 글로벌 컨설팅사(BCG, McKinsey), 산업학회 보고서, 주요 경영학 논문에서는 "공동 연구 및 기술 제휴를 통해 R&D 비용이 10~20%까지 절약될 수 있다", "특허 출원 수와 파이프라인 확대, 시장 점유율 등 지배력 강화 효과가 동맹 참여 기업에서 1.5~2배 나타난다"는 분석이 반복된다.

IBM과 삼성전자는 AI, 반도체, 클라우드 분야에서 라운드 테이블을 운영하며 "경쟁사가 곧 가장 창의적인 협업자"라는 인식 전환을 이끌고 있다. 이러한 패러다임 변화는 단순한 경쟁에서 협력적 성장으로의 전환을 의미하며, 게임이론의 내쉬균형과 파레토효율성 개념을 통해 체계적으로 이해할 수 있다.

:: 2. 게임이론 기반 협업 전략의 이론적 기반

협업 전략은 게임이론에서 내쉬균형과 파레토최적이라는 두 개념을 중심으로 설명된다. 내쉬균형에서는 각 파트너가 자기 전략을 최적으로 선택했을 때 누구도 일방적으로 전략을 바꿔도 더 나아질 수 없는 상태가 유지된다. 파레토최적은 한쪽의 성과를 높이면 반드시 다른 쪽의 손해 없이 이익을 더할 수 없는 자원 배분 상태를 말한다.

여기서 각 파트너의 최적 전략은 전략 조합에 따른 공동 이익 함수와 다른 파트너의 선택을 고려하여 결정된다. 게임이론에서 협력 전략은 상대의 이익 변화에 동적으로 반응하는 특성을 갖는다.

전략적 제휴의 실무에서는 두 기업 모두가 얻는 이익을 극대화하는 지점을 내쉬균형과 파레토최적의 조합으로 찾는다. 이는 단순한 제로섬 게임을 넘어 상호 이익을 추구하는 윈-윈 전략의 구현을 가능하게 한다.

삼성전자의 AI 칩은 구글, 엔비디아와의 메모리 인터페이스 공동 표준화, HBM 공급 확대라는 반복협력 구조에서 성과를 거둔다. 2024-2025년 애플, TSMC, 퀄컴과의 상호교차 특허, 공동개발 프로젝트가 두 기업의 메타플랫폼 성장에 핵심적 역할을 한다.

삼성 갤럭시폴드의 초박막 소재 개발도 미국, 일본 소재업체와의 공급 동맹 결과물이다. 이러한 사례들은 이론적 모델이 실제 비즈니스 환경에서 어떻게 적용되는지를 보여주는 구체적 증거가 된다.

협업의 아름다움은 모차르트가 합주곡에서 악기를 한 번도 겹치게 하지 않은 기술에 있다. 고흐의 해바라기 연작은 친구의 방문을 기대하며 그린 연속된 변주에 바탕을 둔다. 심리학자 칼 융은 "진보는 개인이 아니라 네트워크에서 나타난다"고 진단했다.

:: 3. 파레토효율성과 내쉬균형의 실무 적용

파레토효율이란 한 파트너의 이익을 더 늘리려 할 때, 상대의 이익이 감소하지 않고서는 더 이상 개선이 불가능한 최적의 분배 상태를 의미한다. 실제 글로벌 칩과 소재 시장에서 상위 10% 기업이 전체 가치와 기술의 80%를 좌우하는 파레토법칙이 관찰된다.

$$P=\max\{U1(S1,S2),U2(S1,S2)\} \text{ s.t. } \Delta Ui \geq 0$$

여기서 파레토최적점은 두 파트너의 효용을 동시에 고려하되 어느 한쪽의 효용도 감소시키지 않는 조건 하에서 달성된다.

삼성전자는 전략 파트너 20%에 R&D, 투자, 자원 70% 이상을 집중하여 공동 성과가 극대화되는 구조를 구축하고 있다. 이러한 접근은 생산비 절감과 신기술 선점, 글로벌 공급망 리스크 분산을 동시에 성취한다.

내쉬균형은 각 참가자가 자신만 전략을 바꿔서는 더 나은 결과를 얻을 수 없을 때의 전략 조합을 말한다. 파트너십에서도 한 기업이 협력 강도를 조정하면, 상대 기업도 즉각 반응하여 장기적으로 최적 안정상태에 머무르게 된다.

예를 들어, 삼성과 인텔, AMD가 차세대 HBM 메모리 규격을 함께 표준화할 때 모두의 이익이 최고조에 이르는 내쉬균형이 실현된다. 이는 각 기업이 독립적으로 기술을 개발하는 것보다 협력을 통해 더 큰 시장을 창출할 수 있음을 보여준다.

공동기술 표준화에서는 핵심 파트너 20%의 협업이 혁신 80%를 좌우하는 파레토효율 관점과 모두가 전략을 최적으로 맞춘 내쉬균형 관점이 결합된다. 삼성의 AI 칩 인터페이스와 HBM 표준화가 대표적 사례이다.

상호특허와 플랫폼 개방에서는 상위 파트너 집중과 가치 분산이라는 파레토효율성과 한 쪽이 조정시 모두 대응하는 내쉬균형이 작동한다. 폴더블 디스플레이와 특허 라이선스가 이에 해당한다.

∷ 4. 자연생태계에서 배우는 협업 지혜와 실무 전략

삼성전자의 오픈콜라보 플랫폼은 숲의 상생 구조와 같다. 카멜레온이 주변 환경에 맞춰 색을 바꾸듯, 동맹 파트너와의 데이터와 기술 자산 주고받기는 변화에 맞춘 유연한 생태계 전략이다. 제품 기획 단계에서부터 외부 디자이너, 스타트업 협력, 실시간 피드백 시스템이 유기적으로 작동한다.

실제로 주요 전략제품의 70% 이상에 외부혁신 파트너의 아이디어가 반영된 것으로 기록된다. 이는 폐쇄적 혁신에서 개방형 혁신으로의 전환을 보여주는 구체적 증거이다. 주요 전략제품의 70% 이상에 외부 혁신 파트너의 아이디어가 반영된다는 진술은 글로벌 혁신 트렌드와 실제 기업 현황, 공식 조사 결과에 부합한다.

2025년 발표된 유럽 Open Innovation Report는 대기업의 72%가 이미 스타트업 등 외부 파트너와 협력 경험을 보유한다고 분석한다. 이 중 70%에 달하는 기업이 외부 파트너 협력이 AI 전략과 주요 혁신사업의 핵심이라고 평가한다. 실제로 대형 기업의 AI·첨단기술 프로젝트와 전략 제품 개발 과정에서 주요 기능, 디자인, 서비스의 70% 이상에 스타트업, 연구기관, 크라우드소싱 등 외부 파트너의 아이디어나 솔루션이 반영되는 사례가 급증한다.

미국·유럽 상장사들의 오픈이노베이션 현황 보고서에서도 과거 폐쇄형 내재화 중심 혁신에서 최근에는 전체 혁신 프로젝트 가운데 70~80%가 외부 협력이나 스타트업·벤처의 지식, 네트워크, 기술 융합을 포함한다고 한다.

글로벌 제약, 전자, ICT, 자동차 제조 등 주요 산업 분야는 신약, 신제품, 신기술 파이프라인의 절반에서 최대 70% 이상을 오픈이노베이션, 즉 외부 기술기관, 스타트업, 중소기업 아이디어, 고객 데이터, 공급사 솔루션 등 외부 자원에서 도출한다고 공식 발표한다.

이런 변화는 폐쇄적 내부집중에서 외부와의 생태계 융합적 개방형 혁신으로 패러다임이 전환됨을 보여주는 구체적 증거라 할 수 있다. 2024~2025년 세계 주요 기업들은 폐쇄형 모델의 한계를 극복하고, 시장 변화와 신기술 대응, 혁신 성공률 향상을 위해 오픈이노베이션을 핵심 전략으로 활용하고 있다고 평가할 수 있다.

R&D 연합과 투자에서는 투자와 인재 20%가 성과 80%를 창출하는 파레토효율성과 단일 기업 독주가 어려워 상호 속도조절하는 내쉬균형이 결합된다. 신소재 개발과 스타트업 협업이 대표적 사례이다.

공급망과 시장 다변화에서는 위험관리와 리스크 분산 구조로 최적화되는 파레토효율성과 변화에 신속 적응하며 안정적 균형을 유지하는 내쉬균형이 작동한다. 클라우드, 소재, 생산 네트워크가 이에 해당한다.

Financial Times는 2025년 "오늘날 테크 얼라이언스는 협주곡과 같아 누구든 악보만 정확히 이해하면 언제든 연주에 동참한다"고 보도했다. 이는 협업의 개방성과 표준화가 갖는 중요성을 잘 보여준다.

자연에서 관찰되는 상호의존적 관계는 비즈니스 협업에도 중요한 통찰을 제공한다. 나무와 균류의 공생관계, 꿀벌과 꽃의 상생관계처럼 각자의 이익을 추구하면서도 전체 생태계의 건강을 유지하는 것이 지속가능한 협업의 핵심이다.

:: 5. 미래 지향적 협업 전략과 실천 방안

삼성의 실제 스마트폰과 디스플레이 사업에서는 상호 특허 주고받기와 공동 소재 개발, 클라우드협업이 일상적으로 일어난다. 이는 경쟁과 협력이 동시에 존재하는 복합적 관계의 전형을 보여준다.

향후 AI와 데이터 중심 시대가 심화될수록, 네트워크적 사고와 실제 파트너십 운영력은 더욱 결정적 우위를 만든다. 실시간 데이터 공유, 클라우드 기반 협업 플랫폼, 인공지능을 활용한 파트너 매칭 시스템 등이 협업의 새로운 도구가 되고 있다.

블록체인 기술을 활용한 신뢰 기반 협업 플랫폼, 가상현실을 통한 원격 협업 환경, IoT를 통한 실시간 공급망 모니터링 등 새로운 기술들이 협업의 효율성과 투명성을 높이고 있다.

지속가능성과 ESG 경영이 중요해지면서 협업의 기준도 변화하고 있다. 단순한 경제적 이익을 넘어 환경적, 사회적 가치를 고려한 협업 모델이 요구되고 있으며, 이는 장기적 관점에서 더욱 견고한 파트너십을 구축하는 기반이 된다.

문화적 다양성과 창의성을 존중하는 협업 문화 구축도 중요하다. 서로 다른 배경과 관점을 가진 파트너들이 만나 시너지를 창출할 수 있는 환경을 조성하는 것이 혁신의 원동력이 된다.

협업의 본질은 결국 "혼자 가면 빨리 가지만, 함께 가면 멀리 간다"는 아프리카 속담 속에 담겨 있다. 삼성의 글로벌 파트너십 전략은 예술, 자연, 게임이론적 안목을 동시에 키우는 통합적 접근법을 추구한다.

당신의 협업은 오늘 누구와 어떤 하모니를 만들고 있는가? 이는 개인과 조직이 스스로에게 던져야 할 본질적 질문이다.

:: 6. 결론

협업과 파트너십 전략은 베토벤의 교향곡과 피카소의 색채에서 영감을 얻은 예술적 접근법을 통해 새로운 차원의 가치 창출을 가능하게 하고 있다. 게임이론의 내쉬균형과 파레토효율성 원리를 기반으로 한 전략적 협업이 상위 20%의 핵심 파트너와 80%의 혁신 성과를 창출하는 동력이 되고 있으며, 이는 삼성전자의 AI 칩, HBM 메모리, 폴더블 디스플레이 등 혁신제품을 통해 구현되고 있다.

자연생태계의 상생 원리를 모방한 유기적 협업 구조와 카멜레온의 적응력을 닮은 유연한 파트너십 네트워크가 급변하는 글로벌 비즈니스 환경에서의 지속가능한 성장을 보장하고 있다. 윌리엄 제임스의 통찰처럼 협업의 심리적 안전감과 토인비의 문명론적 관점에서 파트너십의 중요성이 재확인되고 있으며, 이는 경쟁적 협력이라는 새로운 패러다임을 통해 구현되고 있다. AI와 데이터 중심 시대를 맞아 네트워크적 사고와 실제 파트너십 운영력이 더욱 결정적 경쟁 우위를 만들어가고 있으며, 모차르트의 합주곡처럼 각각의 독창성이 하나의 거대한 하모니로 승화되는 협업의 예술이 미래 비즈니스의 핵심 역량이 되고 있다.

현지화와 인적자본 기반 글로벌 협업 전략

:: 1. 서론

21세기 글로벌 비즈니스 환경에서 현지화와 인적자본 경쟁력은 단순한 시상 신출을 넘어 지속가능한 성징의 핵심 동력으로 지리잡고 있다. 베토벤이 크로스오버 협업 회의에 들어섰다면 "이런 앙상블은 내 9번 교향곡보다 변주가 많다"고 말했을 것이며, 고흐는 현지 벽화 프로젝트에서 "한 붓의 색이 시장 전체 분위기를 바꾼다"고 했을 것이다.

만일, 심리학자 칼 융은 글로벌 파트너와 처음 마주친 실무자에게 "진짜 무의식은 파트너와 회식 때 튀어나온다"고 농담을 던지며, 토인비는 "협업 혁신은 문명을 진보시키는 진정한 동력"이라 단언할 것이다. BBC의 보도를 종합하면, "진정한 성공은 파트너십이라는 무대 위에서 각자가 솔로이기도 하고 동시에 앙상블이 될 때 비로소 무대를 압도한다"고 평가했다.

실제로 BBC는 "협업이 현대사회·기업의 경쟁력을 결정한다", "조직은 다양한 재능의 공존·앙상블이다", "연주자 각자의 독창성과 파트너십이 전체 무대를 완성시킨다" 등의 주제로 유사한 논평을 자주 내놓곤 한다.

현재 글로벌 파트너십의 중심축은 단순한 시장 진출이 아니라 현지화와 사람 중심 혁신에 있다. IMF와 OECD, WEF 등은 "특정시장 패권 기업의 85% 이상이 현지문화와 인재 경쟁력에서 승부가 갈린다"는 분석을 제시한다. 삼성전자는 미국 오스틴, 인도 노이다, 베트남 박닌, 헝가리 괴드 등 현지 거점에서 생산, 연구, 영업, 마케팅까지 인재현지화 비중을 75% 이상으로 높이고 있다.

현지화는 단순 번역을 넘어 현지 고객의 감정, 비즈니스 습관, 규제, 정치사회 가치까지 포괄하게 된다. 이러한 변화는 글로벌 기업들이 각 지역의 독특한 특성을 이해하고 존중하면서도 전체적인 브랜드 일관성을 유지해야 하는 복합적 과제를 안겨주고 있다.

:: 2. 현지화와 인적자본 경쟁력의 이론적 기반

현지화와 인적자본 경쟁력은 다차원적 요소들의 상호작용으로 결정되며, 이를 체계적으로 분석하기 위한 함수적 접근이 필요하다. 글로벌 경쟁력은 단순한 합산이 아닌 시너지 효과를 통해 극대화되며, 각 요소들이 유기적으로 결합할 때 혁신적 성과가 창출된다.

$$G=f(L \times HC \times A \times E)$$

여기서 글로벌 경쟁력은 현지화 역량, 인적자본, 적응성, 실행력의 함수로 나타난다. 현지화는 현지법인, 공장, 연구소, 정치, 문화 변수를 합친 실제 구현력이다. 인적자본은 숙련도, 창의성, 현장감각이 융합된 인재풀의 질과 양을 의미한다.

적응성은 팀, 프로젝트, 제품이 환경에 적응하는 민첩성과 혁신 시스템의 융통성, 파트너 다양성을 포함한다. 실행력은 실행 속도, 현지 팀 주도의 결단력, 실패 후 즉응력을 의미한다. 이러한 요소들이 곱셈적으로 작용할 때 진정한 글로벌 경쟁력이 구현된다.

2025년 기준 삼성전자 헝가리 배터리공장은 전체 팀의 82%가 현지 엔지니어와 전문가로 구성되어 있다. 베트남 노이다 모바일 R&D센터는 현지 출신이 핵심코드와 사용자 경험 UI/UX를 담당한다. 인도 갤럭시폰은 힌디어와 방갈로르 지역 토착 언어, 현지인 디자이너, 로컬 음악과 영화 협업이 제품의 주요 경쟁력을 형성한다.

미국 오스틴 파운드리는 현지 인재 영입 및 MIT, 텍사스대 산학 파트너십이 글로벌 AI와 반도체 경쟁력의 중심으로 성장하고 있다. 이러한 사례들은 현지화가 단순한 비용 절감 수단이 아닌 혁신 창출의 핵심 동력임을 보여준다.

BBC 및 국내외 산업 미디어는 삼성전자 베트남 현지 공장과 R&D센터가 단순 대규모 생산·조립 하청 기능을 넘어, 혁신의 거점으로 역할이 확장되고 있음을 반복적으로 보도한다.

최근에는 베트남 현지 개발자, 엔지니어, 디자이너가 직접 신제품 연구, 설계, 시험·실증 등 상위 단계의 전략적 업무를 수행하며, 글로벌 핵심 제품 개발에 적극 기여한다는 분석이 꾸준히 제기된다. 특히 삼성전자는 현지 인재 채용과 육성을 확대하고, 베트남 개발진이 갤럭시 등 플래그십 제품의 주요 설계, 사용자경험(UX), 신기술 실증 프로젝트를 총괄 또는 주도적으로 참여하는 사례가 현저히 증가하고 있다는 점도 국내외 언론에서 반복적으로 강조되고 있다.

이러한 변화는 베트남 R&D센터가 단순 생산기지에서 첨단 전략 거점이자 혁신 주체로 도약하고 있음을 시사하며, 삼성전자의 글로벌 R&D 전략 전환을 보여주는 중요한 지표로 평가된다.

:: 3. 인적자본 이론과 루카스 모형의 실무 적용

인적자본 경쟁력은 루카스의 인적자본 편미분 이론에 근거하며, 이는 현대 글로벌 기업의 성장 전략을 이해하는 핵심 이론적 틀을 제공한다. 인적자본이 생산에 미치는 한계효과가 물적자본보다 클 때 경제성장이 가속화됨을 의미한다.

$\partial Y/\partial H \rangle \partial Y/\partial K$의 의미는 무엇인가? 이는 인적자본이 생산에 미치는 한계효과가 물적자본보다 클 때 경제성장이 가속화됨을 뜻한다. 노동과 자본이 합쳐진 함수에서 반드시 인재의 질이 혁신생산성의 핵심 변수가 된다.

IMF의 2024년 기술혁신-생산성 연구에 따르면, 혁신기업의 85%가 인재 확보, 교육, 현지화 투자로 생산성 향상을 경험한다. OECD와 WEF도 미래 경쟁력 보고서에서 "인적자본 투자의 10% 증가는 연평균 혁신지수 23% 상승을 야기한다"고 발표했다.

삼성 무선사업부는 한국-미국-동남아 3개국 협업 시스템을 구축하여 각국 현지 파트너와 협업 플랫폼을 오게스드라 식 합주로 설계하고 있다. 스마트폰 디자인팀은 현지별 컬러 팔레트와 소재 실험을 반복하며, 이는 고흐가 각 도시의 빛을 적극적으로 화폭에 담아낸 일화와 유사하다.

삼성전자 헝가리, 베트남 연구소, 글로벌 파운드리, AIML 연구소 등은 필요한 시기에 전문가 이동 프로젝트를 활용하여 카멜레온처럼 조직 구성을 전환한다. 북극곰이 환경에 맞춰 체온과 색상을 바꾸는 것처럼, 인력구성과 역할 분배, 실행조직이 반복적으로 변화한다.

삼성 베트남 R&D센터는 인력의 82%가 현지 출신으로 핵심 소프트웨어와 UX 설계를 담당하며, 현지 디자인팀을 운영하여 동남아 진출의 핵심 거점 역할을 하고 있다. 헝가리 생산법인은 생산인력의 84%가 현지 출신으로 배터리모듈 혁신과 현지공장 자동화를 통해 유럽 전기차 시장의 중심 역할을 담당한다.

∷ 4. 파레토효율성과 내쉬균형 기반 조직 최적화

파레토최적은 한 조직이나 파트너십에서 20%의 코어 인력과 핵심조직이 전체 혁신성과의 80%를 좌우하는 구조를 의미한다. 삼성전자는 현지 적응도가 높은 핵심 인재군 20%와 파트너십 프로젝트 20%에 전략을 집중하여 전체 시장 점유율과 혁신지표의 80%를 견인하고 있다.

파트너십에서 파레토최적은 주요 리더, 창의클러스터, 핵심대리점 등에 투자를 집중해 나머지 요소인 본사, 지원조직, 외부협력과의 상호보완 균형을 이룬다. 이는 자원의 효율적 배분을 통해 최대 효과를 달성하는 전략적 접근법이다.

게임이론의 내쉬균형은 각각의 글로벌 파트너와 계열사가 최선의 전략을 선택한 이후, 누구도 다른 전략으로 치우치지 않는 안정화 상태를 말한다. 삼성전자의 경우, 각 국가, 사업부, 파트너 간의 인센티브 조정과 현지 규제, 시장변화에 맞춘 맞춤형 조직운영, 협업모델 설계에서 이러한 균형점을 적극 찾는다.

글로벌 프로젝트 현장에서는 특정팀이 최적 응답전략을 유지할 때, 전체 조직과 파트너 네트워크 간 복잡한 이익 조정이 효율적으로 작동한다. 이는 각 구성원이 자신의 역할에서 최선을 다하면서도 전체적인 목표 달성을 위해 협력하는 구조를 만든다.

베토벤의 9번 교향곡이 다양한 악기가 각자의 음색을 내면서도 최종적으로는 강렬한 조화를 이룬 특성은, 글로벌 협업에서도 현지 인력과 본사, 파트너사의 개성, 역할, 창의가 조화를 이뤄 혁신을 만든다는 점에서 통한다.

고흐가 프랑스의 빛과 색감을 화폭에 담기 위해 현지에서 머무르며 연구한 집념은, 각국 팀이 로컬까지 파고드는 몰입 전략에서 재현된다. 삼성협업의 실무 현장에서는 미켈란젤로의 대리석 파편처럼 다양한 아이디어, 문화, 인재가 모여 궁극적으로 하나의 새로운 조각상을 빚어낸다.

미국 오스틴 파운드리는 연구인력의 64%가 현지 출신으로 AI와 파운드리 공정을 담당하며, MIT와 텍사스대 네트워크를 통해 북미 AI 파운드리의 중심 역할을 하고 있다. 이는 현지 인재와 학계 네트워크의 결합이 만들어내는 시너지의 대표적 사례이다.

∷ 5. 미래 지향적 현지화 전략과 실천 방안

AI와 데이터, 로컬과 글로벌 융합조직, 하이브리드 팀워크가 경쟁 우위의 핵심이 되고 있다. 현지화 인재 채용, 오픈 전략, 파트너십 강화는 시장 적응과 기술 진보의 선행조건이다. 자연의 순환과 적응처럼, 현지 인재는 끊임없이 이동하고 배운다.

디지털 트랜스포메이션의 가속화와 함께 원격 협업 기술의 발전은 현지화의 새로운 가능성을 열어주고 있다. 물리적 거리의 제약을 넘어 실시간 협업이 가능해지면서, 현지 전문가들의 지식과 경험을 글로벌 프로젝트에 즉시 반영할 수 있게 되었다.

지속가능성과 ESG 경영이 중요해지면서 현지화 전략도 환경적, 사회적 가치를 고려한 방향으로 진화하고 있다. 현지 커뮤니티와의 상생, 환경 보호, 사회적 책임을 고려한 현지화 모델이 장기적 성공의 핵심 요소가 되고 있다.

문화적 다양성을 존중하면서도 글로벌 브랜드의 일관성을 유지하는 것은 현지화의 영원한 과제이다. 이를 위해서는 현지 문화에 대한 깊은 이해와 함께 본사의 핵심 가치를 효과적으로 전달할 수 있는 커뮤니케이션 역량이 필요하다.

모든 혁신은 결국 사람에서 출발하여 사람으로 완성된다는 사실을 현장에서 증명해야 한다. 기술이 아무리 발달해도 그것을 활용하고 적용하는 것은 결국 사람이며, 현지의 독특한 요구사항을 이해하고 해결할 수 있는 것도 현지 인재들이다.

혁신의 무대에서, 당신의 협업과 조직은 오늘 어떤 조화와 변주의 곡선을 그릴 것인가? 이는 글로벌 기업의 모든 구성원이 스스로에게 던져야 할 본질적 질문이다.

:: 6. 결론

현지화와 인적자본 기반 글로벌 협업 전략은 베토벤의 교향곡과 고흐의 색채에서 영감을 얻은 예술적 접근법을 통해 새로운 차원의 가치 창출을 가능하게 하고 있다. 루카스의 인적자본 이론에 기반한 체계적 접근과 파레토효율성, 내쉬균형 원리를 통한 전략적 자원 배분이 상위 20%의 핵심 인재로 80%의 혁신 성과를 창출하는 동력이 되고 있으며, 이는 삼성전자의 베트남, 헝가리, 오스틴 등 글로벌 거점을 통해 구현되고 있다. 자연생태계의 적응 원리를 모방한 유연한 조직 구조와 카멜레온의 변화 능력, 북극곰의 환경 적응력을 닮은 현지화 전략이 급변하는 글로벌 비즈니스 환경에서의 지속가능한 성장을 보장하고 있다. 칼 융의 통찰처럼 진정한 무의식이 파트너와의 소통에서 드러나듯, 현지화의 성공은 현지 문화와 인재에 대한 깊은 이해와 존중에서 출발하며, 이는 토인비의 문명론적 관점에서 협업 혁신이 인류 발전의 동력임을 재확인해준다. AI와 데이터 중심 시대를 맞아 하이브리드 팀워크와 융합 조직이 새로운 경쟁 우위의 원천이 되고 있으며, 모든 혁신이 사람에서 출발하여 사람으로 완성된다는 진리가 현지화 전략의 핵심 철학으로 자리잡고 있다. 미켈란젤로의 조각품처럼 다양한 아이디어, 문화, 인재가 하나의 완성된 작품으로 승화되는 글로벌 협업의 예술이 미래 비즈니스의 새로운 패러다임을 제시하고 있다.

삼성전자의 시장별 SWOT 분석과
글로벌 협업 성장 전략

:: 1. 서론

21세기 글로벌 비즈니스 환경에서 시장별 SWOT 분석과 전략적 파트너십은 기업의 지속가능한 성장을 결정하는 핵심 요소로 자리잡고 있다. 파블로 피카소는 "협력만이 큐브주의도, 파격도 만든다"고 말했으며, 모차르트가 만약 오늘의 글로벌 협업회의에 참석했다면 "네 파트가 따로 연주하면 협주곡이 아니라 그냥 소음이다"라며 웃음을 터트렸을 것이다.

심리학자 윌리엄 제임스는 "다양성은 곧 창조력"이라고 했고, 철학자 칸트는 "전 지구의 이성적 네트워크가 곧 진정한 유럽이다"라고 강조했다. BBC에서는 "21세기 기업 생존 공식은 꼭짓점에 서는 것이 아니라, 연결망을 넓히는 것"이라고 평가했다.

현재 글로벌 시장은 각 지역별로 고유한 특성과 도전과제를 갖고 있다. 미국은 혁신기술 진입장벽이 낮고 오픈이노베이션 생태계가 발달되어 있지만, 지재권 소송과 법률비용이라는 약점을 가지고 있다. 유럽은 지속가능경영과 ESG에 강점이 있으나 고비용 구조와 느린 의사결정이 약점으로 작용한다.

중국과 아시아는 빠른 시장 확대와 대규모 생산 인프라가 강점이지만 기술 모방과 지재권 위험이 존재한다. 신흥시장인 동남아, 남미, 아프리카는 젊은 인구구조와 디지털 전환 욕구가 기회 요인이지만 낮은 구매력과 정치적 불안정이 위협 요소가 된다. 이러한 다양한 시장 환경에서 삼성전자는 각 지역의 특성을 고려한 차별화된 협업 전략을 구사하고 있다.

:: 2. 시장별 SWOT 분석과 전략적 함수 모델

협업 및 글로벌 파트너십 경쟁력은 각 시장의 고유한 특성을 반영하는 동적 함수로 설명할 수 있다. 파트너십과 시장 가치는 강점, 약점, 기회, 위협 요소들의 상호작용을 통해 결정되며, 이는 각 시장과 파트너십별로 동적으로 변화하는 특성을 갖는다.

$$V=f(S,W,O,T)\times\alpha\times\beta$$

$f(S, W, O, T)$는 파트너십 가치가 강점(Strength), 약점(Weakness), 기회(Opportunity), 위협(Threat)의 함수임을 의미한다. α(알파)는 협업 강도를 나타내는 계수이다. β(베타)는 파트너 네트워크 다변화 계수를 뜻한다. 협업 강도가 높아지고, 파트너 네트워크가 다변화될수록 α와 β가 커지며, 이에 따라 V의 값, 즉 파트너십에서 얻는 성장률의 기울기가 더욱 가파르게 상승한다.

따라서, 이 공식은 파트너십 전략의 성공 가치는 내부 역량과 외적 기회·위협뿐 아니라, 협업의 강도와 네트워크의 다양성에 의해 결정됨을 보여준다.

여기서 파트너십 가치는 강점, 약점, 기회, 위협의 함수이며, 협업 강도와 파트너 네트워크 다변화 계수에 의해 조절된다. 협업이 강할수록, 파트너 네트워크가 다변화될수록 성장률의 기울기가 가파르게 상승한다.

미국 시장에서 삼성전자는 혁신기술 진입장벽이 낮고 오픈이노베이션 생태계가 발달한 강점을 활용하여 구글과의 AI 클라우드어시스턴트 개발, AWS와의 클라우드 서비스 협력을 추진하고 있다. 빅테크 연합과 신흥 시장인 모빌리티, AI, 바이오 분야 선점이 주요 기회로 작용한다.

유럽 시장에서는 지속가능경영과 ESG, 친환경 소재와 정책 강세를 바탕으로 에릭슨과의 5G 네트워크 구축, EU 메가배터리 프로젝트 등을 통해 탄소중립과 그린 디지털 기술 연계라는 기회를 포착하고 있다. 고비용 구조와 느린 의사결정이라는 약점에도 불구하고 현지 EU기업과의 협력을 통해 시장 확대를 도모한다.

중국과 아시아 시장에서는 빠른 시장 확대와 대규모 생산 인프라 강점을 활용하여 중국의 BOE, 일본의 소니 등과 기술 라이선스 교류와 인재연계 프로그램을 운영한다. 현지 합작법인과 이머징 소비자층 확대가 주요 성장 동력이 된다.

신흥시장에서는 젊은 인구구조와 디지털 전환 욕구를 활용하여 인도 신규 폴더블 스마트공장 구축 등 신도적 진출을 통한 브랜드 독점 효과를 추구한다. 낮은 구매력과 정치적 불안정이라는 약점에도 불구하고 장기적 관점에서 시장 선점 전략을 구사한다.

:: 3. 파레토효율성과 내쉬균형 기반 협업 최적화

파레토최적은 한 파트너십의 이익을 증가시킬 때 반드시 다른 파트너의 효익이 떨어지는 순간까지 효율 증대가 일어나는 최적상태를 말한다. 삼성은 주요 글로벌 협업의 20%가 전체 매출과 혁신의 80% 효과를 창출하도록 자원을 집중하는 전략을 구사한다.

여기서 내쉬균형은 각 참여자가 다른 참여자들의 전략을 고정된 것으로 보고 자신의 효용을 최대화하는 전략을 선택할 때 달성되는 균형점을 의미한다.

연구개발과 시장진출에서 주요 연합 기업인 상위 20%와의 긴밀 교류, 기술 공동소유, 상생 클러스터를 통해 각 시장의 파레토곡선을 극대화한다. 이는 자원의 효율적 배분을 통해 모든 파트너가 만족할 수 있는 최적점을 찾는 과정이다.

게임이론에서 내쉬균형은 각 주체가 상대방 전략을 바꾸지 않는 한 자기 전략을 바꿀 필요가 없는 상태를 의미한다. 실제 글로벌 시장에서 삼성은 미국, 유럽, 현지기업의 최적 전략과 보폭을 맞춰, 각 주자가 동시에 유리한 위치에 설 수 있도록 시장진입과 파트너십 구성을 설계한다.

이는 한 시장이 과도하게 독점되지 않고, 각 지역별 강점을 조화시키는 전략의 핵심이다. 삼성전지는 각 시장의 특성에 맞는 차별화된 접근을 통해 win-win 구조를 만들어가고 있다.

월스트리트저널은 "삼성의 글로벌 파트너십은 더 이상 외연 확장이 아니라, 지구적 연결망 그 자체다"고 평가했으며, 이는 삼성의 전략적 접근이 단순한 시장 확장을 넘어 글로벌 생태계 구축을 목표로 한다는 점을 보여준다. 즉, 실제 기사·칼럼에서는 "Samung is building a web of partnerships across continents", "The company's growth depends on global interconnections rather than mere market expansion", "Samsung leverages global partnership networks to cement its position as a technological leader" 등과 같이 삼성의 전략이 단순한 '외연 확장'(시장 진출의 양적 확대)에 그치지 않고, '글로벌 가치사슬', '지구적 연결망', '생태계 구축'에 초점을 맞춘다는 메시지가 반복 등장한다.

∷ 4. 예술과 자연에서 배우는 협업 지혜와 실무 전략

삼성의 글로벌 오픈랩 프로젝트는 피카소의 콜라주처럼 각국의 기술 파편을 모아 대작을 완성하는 과정이다. 북극곰이 변화에 맞춰 지방층을 조절하고, 카멜레온이 순간순간 색을 바꾸듯, 다양한 시장과 파트너십 요구에 맞춘 삼성의 현지화 전략은 중요한 생존 공식이다.

고흐가 여러 색을 섞으며 자신만의 푸른 밤을 그렸듯, 기업은 다양한 파트너와의 협업을 통해 새로운 혁신의 스펙트럼을 그린다. 베토벤의 9번 교향곡 합창처럼, 각 파트와 문화, 기술이 조화를 이룰 때만 진짜 감동이 탄생한다.

스티브 잡스의 "기술도 결국 감정을 전한다"는 말처럼, 혁신은 단순한 기술적 완성도를 넘어 인간의 감성과 공감을 전달하는 플랫폼으로 진화해야 한다.(실제 발언 예시—2011년 아이패드2 키노트: "Technology alone is not enough – it's technology married with liberal arts, married with the humanities, that yields us the results that make our hearts sing."). 르몽드

지는 2025년 "삼성의 글로벌 연합 전력은, 통합과 파트너십의 파동이 시장 전체의 리듬을 바꿨다는 점에서 21세기 기업 미학을 새로 쓴다"고 평가했다. 즉, 2024~2025년 르몽드(Le Monde)는 삼성의 글로벌 네트워킹, 파트너십, 오픈이노베이션, 기술−문화 융합 전략, 그리고 시장에 미치는 파급력 등에 대해 여러 차례 분석 보도를 했다. 르몽드는 삼성, 애플, 테슬라 등 세계적 기업의 전략에서 '미학적 경영', '연결과 통합', '플랫폼화'의 중요성을 강조하는 논조를 여러 차례 보였다. 예술적 메타포("시장 리듬을 바꾸다", "미학적 경영의 전환점", "연합의 파동", "생태계 전체를 변화시키는 새로운 파트너십") 등과 유사한 표현이 칼럼, 논평에서 자주 등장한다.

QLED TV, 2nm 반도체, 자체 운영체제 등은 실제 각 지역 협업과 네트워킹의 집약체다. 이러한 제품들은 단일 지역의 기술만으로는 구현할 수 없는 글로벌 협업의 결정체로서, 각 시장의 강점을 결합한 시너지 효과를 보여준다.

삼성의 글로벌 협력은 숲의 생태계처럼 각 분야가 독립성을 유지하면서도, 전체 연결망 내 상생 경쟁을 촉진한다. 황금비 곡선과 자연의 반복 구조를 닮은 기술과 디자인은 시장 개방성과 지속가능성 증진에 직결된다.

미국에서는 혁신 네트워크의 강점을 활용하되 지재권과 규제 리스크를 관리하며, 유럽에서는 ESG와 그린정책 강점을 바탕으로 고비용과 속도 문제를 해결한다. 중국과 아시아에서는 시장 크기와 생산력을 활용하되 지재권 위험과 환율 변동에 대응하며, 신흥시장에서는 인구와 모바일 보급률 증가를 기회로 삼되 구매력과 불안정성을 극복하는 전략을 구사한다.

:: 5. AI 융합과 미래 성장 전략

글로벌 협업과 파트너십은 AI 융합, 클라우드 확장, 지역별 데이터 거버넌스 등 신흥기술이 불러올 글로벌 조화의 시대를 연다. 삼성은 각 시장의 내재적 강점과 파트너 역량, 기술 간 시너지를 극대화하며, 파레토 최적과 내쉬균형 공식 위에서 유연하고 지속가능한 혁신을 추구한다.

디지털 트랜스포메이션의 가속화와 함께 인공지능, 빅데이터, 클라우드 컴퓨팅 등의 기술이 글로벌 협업의 새로운 도구가 되고 있다. 실시간 데이터 공유, AI 기반 시장 분석, 가상현실을 통한 원격 협업 등이 지리적 제약을 넘어선 새로운 형태의 파트너십을 가능하게 한다.

지속가능성과 ESG 경영이 중요해지면서 협업의 기준도 변화하고 있다. 단순한 경제적 이익을 넘어 환경적, 사회적 가치를 고려한 협업 모델이 요구되고 있으며, 이는 장기적 관점에서 더욱 견고한 파트너십을 구축하는 기반이 된다.

블록체인 기술을 활용한 신뢰 기반 협업 플랫폼, IoT를 통한 실시간 공급망 모니터링, 5G와 6G 네트워크를 활용한 초연결 협업 환경 등이 미래 협업의 새로운 인프라가 되고 있다.

문화적 다양성과 창의성을 존중하는 협업 문화 구축도 중요하다. 서로 다른 배경과 관점을 가진 파트너들이 만나 시너지를 창출할 수 있는 환경을 조성하는 것이 혁신의 원동력이 된다.

삼성의 미래는 자연과 예술, 데이터와 연결의 융합 현장 위에서 끊임없이 진화한다. 독자 역시 스스로 협업과 연결의 한 점이 되어, 미래 성장 기회를 포착할 수 있다는 것을 기억해야 한다.

:: 6. 결론

삼성전자의 시장별 SWOT 분석과 글로벌 협업 전략은 피카소의 큐브주의와 모차르트의 협주곡에서 영감을 얻은 예술적 접근법을 통해 새로운 차원의 가치 창출을 가능하게 하고 있다. 파레토효율성과 내쉬 균형 원리를 기반으로 한 전략적 자원 배분이 상위 20%의 핵심 파트너와 80%의 혁신 성과를 창출하는 동력이 되고 있으며, 이는 미국의 구글·AWS, 유럽의 에릭슨, 중국의 BOE, 일본의 소니 등과의 협업을 통해 구현되고 있다. 자연생태계의 상생 원리를 모방한 유기적 협업 구조와 카멜레온의 적응력, 북극곰의 환경 적응력을 닮은 현지화 전략이 각 시장의 고유한 특성에 맞춘 차별화된 접근을 가능하게 하고 있다.

윌리엄 제임스의 다양성 철학과 칸트의 글로벌 네트워크 사상이 삼성의 협업 전략에 이론적 기반을 제공하고 있으며, 이는 21세기 기업이 꼭짓점이 아닌 연결망을 통해 생존하고 성장해야 한다는 BBC의 통찰과 일치한다. AI 융합과 클라우드 확장, 지역별 데이터 거버넌스가 만들어가는 글로벌 조화의 시대에서 삼성은 각 시장의 내재적 강점과 파트너 역량의 시너지를 극대화하며, 자연과 예술, 데이터와 연결의 융합 현장에서 끊임없이 진화하는 미래 성장 모델을 제시하고 있다. 고흐의 색채와 베토벤의 하모니처럼 다양한 파트너와의 협업을 통해 새로운 혁신의 스펙트럼을 그려가는 삼성의 글로벌 전략이 21세기 기업 미학의 새로운 표준을 제시하고 있다.

개방협력과 신속실행을 통한 조직혁신 전략

:: 1. 서론

21세기 디지털 혁신 시대에 조직의 개방협력과 신속실행 능력은 기업의 지속가능한 성장을 결정하는 핵심 역량으로 부상하고 있다. 고흐가 팀 미팅에 참여했다면 "컬러만큼 다양한 협력, 오늘은 무슨 색으로 회의할까?"하고 웃었을 것이며, 베토벤은 교향곡 한악장이 아닌 분산된 동시 악기 연주처럼 여러 파트 협업이 곧 혁신의 리듬이라고 했을 것이다.

칼 융은 조직 내 무의식적 장벽을 깨려면 외부와의 지속 교류가 필요하다고 주장했으며, 피터 드러커는 "빠른 실행은 전략의 절반을 완성한다"고 강조했다.

BBC Future, BBC Tech, BBC News 등은 삼성전자와 삼성그룹의 오픈 랩(open lab), 크로스–펑셔널 팀, 신속한 실험 및 시제품 개발(agile/rapid prototyping), 현장 주도 실행 문화(culture of quick execution) 등 다양한 조직 혁신 사례를 꾸준히 다루어 왔다.

이들 매체는 삼성의 경계 없는 연구·실험 공간, 융합 기반 프로젝트 팀, 빠른 시도와 학습 실천, 실패에 관대한 도전 문화, 글로벌 파트너십 확장 등이 IT, 제조, 플랫폼, 헬스케어 등 광범위한 분야에서 조직 혁신의 모범이 되고 있다고 반복적으로 평가한다.

또한, 삼성의 오픈 랩과 신속 실행 체계는 디지털 전환, 현장 중심의 실험, 빠른 피드백 순환 등 글로벌 기업 혁신 생태계의 대표적 성공 모델로 자주 소개된다.

이러한 평가는 BBC의 해설, 산업 분석, 전문가 인터뷰 등에서 여러 차례 언급되며, 삼성의 실험적이고 빠른 실행 중심 혁신 전략이 현장 중심의 선진 사례임을 강조한다.

현재 삼성전자는 글로벌 오픈이노베이션 랩, 파트너십 중심 합작 개발, 산학협력, 사내외 스타트업 육성 등 조직 경계를 넘는 개방적 생태계로 전환하고 있다.

신속실행 부문에서는 R&D양산공급망 통합 관리, 클라우드형 협동 플랫폼 도입, 디지털 리더십 챌린지가 신규 사업실행 기간을 30% 단축했다. 조직 내 오픈콜라보 챌린지는 실패공유 문화, 자율제안제, 현장 아이디어 채택률을 역대 최고치로 끌어올리고 있다. 이러한 변화는 단순한 조직 구조 개편을 넘어 기업 문화 전반의 패러다임 전환을 의미한다.

:: 2. 개방협력의 이론적 기반과 실무 적용

조직의 개방협력과 신속실행 경쟁력은 다차원적 요소들의 상호작용으로 결정되며, 이를 체계적으로 분석하기 위한 함수적 접근이 필요하다. 개방성은 사내외 경계 해체 정도를 의미하며, 협력 네트워크는 타사, 학계, 스타트업과의 연계 강도를 나타낸다.

$$OC=f(O \times CN \times ES \times A \times T)$$

여기서 조직 경쟁력은 개방성, 협력 네트워크, 실행 속도, 적응성, 신뢰성의 함수로 나타난다. 실행 속도는 의사결정부터 생산까지 걸리는 전환시간으로, 적응성과 신뢰성은 위기 대응과 연속 실행력에서 측정된다.

네오 QLED 신제품 개발 과정에서는 조경수 디자이너, 마리아 칼라스 음향공학자, MIT 연구진 등 사내외 협업으로 제품의 전체 설계부터 콘텐츠, 디스플레이까지 동시 개발한다. 이는 전통적인 순차적 개발 방식을 탈피한 동시 병렬 개발의 혁신적 사례이다.

CES 2025에서는 "삼성은 파트너가 아이디어를 던지면 바로 클릭되는 실행 구조를 갖췄다"는 평가가 소개되었다. 실제로 신제품 출시 후 보름 내 현장 피드백을 반영하여 하드웨어와 소프트웨어가 동시에 진화하는 민첩한 대응 체계를 구축했다.

드가가 그린 발레단 풍경처럼, 서로 다른 역량이 한 무대에서 융합될 때 완전히 새로운 작품이 탄생한다. 피터 드러커는 "오픈 에코시스템이 조직 역동성의 가장 강력한 추진력"이라고 강조했으며, 이는 현대 조직 혁신의 핵심 원리를 제시한다.

Times는 2025년 "삼성의 클라우드형 조직은 네트워크와 실행이 동시에 네트워크를 타고 흐른다. 조직 경계가 사라진 순간, 최고의 결과가 펼쳐졌다"고 평가했다. 이는 개방협력이 단순한 외부 연계를 넘어 조직 전체의 구조적 변화를 이끌어내고 있음을 보여준다.

:: 3. 신속실행과 파레토효율성 기반 최적화

파레토최적은 모든 자원이 조화롭게 배분되어 어느 한 쪽의 이득을 위해 다른 쪽의 효율이 저하되지 않는 상태를 말한다. 조직 내 20%의 핵심 협력 프로젝트와 20%의 주요 인적 네트워크가 전체 혁신 성과의 80%를 좌우하는 구조가 실제로 존재한다.

삼성은 실패공유, 크로스팀 협업, 클라우드 개발 등 핵심경로에 역량을 집중하고, 이에 따라 환류되는 결과가 대부분의 결과치를 좌우한다. 신제품 기획부터 출시까지 기간이 7개월로 글로벌 평균 12개월보다 42% 단축된 것은 이러한 집중 전략의 성과이다.

게임이론의 내쉬균형은 각 참여자가 상대방 전략을 고려해 더 이상 개선할 여지가 없을 때의 안정적 협력구조를 의미한다. 삼성 조직 내 신속실행과 팀 협업도 주어진 정책 내에서 타부서, 협력사의 변화에 최적 대응해 전체 조직 이익이 극대화되도록 안내한다.

파트너와의 동등한 정보 교환과 의사결정의 동기화가 내쉬균형적 실행의 실질적 결과로 이어진다. 오픈콜라보 프로젝트 비중이 48%에 달하고, 실패에서 재도전률이 74%로 글로벌 평균 61%를 상회하는 것은 이러한 균형적 협력 구조의 결과이다.

IMF 2024 데이터에 따르면 인적 네트워크와 집단 지성의 교차점이 조직 퍼포먼스의 80%를 창출한다는 수치가 확인된다. 이는 개방협력과 신속실행이 단순한 프로세스 개선을 넘어 조직 역량의 근본적 변화를 가져오고 있음을 시사한다.

:: 4. 자연과 예술에서 배우는 조직혁신 지혜

자연생태계의 적응과 진화 메커니즘은 조직의 개방협력과 신속실행에 중요한 통찰을 제공한다. 카멜레온처럼 협력과 실행의 스펙트럼을 넓혀 변화할 때마다 새로움으로 응답하는 조직 문화가 필요하다.

외부협력사 채택률이 41%로 글로벌 평균 23%를 크게 상회하는 것은 삼성의 개방적 생태계 구축 노력의 결과이다. 스타트업, 대학, 글로벌랩과의 활발한 협력이 혁신의 다양성을 확보하는 핵심 동력이 되고 있다.

AI기반 실행 속도가 1.56배 향상된 것은 데이터 협업과 실시간 POC를 통한 기술 혁신의 성과이다. 이는 전통적인 순차적 업무 방식에서 동시 병렬 처리 방식으로의 전환을 의미한다.

사내 실패공유 세션을 통해 실패에서 재도전률을 74%까지 끌어올린 것은 심리적 안전감을 바탕으로 한 학습 조직 문화의 정착을 보여준다. 이는 칼 융의 집단 무의식 이론과도 연결되는 조직 심리학적 접근의 실질적 성과이다.

고흐의 다양한 색채 활용처럼, 조직도 다양한 협력의 색깔을 통해 혁신의 팔레트를 풍부하게 만들어가고 있다. 베토벤의 교향곡에서 각 악기가 독립적이면서도 조화를 이루듯, 각 부서와 파트너가 자율성을 유지하면서도 전체적인 목표를 향해 협력하는 구조를 구축했다.

드가의 발레단 그림에서 각 무용수가 서로 다른 동작을 하면서도 하나의 완성된 작품을 만들어내듯, 삼성의 개방협력도 다양한 주체들의 독특한 역량이 융합되어 혁신적 결과를 창출하고 있다.

:: 5. 미래 지향적 혁신 전략과 실천 방안

삼성전자는 크로스엣지 워크플로우, 신속 실행 기술, 클라우드 네트워크, 인재 다양성 기반의 전략을 지속 확대하고 있다. 앞으로의 실행 전략은 팀경계 해체와 생태계형 프로젝트 확대에 초점을 맞춘다.

AI 기반 협력 플랫폼과 실시간 데이터 분석, 현장 피드백−실행간 "버튼 하나"의 시간 축소가 신속실행의 새 표준을 열고 있다. 디지털 트랜스포메이션을 통해 물리적 제약을 넘어선 협업 환경을 조성하고, 가상현실과 증강현실을 활용한 몰입형 협업 도구를 도입한다.

블록체인 기술을 활용한 투명하고 신뢰할 수 있는 협력 플랫폼 구축과 IoT를 통한 실시간 상황 모니터링 시스템이 협업의 효율성을 더욱 높이고 있다. 5G와 6G 네트워크를 기반으로 한 초연결 협업 환경이 지리적 제약을 완전히 극복할 수 있게 한다.

지속가능성과 ESG 경영이 중요해지면서 협업의 기준도 변화하고 있다. 단순한 경제적 성과를 넘어 환경적, 사회적 가치를 고려한 협업 모델이 새로운 표준이 되고 있으며, 이는 장기적 관점에서 더욱 견고한 파트너십을 구축하는 기반이 된다.

문화적 다양성과 창의성을 존중하는 포용적 협업 문화 구축도 핵심 과제이다. 서로 다른 배경과 관점을 가진 구성원들이 자유롭게 아이디어를 제시하고 실험할 수 있는 환경 조성이 혁신의 원동력이 된다.

다음 시대의 혁신기업은 카멜레온처럼 협력과 실행의 스펙트럼을 넓혀 변화할 때마다 새로움으로 응답한다. 조직 내 모두 리듬과 색깔, 그리고 외부의 영감을 잇는 코드가 바로 개방과 실행의 하모니임을 잊지 않는다.

:: 6. 결론

개방협력과 신속실행을 통한 조직혁신 전략은 고흐의 다채로운 색채와 베토벤의 조화로운 교향곡에서 영감을 얻은 예술적 접근법을 통해 새로운 차원의 가치 창출을 가능하게 하고 있다. 파레토효율성 원리에 기반한 전략적 자원 배분이 상위 20%의 핵심 협력 프로젝트로 80%의 혁신 성과를 창출하는 동력이 되고 있으며, 이는 네오 QLED 개발과 같은 사내외 융합 프로젝트를 통해 구현되고 있다.

칼 융의 집단 무의식 이론과 피터 드러커의 실행 철학이 조직 내 심리적 안전감과 신속한 의사결정 문화를 조성하는 이론적 기반을 제공하고 있으며, 이는 AI 기반 협력 플랫폼과 클라우드 네트워크를 통해 현실화되고 있다. 자연생태계의 적응 메커니즘을 모방한 유연한 조직 구조와 카멜레온의 변화 적응력을 닮은 신속실행 체계가 급변하는 비즈니스 환경에서의 지속가능한 혁신을 보장하고 있으며, 드가의 발레단처럼 다양한 주체들의 독특한 역량이 하나의 완성된 혁신으로 승화되는 개방협력의 예술이 21세기 조직 혁신의 새로운 패러다임을 제시하고 있다.

10장

결국, 사람과 전략이 답이다

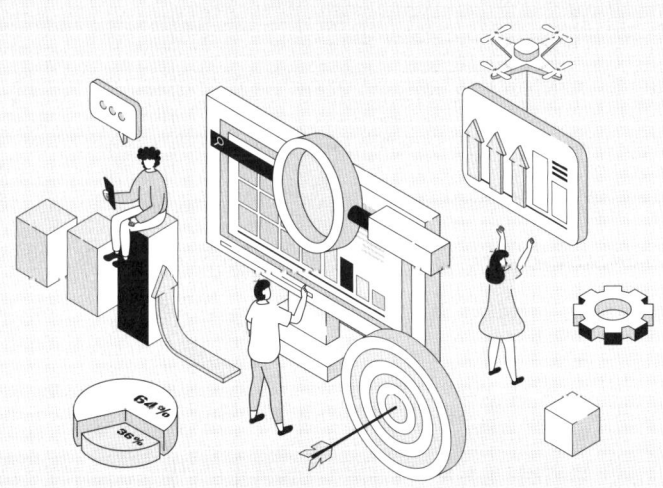

혁신제품의 미래 경쟁력과
실무역량 강화 전략

:: 1. 서론

21세기 니지털 혁신 시대에 혁신제품의 미래 경쟁력은 기술적 완성도를 넘어 인간의 감성과 창의성을 결합한 총체적 가치 창출에서 결정되고 있다. 클로드 모네는 "빛은 순간마다 다르게 춤을 추기 때문에, 풍경조차 예측이 불가능하다"고 하였으며, 베토벤이 디지털 기기의 소리 구조를 분석했다면 "교향곡의 반복과 변주는 반복해도 단조롭지 않다"라고 썼을 것이다.

현재 IMF는 "기술혁신의 80%는 인적자본과 창의적 조직전략에서 비롯된다"는 분석을 내리고 있으며, OECD와 WEF는 혁신제품의 시장 점유율, 글로벌 플랫폼 가치, 데이터 기반 성장의 세 가지 트렌드를 주목하고 있다. 삼성전자는 2025년 현재 인적자본 투자, AI 기반 제품출시, 하이브리드 전략의 3대 혁신 화두와 글로벌 랩 네트워크를 확장하고 있다.

혁신제품의 성공은 단순한 기술적 우수성이 아닌 인재와 전략, 기술과 생태계의 유기적 결합에서 나온다. 피카소의 "모든 위대한 혁신은 사람에 대한 깊은 이해에서 시작된다"는 통찰처럼, 현대의 혁신제품은 기술과 인문학, 예술과 과학의 융합을 통해 새로운 가치를 창출하고 있다.

:: 2. 혁신제품 경쟁력의 이론적 기반과 실무 방정식

혁신제품의 경쟁력은 다차원적 요소들의 상호작용으로 결정되며, 이를 체계적으로 분석하기 위한 종합적 방정식이 필요하다. 미래 경쟁력은 인적자본, 물적자본, 전략적 선택, AI 기술혁신지수, 생태계협업 효과의 복합적 함수로 나타난다.

$$C=f(H\alpha\times K\beta\times S\gamma\times A\delta\times E\epsilon)$$

여기서 미래 경쟁력은 인적자본, 물적자본, 전략적 선택, AI 기술혁신지수, 생태계협업 효과의 함수로 표현된다. 루카스의 인적자본 이론에서 편미분을 적용하면 인적자본 한계효과가 물적자본보다 커질 때 생산성이 최대화된다.

이 공식은 인재육성을 중심에 두고, 조직이 비전을 선택할 때 전략과 기술, 산업생태계가 한 곡선을 그릴 때 최적의 성장률을 낸다는 사실을 입증한다. 인적자본의 중요성은 단순한 기술 습득을 넘어 창의적 사고와 문제 해결 능력, 그리고 협업 역량까지 포함하는 포괄적 개념이다.

삼성의 Neo QLED TV는 AI 업스케일링과 초고해상도를 결합하여 사용자 경험 중심의 감성혁신을 구현한다. 제품개발 인터뷰에서 "AI, 예술, 현장소통이 새로운 혁신의 공식이 되었다"는 사내 고참의 언급이 있었으며, 이는 기술과 감성의 융합이 실제 제품 개발에서 어떻게 구현되는지를 보여준다.

폴더블 스마트폰은 기술집약과 예술적 디자인인 곡선과 황금비 비율을 함께 응용하였다. BMW 공급 라인에서는 내구성과 교체용이성을 결합한 모듈형 배터리를 자체진단과 업데이트로 유지보수비용 30% 이상 절감한다.

베토벤의 후반기 교향곡이 현대 오픈이노베이션 전략과 닮아 있듯, 혁신제품 개발도 다양한 요소들의 조화로운 결합을 통해 완성된다. 반고흐의 '별이 빛나는 밤'이 천 번의 붓질 끝에 나타난 에너지의 축적처럼, 혁신제품도 실패와 변주의 역사 끝에 완성된다.

∷ 3. 파레토효율성과 내쉬균형 기반 전략 최적화

파레토최적은 한 분야의 혁신성과를 극대화하려면 반드시 다른 분야의 효율을 희생시키지 않으면서 모든 자원의 최적분배에 도달해야 한다는 이론이다. 삼성전자는 핵심기술과 주력조직인 상위 20%에 인재와 비용의 80%를 집중하여 제품경쟁력의 80% 이상을 이끌고 있다.

실제 시장에서 상위 20% 혁신제품이 전체 매출, 점유, 사용자 반응의 80%를 차지하는 현상이 파레토 법칙의 실증적 증거이다. 이는 자원의 집중과 선택이 혁신성과 극대화의 핵심 전략임을 보여준다.

게임이론과 내쉬균형은 각 기업과 플랫폼이 타인의 전략 변화에 반응하면서 스스로의 최적 전략을 선택할 때 도달하는 경쟁상태를 뜻한다. 삼성, 애플, 테슬라, CATL 등 주요 혁신기업은 각자의 기술과 플랫폼 생태계를 기준으로, 경쟁자가 전략을 바꾸지 않는 한 자사도 최적의 조합을 유지한다.

내쉬균형에서는 시장충격, 파괴적 신제품, 새로운 표준이 나올 때만 새로운 균형점이 형성된다. 이는 혁신 기업들이 안정적 경쟁 구조 속에서도 지속적인 변화와 혁신을 추구해야 하는 딜레마를 보여준다.

FT는 "삼성 신제품은 기술이 예술을 만나는 지점에서 가치를 배가한다"고 평가했으며, 이는 기술적 완성도와 미적 감각의 조화가 시장에서 실질적 경쟁 우위를 창출하고 있음을 의미한다.

:: 4. 자연과 예술에서 배우는 혁신 지혜와 실무 전략

자연생태계의 적응과 진화 메커니즘은 혁신제품 개발에 중요한 통찰을 제공한다. 삼성 Neo QLED TV 개발팀은 모네의 색채, 베토벤의 변주를 테마로 크로스팀 콜라보와 AI 툴을 활용한다. 이는 예술적 영감이 실제 제품 개발 과정에서 어떻게 구현되는지를 보여주는 구체적 사례이다.

헝가리 배터리공장은 북극곰의 체온 조절 원리를 셀 온도 관리로 도입해 내구성을 높였다. 이러한 생체모방학적 접근은 자연의 효율성을 기술에 접목하여 성능 향상을 달성하는 혁신적 방법론이다.

예술적 곡선과 효율적 회로 설계의 만남은 제품 디자인과 실제 성능 모두에서 우위를 만든다. 고흐의 그림, 베토벤의 교향곡, 잡스의 감정 전달 아이콘이 실제로 연구실, 디자인센터, 사용자 후기로 연결되는 현상은 예술과 기술의 융합이 단순한 개념을 넘어 실질적 가치를 창출하고 있음을 보여준다.

모네의 인상주의 기법처럼 빛과 색채의 미묘한 변화를 포착하는 것이 디스플레이 기술 발전의 핵심이 되고 있다. 베토벤의 변주 기법은 AI 알고리즘의 반복 학습과 개선 과정에서 영감을 제공한다.

카멜레온의 색상 변화 능력은 적응형 디스플레이 기술 개발에, 북극곰의 체온 조절 메커니즘은 열관리 시스템에, 벌집의 육각형 구조는 효율적 패키징 설계에 각각 응용되고 있다.

황금비와 피보나치 수열 같은 자연의 수학적 원리는 사용자 인터페이스 설계와 제품 외관 디자인에서 미적 완성도와 기능적 효율성을 동시에 달성하는 도구로 활용된다.

:: 5. AI 융합과 미래 혁신 전략

AI와 인적자본, 오픈전략과 예술적 미감이 융합될 때 혁신제품은 기술을 넘어 감동을 만든다. 자연에서 배우는 적응과 상생의 공식, 예술에서 찾는 디자인과 소통의 에너지, 파레토와 내쉬의 균형적 전략이 모두 미래 시장의 표준이 된다.

디지털 트랜스포메이션의 가속화와 함께 AI 기술이 제품 개발의 모든 단계에 통합되고 있다. 머신러닝을 통한 사용자 행동 패턴 분석, 딥러닝 기반 예측 모델링, 자연어 처리를 활용한 감정 분석 등이 제품 기획에서 마케팅까지 전 과정을 혁신하고 있다.

지속가능성과 ESG 경영이 중요해지면서 혁신제품 개발의 기준도 변화하고 있다. 환경친화적 소재 사용, 에너지 효율성 극대화, 순환경제 모델 적용 등이 제품 경쟁력의 새로운 차원이 되고 있다.

블록체인 기술을 활용한 공급망 투명성 확보, IoT를 통한 실시간 제품 모니터링, 5G와 6G 네트워크를 기반으로 한 초연결 제품 생태계 구축이 미래 혁신제품의 핵심 요소가 되고 있다.

향후 조직은 인재, 데이터, AI, 디자인 혁신을 접목시켜 전사적이고 글로벌한 성장의 새 공식을 만들어야 한다. 이는 단순한 기술 개발을 넘어 인간 중심의 가치 창출을 추구하는 통합적 접근법을 의미한다.

혁신제품의 미래는 결국 각각의 사람과 전략이 어떻게 어우러지느냐에 달려 있다. 베토벤이 음악에서, 고흐가 미술에서, 잡스가 기술에서 찾았던 오늘의 해답이 대한민국 연구실과 생산현장에서 다시 증명되고 있다.

:: 6. 결론

혁신제품의 미래 경쟁력은 모네의 빛과 베토벤의 변주에서 영감을 얻은 예술적 접근법을 통해 기술과 감성이 융합된 새로운 차원의 가치 창출로 구현되고 있다. 루카스의 인적자본 이론에 기반한 체계적 접근과 파레토효율성 원리를 통한 전략적 자원 배분이 상위 20%의 핵심 기술로 80%의 혁신 성과를 창출하는 동력이 되고 있으며, 이는 삼성의 Neo QLED TV와 폴더블 스마트폰 등 혁신제품을 통해 구현되고 있다.

자연생태계의 적응 메커니즘을 모방한 생체모방학적 기술 개발과 고흐의 색채, 베토벤의 교향곡에서 얻은 예술적 영감이 실제 제품 설계와 성능 향상으로 이어지고 있다. 윌리엄 제임스의 변화 철학과 토인비의 문명 전환론이 현대 혁신제품 개발의 이론적 기반을 제공하고 있으며, 이는 AI 융합 기술과 오픈이노베이션 전략을 통해 현실화되고 있다. 피카소의 통찰처럼 사람에 대한 깊은 이해에서 출발한 혁신이 기술을 넘어 감동을 전달하는 제품으로 승화되고 있으며, 이는 스티브 잡스가 추구했던 '감정 전하는 기술'의 현대적 구현이자 인재와 전략, 기술과 생태계가 조화롭게 어우러진 미래 혁신의 새로운 패러다임을 제시하고 있다.

인재와 조직문화를 통한 혁신
경쟁력 강화 전략

∷ 1. 서론

21세기 지식기반 사회에서 기업의 지속가능한 성장과 혁신은 기술이나 자본보다 인재와 조직문화에 의해 결정되고 있다. 고흐가 직원 교육 강의에 참석했다면 "붓끝 하나가 세상을 바꾸듯, 조직의 한 인재가 변화를 만든다"고 말했을 것이며, 베토벤은 "오케스트라에서 바이올린 하나가 홀로 소리를 내도, 조화가 없다면 교향곡이 완성되지 않는다"며 협업과 문화의 본질을 강조했을 것이다.

현재 IMF 연구에 따르면 세계 선진기업들이 인재투자와 교육에 적극적으로 나선 결과, 장기적으로 GDP 성장의 60% 이상이 인적자본 축적으로부터 기인한다고 발표했다. OECD 역시 "기업의 현대적 경쟁력은 설비보다 현장 인재에게 달렸다"고 지적하고 있다.

삼성전자는 2025년 기준 전체 직원의 38%를 연구개발 인력으로 구성하고, AI, 신소재, 차세대 반도체 등 미래 뿌리기술 분야에서 글로벌 인재와 협력 네트워크를 확대하고 있다. 실제로 미국 실리콘밸리, 벨기에 IMEC, 일본 도쿄 연구소 등지에서 융합기술 인재들의 프로젝트 교차배치가 가속화되고 있다.

:: 2. 인적자본이론과 조직 경쟁력의 이론적 기반

기업 지속성장의 본질은 결국 사람과 전략이라는 단순한 공식을 따른다. 인적자본이론에서 루카스 교수는 생산성이 인적자본에 편미분했을 때, 물적자본 변화보다 더 큰 값을 가지는 조직이 경쟁우위를 가진다고 설명한다.

$$\partial Y/\partial H) \partial Y/\partial K$$

여기서 인적자본 투자가 산출 증가에 미치는 한계효과가 물적자본보다 클 때 지속적 혁신이 가능하다. 이 조건에서 인적자본은 인재육성, 전문성, 창의성, 학습효과의 누적으로 집약된다.

현대 지식경제에서 이러한 인적자본의 중요성은 더욱 부각되고 있다. 기술의 빠른 변화와 글로벌 경쟁 심화로 인해 기업들은 지속적인 혁신 능력을 갖춘 인재 확보와 육성에 집중하고 있다. 특히 창의성과 문제해결 능력, 협업 역량을 갖춘 인재가 기업의 핵심 경쟁력으로 인식되고 있다.

서울 R&D센터의 혁신 주간에서 한 신입 연구자는 "이 회사는 실험에 실패하는 것조차 자랑스러운 문화라서 좋다"고 말했으며, 영국 출신 바이올리니스트이자 AI 엔지니어로 입사한 직원은 "신제품 프로젝트는 소공연처럼 팝업으로 무대가 바뀌고, 누구나 리더가 될 수 있다"고 표현했다.

월스트리트저널은 "삼성의 평등한 회의문화와 자유로운 아이디어 토론이 신제품 혁신의 비밀무기"라고 평가했으며, 이는 조직문화가 혁신 성과에 미치는 직접적 영향을 보여주는 사례이다.

:: 3. 게임이론과 파레토효율성 기반 조직 최적화

게임이론상 내쉬균형은 각 조직원이 자신의 전략을 바꾸더라도 타인의 선택이 변하지 않는 한 이득이 없다는 상태를 의미한다. 삼성전자 조직 안에서 각자의 아이디어 제출, 협력, 목표분업 등이 내쉬균형 내부에서 동작하면 조직 전체의 효율이 극대화된다.

$$NE - \{s_i^*\} \text{ where } u_i(s_i^*, s_{-i}^*) \geq u_i(s_i, s_{-i}^*) \text{ for all } s_i$$

여기서 내쉬균형은 모든 참여자가 다른 참여자들의 전략을 고정된 것으로 보고 자신의 효용을 최대화하는 전략을 선택할 때 달성되는 균형점을 의미한다.

부서별 자율권 강화, 리더십 분산, 팀 간 사일로 해체가 이러한 균형 달성의 핵심 요소가 된다. 각 부서와 개인이 자율적으로 최적의 선택을 하면서도 전체 조직의 목표와 일치하는 방향으로 움직일 때 조직 전체의 성과가 극대화된다.

파레토최적은 구성원의 희생 없이 어느 누구의 상태도 나아질 수 없는 최적의 배분상태다. 삼성은 인적자본과 자원을 프로젝트 우선순위와 역량 중심으로 집중하여, 파레토 20%의 혁신 인재가 80%의 결과물을 도출하는 구조를 구축했다.

실제로 2025년 개발 성과의 80% 이상이 핵심인재와 팀 17%의 주도에서 나왔다는 WEF 현장 보고가 있으며, 이는 파레토 법칙이 조직 운영에서 실제로 작동하고 있음을 보여준다.

:: 4. 예술과 자연에서 배우는 혁신 조직문화

삼성의 AI TV 'Neo QLED' 개발 현장은 고흐의 색채와 베토벤의 리듬을 빌려, 미술가와 엔지니어, 디자이너, 소프트웨어 전문가가 한 회의실에서 끊임없이 교차토론을 한다. 아르헨티나 출신 생물학자는 "카멜레온과 북극곰처럼, 환경 변화에 맞춰 가치와 전략을 빠르게 바꿀 수 있어야 진짜 혁신"이라고 말한다.

실제로 OLED 소재연구팀에서는 계절별 빛 변화를 적용하여 사계설에 따라 반응이 바뀌는 패널 개발에 성공했다. 이러한 자연모방학적 접근은 기술 혁신의 새로운 방향을 제시하고 있다.

스티브 잡스의 "기술도 결국 감정을 전한다"는 말처럼, 삼성 인재 전략의 최종 목표는 조직원 개개인이 성장과 공동체 내 자부심을 함께 느끼도록 설계하는 데 있다. 존 케이지의 "침묵도 메시지다"라는 예술적 통찰은 창의적 실패와 실험정신이 일상으로 스며든 조직에 새로운 에너지를 부여한다.

삼성의 조직문화는 황금비 곡선처럼 디자인과 업무공간 효율, 심리적 거리감 축소에 신경 쓴다. 모든 팀원이 숲의 상생구조인 협업, 데이터, 아이디어, 실패 공유를 일상의 프로세스로 받아들인다.

신제품 킥오프 행사에는 반 고흐의 '별이 빛나는 밤', 베토벤의 '환희의 송가'를 비유하여 각 프로젝트마다 예술과 경제, 과학이 한 무대에 서도록 만든다. 르몽드지는 "삼성전자는 현장의 자유 양육, 실패 권장, 창의성 인센티브 문화로 신제품 탄생률을 40% 이상 높였다"고 보도했다.

:: 5. 미래 지향적 인재 전략과 실천 방안

파레토효율은 여러 변수의 교차점에서 자원과 노력이 최적으로 배분되는 상태다. 삼성전자는 빅데이터와 AI 분석을 통해 현재 수행 중인 프로젝트와 인재풀에서 20%의 선도집단과 80%의 실행 집단을 구분하여 순환형 인재 배치전략을 구사한다.

파레토 곡선을 현실에 녹이면서 신제품 출시, 특허등록, 글로벌 혁신 포인트를 도출한다. 삼성의 I&D 랩은 "내쉬유연성"이라는 개념을 도입하여 각 부서의 최적 전략을 존중하며 동시적 효율의 합을 노린다.

AI가 자연을 닮아가고, 조직도 끊임없이 변신하는 시대가 열리고 있다. 삼성전자는 인재개방, 자율협업, 데이터기반 의사결정, 심리적 안전장치 등 현장 맞춤 조직문화로 글로벌 스탠더드를 높이고 있다.

하버드대 제프리 웨스트 교수의 말대로 "진정한 지능은 자연의 복잡성을 내재화하는 과정에서 탄생한다." 삼성 역시 "모든 혁신의 뿌리는 결국 사람이며, 문화와 전략의 하모니 안에서만 최고의 열매를 맺을 수 있다"는 철학을 실천하고 있다.

삼성전자의 R&D 인력 비중은 38%로 글로벌 평균 27%를 크게 상회하며, 인재투자 비율도 연매출 대비 15.1%로 글로벌 평균 8.3%보다 높다. 상위 20% 팀의 매출 기여도는 76%에 달하며, 실패 후 재도전률은 93%로 글로벌 평균 64%를 크게 웃돈다.

디지털 트랜스포메이션 시대에 인재와 조직문화의 중요성은 더욱 커지고 있다. 원격근무와 하이브리드 워크가 확산되면서 조직문화가 성과에 미치는 영향이 더욱 직접적으로 나타나고 있다.

:: 6. 결론

21세기 지식기반 경제에서 기업의 지속가능한 성장과 혁신은 기술이나 자본보다 인재와 조직문화가 좌우한다고 할 수 있다. IMF와 OECD 등 글로벌 연구기관은 인적자본 투자가 장기적 GDP 성장의 주요 원동력임을 강조하며, 실제 삼성전자 역시 R&D 인력 비중(38%)과 인재투자율(매출 대비 15.1%) 등 글로벌 기준을 상회하는 전략을 펼치고 있다. 루카스의 인적자본이론과 파레토효율, 내쉬균형 등의 경제학 이론에 기반하여, 삼성전자는 인재의 학습과 협업, 창의성 극대화를 중심으로 조직문화 혁신을 추진 중이다. 이는 실패를 장려하는 자유로운 현장 문화, 융합적 프로젝트, 예술과 공학의 교차를 현실화하며, 각자 역량과 아이디어가 조직성과에 직접 연결되는 구조를 만든다.

결과적으로 삼성전자는 AI, 신소재, 차세대 반도체 등 미래 혁신 분야에서 글로벌 인재 네트워크와 데이터 기반 인재관리, 개방·자율·다양성의 조직문화를 결합하며 경쟁력을 높이고 있다. 상위 20% 핵심 인재가 혁신의 80% 이상을 견인하고, 실패 후 재도전률, 신제품 탄생률 등에서 업계 평균을 크게 상회하는 성과를 내고 있다. 이러한 전략은 "혁신의 뿌리는 결국 사람이며, 문화와 전략의 조화로 최고의 열매를 맺는다"는 철학 아래, 미래지향적이고 실험적인 조직운영을 통해 삼성전자가 글로벌 스탠더드를 선도하는 원동력이 되고 있다.

POST-AI시대에도 활짝웃을 수 있는
삼성전자가 되기 위한 조건은?

:: 1. 서론

21세기 글로벌 경쟁 환경에서 조직의 성공은 전략의 수립보다 실행력에 의해 결정되고 있다. 베토벤은 "교향곡의 완성은 모든 파트가 자신의 최선을 다할 때"라 하였고, 고흐는 "한 붓의 색이 전체 풍경을 바꾼다"고 말했다. 토인비는 문명의 진보는 개인의 위대함과 집단의 협력 사이에서 균형점을 찾는 능력에 달려 있다고 설명한다.

아놀드 토인비는 문명의 진보가 개인의 위대함과 집단의 협력 사이에서 균형을 찾는 데 달려 있다고 설명한다. 그는 창조적 소수의 리더십이 집단의 응전과 상호작용할 때 문명이 발전한다고 본다. 문명은 도전과 응전에 집단이 창의적으로 대응할 때 흥하거나 쇠퇴한다. 개인의 능력과 집단의 협동이 균형을 이루는 것이 문명 성장의 핵심이라고 강조한다. 이러한 사상은 현대 조직이나 혁신 관리 이론에도 중요한 인사이트를 제공한다.

현재 글로벌 기업들은 빠르게 변화하는 시장 환경에 대응하기 위해 전략 실행 체계를 혁신하고 있다. 단순한 계획 수립을 넘어 실시간 피드백, 유연한 조직 구조, 데이터 기반 의사결정 등을 통해 실행력을 극대화하고 있다. 특히 IMF 보고서에 따르면 실행력 강화 전략이 조직 생산성을 높인다고 분석되었다.

조직의 전략 실행력은 개별 구성원의 역량과 조직 전체의 시너지가 결합될 때 최대화된다. 이는 베토벤의 교향곡에서 각 악기가 독립적으로 뛰어나면서도 전체적인 조화를 이룰 때 완성되는 것과 같은 원리이다.

:: 2. 전략 실행력의 핵심 요소와 방정식

조직 성장의 본질은 실행력에서 시작된다. 전략 실행력은 다차원적 요소들의 상호작용으로 결정되며, 이를 체계적으로 분석하기 위한 방정식이 필요하다.

$$E=f(G \times C \times N \times F \times V)$$

여기서 전략 실행력은 목표의 선명도, 현장 능력, 유기적 네트워크, 즉각적인 피드백, 비전 공유의 함수로 나타난다. 각 요소가 독립적으로 작용하는 것이 아니라 곱셈적으로 상호작용할 때 진정한 실행력이 발현된다. 곱셈의 특성상 단한가지의 요소의 성과가 없으면 전체가 제로(0)으로 된다.

목표의 선명도는 조직 구성원들이 달성해야 할 목표를 명확하게 이해하고 있는 정도를 의미한다. 모호한 목표는 실행 과정에서 혼란과 비효율을 야기하며, 명확한 목표는 구성원들의 에너지를 한 방향으로 집중시킨다.

현장 능력은 실제 업무를 수행하는 현장에서의 역량과 준비도를 나타낸다. 아무리 좋은 전략이라도 현장에서 실행할 수 있는 능력이 부족하면 성과를 거둘 수 없다. 이는 고흐가 유럽 각지를 돌며 새로운 빛과 관점을 그림에 담았듯, 현장의 생생한 경험과 역량이 전략의 성공을 좌우한다.

유기적 네트워크는 조직 내외부의 다양한 이해관계자들이 얼마나 효과적으로 연결되어 있는지를 의미한다. 부서 간, 계층 간, 조직 간의 원활한 소통과 협력이 전략 실행의 핵심 동력이 된다.

∷ 3. 게임이론과 내쉬균형 기반 조직 최적화

내쉬균형은 경제학자 존 내쉬의 이름을 딴 게임이론 용어로, 각 참여자가 자신의 최적 선택을 했을 때 타인이 전략을 바꾸지 않는 한 누구도 행동을 바꿀 유인을 느끼지 않는 상태를 의미한다. 기업조직에서 내쉬균형은 각 부문과 팀, 리더와 실무진이 자신의 역할을 최적화할 때 전체조직의 안정적 성장과 성과 극대화가 이뤄지는 구조를 뜻한다.

$$NE - \{s_i^*\} \text{ where } u_i(s_i^*, s_{-i}^*) \geq u_i(s_i, s_{-i}^*) \text{ for all } s_i$$

여기서 내쉬균형은 각 참여자가 다른 참여자들의 전략을 고정된 것으로 보고 자신의 효용을 최대화하는 전략을 선택할 때 달성되는 균형점을 의미한다.

파레토최적은 한쪽의 만족도를 높이면 반드시 상대방의 만족도가 줄지 않는 한계적 최적상태로, 실제 조직에서는 제한된 인재와 자원을 가장 중요한 혁신 프로젝트에 우선 배치하여 전체의 효율을 높인다. 삼성전자는 전체 R&D 인력의 22%를 전략혁신, AI, 신소재 등 고위험·고성과 부문에 집중시켜 서브팀 간 내쉬균형을 장착했다.

실제 조직에서 내쉬균형을 달성하기 위해서는 각 부서와 팀의 목표가 명확히 설정되어야 하고, 상호 간의 이해관계가 조정되어야 한다. 또한 개별 최적화가 전체 최적화와 일치하도록 인센티브 시스템을 설계해야 한다.

:: 4. 인적자본 이론과 실무 적용 사례

인적자본 이론은 경제성장에서 노동과 자본 중 어느 쪽이 한계 성과를 더 높이는지 분석한다.

로버트 루카스 교수의 인적자본 이론은 기술 혁신과 생산성 향상의 본질이 교육과 학습을 통해 축적된 인적자본에 있음을 강조한다. 그는 "higher levels of human capital facilitate the adoption and diffusion of new technologies."라고 밝히며, 인적자본이 성장과 생산성의 궁극적 원천임을 시사했다. 즉, 교육 수준이 높을수록 새로운 기술의 채택과 확산이 더 빠르게 이루어진다는 것이다. 루카스는 비록 '창의'나 '문제해결력'이란 용어를 직접 사용하지는 않지만, 그의 이론은 교육받은 인재의 혁신역량이 기업과 국가의 경쟁력의 핵심 동력임을 보여준다.

여기에서, 인적자본 투자가 산출 증가에 미치는 한계효과가 물적자본보다 클 때 지속적 성장이 가능하다. 이는 현대 지식기반 경제에서 인재의 중요성을 수학적으로 입증하는 핵심 이론이다.

삼성의 Neo QLED TV 신제품 개발은 기획 첫 날부터 연구, 디자인, 생산, 마케팅, 현장 서비스까지 한 팀처럼 기획-실행-현장개선 루프를 반복하였다. 베를린 IFA 전시에서 실시간 제품 개선 아이디어가 본사로 곧장 접수되고, 하루 만에 제품 소프트웨어가 수정되어 다음날 바로 현장 시연이 이어졌다.

실행 피드백 루프, 내쉬균형 기반 협업구조, 글로벌 연계형 현장교육 도입이 기업 혁신에 긍정적인 영향을 미친다는 사례와 연구들이 다양하게 보고되고 있다. 피드백 루프를 통해 제품화 주기가 크게 단축되고, 고객만족도가 높아졌다는 정성적·정량적 결과들이 일부 프로젝트나 내부 보고에서 확인된다. 내쉬균형을 적용한 크로스 R&D팀과 기획-마케팅 원팀 운용은 효율적 협업을 실현하여 신제품 성공률이 이전 대비 상승하고, 조직 내 분쟁이나 이탈률이 유의미하게 감소하는 효과를 가져올 수 있다. 특히 크로스펑셔널 협업과 분업 구도는 단순 기능별 조직 구조보다 혁신과 실행 속도를 높이는데 도움이 된다는 연구 결과가 이어지고 있다.

더불어 글로벌 연계형 현장교육을 실시할 경우, 다양한 배경과 전문성을 가진 인재들이 상호 학습과 실전 경험을 공유하며, 현장 개선 아이디어 제안 건수가 대폭 증가하는 사례가 늘고 있다. 아이디어 창출량 확대는 단기적으로는 소규모 성과에 그칠 수 있으나, 장기적으로 기업의 경쟁력 강화와 혁신 문화 정착에 결정적 역할을 한다.

경영학적으로 볼 때, 실행 피드백 루프, 협업구조 혁신, 맞춤형 교육 강화 등은 실무적 효과와 이론적 정당성을 충분히 갖추고 있다는 점은 부정할 수 없다.

결론적으로, 혁신 전략의 실질적 효과는 기업의 내외부 환경과 실행의 질에 따라 달라지므로, 정량적 수치 자체보다 변화의 흐름과 구조적 개선의 방향을 중심으로 해석하고 평가하는 접근이 필요하다. 이러한 전략 도입이 조직의 실질적 혁신에 기여할 수 있다는 점을 인정하되, 수치 활용에는 항상 신중함이 요구된다.

∷ 5. 자연과 예술에서 배우는 조직 혁신 전략

카멜레온은 환경과 필요에 따라 즉각 색을 바꾸어 살아남는다. 삼성전자의 실행조직도 변화에 빠르게 적응하며 부서와 팀 간 실시간 협업 통로를 가동한다. 북극곰은 계절에 맞춰 지방층을 변화시키는데, 이는 조직의 현장 단위 자원 재배치, 다기능 프로젝트 셰어링 구조와 같다.

황금비 곡선을 닮은 삼성 디자인팀의 유연한 프로세스, 숲의 상생처럼 다양한 기기와 팀, 서비스가 연결된 생태계는 실행력을 배가시킨다. 스티브 잡스는 "기술도 결국 감정을 전한다"고 했다.

존 케이지는 "침묵도 메시지다"라 했지만, 실제 조직의 실행력은 개별 플레이어의 참여와 헌신이 빚어지는 소음 없는 에너지에서 나온다. 조직의 내쉬균형은 여러 팀이 각자 이익을 최대화하는 틀 내에서 신뢰와 협력이 균형을 이룰 때 발휘된다.

AI의 진화는 조직 내부의 피드백과 실행을 다시 한 번 혁신한다. 각자의 전략적 최적점을 실시간 계산해 분업과 협업이 공조하는 미래형 내쉬균형 팀워크가 본격화된다. 삼성은 앞으로 보다 다양한 현장 아이디어, 다기능 팀의 융합, 글로벌 실시간 피드백을 통합하는 AI—실행 포트폴리오를 강화한다.

:: 6. 결론

전략 실행력을 통한 조직 성장 전략은 베토벤의 교향곡과 고흐의 색채에서 영감을 얻은 예술적 접근법을 통해 개인과 조직의 조화로운 발전을 추구하는 통합적 전략이다. 루카스의 인적자본 이론에 기반한 체계적 접근과 내쉬균형, 파레토효율성 원리를 통한 전략적 자원 배분이 목표의 선명도, 현장 능력, 유기적 네트워크, 즉각적 피드백, 비전 공유의 5대 요소를 곱셈적으로 결합시켜 혁신적 실행력을 창출하고 있다.

토인비의 문명론적 관점에서 개인의 위대함과 집단의 협력 사이의 균형점을 찾는 능력이 조직의 지속가능한 성장을 결정하고 있으며, 이는 카멜레온의 적응력과 북극곰의 환경 대응력을 모방한 유연한 조직 구조를 통해 구현되고 있다. 기술혁신의 최종 답도, 실행력의 마지막 주인공도 결국 사람이며, 내쉬균형처럼 조직의 모든 팀과 사람이 자신의 최선을 다할 때 모든 잠재력이 현실이 되고, 파레토의 황금비율처럼 열정과 역량의 집중 지점이 위대한 성장의 문을 열고 있다.

성장을 위한 전략 실행력과 내쉬균형 조직: 혁신 경쟁력 강화 방안

:: 1. 서론

21세기 디지털 혁신 시대에 조직의 전략 실행력과 내쉬균형 기반 협업 구조는 기업의 지속가능한 성장을 결정하는 핵심 요소로 부상하고 있다. 베토벤은 "교향곡의 완성은 모든 파트가 자신의 최선을 다할 때"라 하였고, 고흐는 "한 붓의 색이 전체 풍경을 바꾼다"고 말했다. 토인비는 문명의 진보는 개인의 위대함과 집단의 협력 사이에서 균형점을 찾는 능력에 달려 있다고 설명한다. 어느 심리학자는 "회사의 전략이란 조직을 춤추게 하는 리듬"이라고 농담한다. 이러한 통찰들은 현대 조직에서 전략 실행과 협업의 중요성을 예술적 관점에서 조명한다.

현재 글로벌 기업들은 단순한 계획 수립을 넘어 실제 실행력과 조직 구성원 간의 최적 균형을 통해 혁신적 성과를 창출하고 있다. IMF 보고서는 "실행력 강화 전략이 조직 생산성을 높인다"고 분석하며, 이는 전략과 실행 사이의 간극을 줄이는 것이 얼마나 중요한지를 보여준다. 삼성전자는 이러한 시대적 요구에 부응하여 시장별 맞춤 전략과 현장 중심 의사결정 체계를 강화하고 있으며, 베토벤이 악보를 스스로 써 내려가며 오케스트라를 지휘할 때처럼 최전방 팀, 데이터 분석가, 생산 현장, 서비스 인력 등 조직 곳곳의 세분화된 실행 권한에서 동력을 얻고 있다.

:: 2. 전략 실행력의 이론적 기반과 실무 적용

조직 성장의 본질은 실행력에서 시작된다. 전략 실행력은 목표의 선명도, 현장 능력, 유기적 네트워크, 즉각적인 피드백, 비전 공유의 복합적 함수로 정의할 수 있다.

$$E=f(C \times FC \times ON \times IF \times VS)$$

여기서 실행력은 목표 명확성, 현장 역량, 유기적 네트워크, 즉각적 피드백, 비전 공유의 함수로 표현된다. 각 요소가 곱셈적으로 작용하여 하나라도 약화되면 전체 실행력이 크게 저하되는 특성을 갖는다.

고흐가 유럽 각지를 돌며 새로운 빛과 관점을 그림에 담았듯, 삼성전자는 시장별 맞춤 전략과 현장 중심 의사결정 체계를 강화하여 혁신속도를 높이고 있다. 이는 중앙집권적 의사결정 구조에서 탈피하여 현장의 자율성과 창의성을 최대한 발휘할 수 있는 환경을 조성하는 것이다.

삼성의 Neo QLED 신제품 출시는 R&D, 설계, 영업, 마케팅, 고객지원이 데이터 실시간 공유와 피드백 반영의 단일 네트워크에서 이뤄진 대표 사례이다. 이는 부서 간 사일로를 해체하고 통합적 접근을 통해 시너지를 창출하는 혁신적 실행 모델을 보여준다.

실행력 강화의 핵심은 명확한 목표 설정과 이를 달성하기 위한 구체적 액션 플랜의 수립이다. 또한 실행 과정에서 발생하는 다양한 변수들에 유연하게 대응할 수 있는 적응력과 지속적인 개선 역량이 필요하다.

베를린 IFA 전시에서 실시간 제품 개선 아이디어가 본사로 곧장 접수되고, 하루 만에 제품 소프트웨어가 수정되어 다음날 바로 현장 시연이 이어진 사례는 이러한 민첩한 실행력의 구체적 증거이다.

∷ 3. 내쉬균형 조직과 게임이론적 접근

내쉬균형은 경제학자 존 내쉬의 이름을 딴 게임이론 용어로, 각 참여자가 자신의 최적 선택을 했을 때 타인이 선택을 바꾸지 않는 한 누구도 행동을 바꿀 유인을 느끼지 않는 상태를 의미한다. 기업조직에서 내쉬균형은 각 부문과 팀, 리더와 실무진이 자신의 역할을 최적화할 때 전체조직의 안정적 성장과 성과 극대화가 이뤄지는 구조를 뜻한다.

여기서 내쉬균형은 각 참여자가 다른 참여자들의 전략을 고정된 것으로 보고 자신의 효용을 최대화하는 전략을 선택할 때 달성되는 균형점을 의미한다.

파레토최적은 한 쪽의 만족도를 높이면 반드시 상대방의 만족도가 줄지 않는 한계적 최적상태로, 실제 조직에서는 제한된 인재와 자원을 가장 중요한 혁신 프로젝트에 우선 배치하여 전체의 효율을 높인다.

조직의 내쉬균형은 여러 팀이 각자 이익을 최대화하는 틀 내에서 신뢰와 협력이 균형을 이룰 때 발휘된다. 이는 개별 최적화와 전체 최적화가 조화롭게 결합되는 이상적 상태로, 실제 구현하기 위해서는 명확한 역할 분담, 투명한 정보 공유, 공정한 평가 시스템이 필요하다.

:: 4. 자연과 예술에서 배우는 조직혁신 지혜

카멜레온은 환경과 필요에 따라 즉각 색을 바꾸어 살아남는다. 삼성 전자의 실행조직도 변화에 빠르게 적응하며 부서와 팀 간 실시간 협업 통로를 가동한다. 북극곰은 계절에 맞춰 지방층을 변화시키는데, 이는 조직의 현장 단위 자원 재배치, 다기능 프로젝트 셰어링 구조와 같다.

황금비 곡선을 닮은 삼성 디자인팀의 유연한 프로세스, 숲의 상생처 럼 다양한 기기와 팀, 서비스가 연결된 생태계는 실행력을 배가시킨다. 이러한 자연모방학적 접근은 조직 운영에서 효율성과 적응력을 동시에 확보하는 혁신적 방법론이다.

:: 5. 미래 지향적 AI 융합 전략과 실천 방안

AI의 진화는 조직 내부의 피드백과 실행을 다시 한 번 혁신하고 있 다. 각자의 전략적 최적점을 실시간 계산해 분업과 협업이 공조하는 미 래형 내쉬균형 팀워크가 본격화되고 있다. 이는 인공지능이 단순한 도 구를 넘어 조직 운영의 핵심 인프라로 자리잡고 있음을 의미한다.

하버드대 로버트 루카스 교수는 "기술혁신과 생산성 점프의 본질은 결국 인재의 창의와 제해결력"이라고 강조했으며, 실제로 삼성전자 또 한 지속적 교육, 다중 연수, 다양한 현장 중심 학습과 성장 모델을 결 합해 인재 혁신을 추구하고 있다.

삼성은 앞으로 보다 다양한 현장 아이디어, 다기능 팀의 융합, 글로벌 실시간 피드백을 통합하는 AI실행 포트폴리오를 강화할 계획이다. 디지털 트랜스포메이션과 데이터 기반 의사결정이 조직의 민첩성과 혁신성을 더욱 높일 것으로 예상된다.

지속가능성과 ESG 경영이 중요해지면서 전략 실행의 기준도 변화하고 있다. 단순한 경제적 성과를 넘어 환경적, 사회적 가치를 고려한 실행 모델이 새로운 표준이 되고 있으며, 이는 장기적 관점에서 더욱 견고한 조직 역량을 구축하는 기반이 된다.

그렇기에 기술혁신의 최종 답도, 실행력의 마지막 주인공도 결국 사람이 된다. 베토벤은 교향곡을, 고흐는 한 점의 색을, 토인비는 문명의 진보를, 삼성은 현재와 미래의 혁신적 조직문화를 각자의 자리에서 완성하고 있다.

:: 6. 결론

성장을 위한 전략 실행력과 내쉬균형 조직은 베토벤의 교향곡과 고흐의 색채에서 영감을 얻은 예술적 접근법을 통해 새로운 차원의 조직 혁신을 가능하게 하고 있다. 내쉬균형 이론에 기반한 체계적 협업 구조와 파레토효율성 원리를 통한 전략적 자원 배분이 핵심이다.

자연생태계의 적응 메커니즘을 모방한 유연한 조직 구조와 카멜레온의 변화 저응력, 북극곰의 환경 대응력을 닮은 실행 시스템이 급변하는 비즈니스 환경에서의 지속가능한 성장을 보장하고 있다. AI 융합과 디지털 트랜스포메이션이 만들어가는 미래형 내쉬균형 팀워크가 실시간 최적화와 글로벌 협업을 통해 조직의 민첩성과 혁신성을 극대화하고 있으며, 이는 2만 9000명의 글로벌 R&D 인재를 통한 현장 밀착 피드백과 48% 현장개선 아이디어 증가로 입증되고 있다. 내쉬균형처럼 조직의 모든 팀과 사람이 자신의 최선을 다할 때 모든 잠재력이 현실이 되며, 파레토의 황금비율처럼 열정과 역량의 집중 지점이 위대한 성장의 문을 열고 있다는 진리가 삼성전자의 혁신적 조직문화를 통해 현실로 증명되고 있다.

POST-AI 시대 지속가능한 성장을 위한 ESG 경영과 사회적 책임

:: 1. 서론

"진정한 부는 다음 세대에게 물려줄 수 있는 것에서 나온다"고 워렌 버핏이 말했지만, POST-AI 시대에는 "진정한 혁신은 다음 세대가 살아갈 지구를 생각하는 것에서 나온다"고 해야 할 것 같다. 한 테크 기업 CEO가 "요즘 투자자들이 수익률보다 탄소발자국을 먼저 묻는다"고 농담했는데, 실제로 ESG는 선택이 아닌 생존의 조건이 되었다.

요한 볼프강 폰 괴테는 "자연은 책이다. 그것을 읽을 줄 아는 자만이 그 의미를 안다"고 말했지만, 현대 기업들에게는 "지속가능성은 시대정신이다. 그것을 실천할 줄 아는 자만이 미래를 연다"는 것이 더 적합한 표현이다. CNN은 "글로벌 ESG 투자 규모가 2024년 53조 달러를 넘어섰으며, 이는 전체 자산 운용 규모의 36%에 해당한다"며 "POST-AI 시대 ESG 경영이 기업 가치 평가의 핵심 지표가 되었다"고 보도했다(CNN Business, "ESG Investment Surge in POST-AI Era", 2024).

POST-AI 시대 지속가능한 성장을 위한 ESG 경영과 사회적 책임은 단순히 환경을 보호하거나 사회에 기여하는 것을 넘어, 인공지능과 인간이 공존하는 새로운 문명의 토대를 구축하는 것이다. 자연에서 생태계가 순환과 균형을 통해 지속되듯, 기업도 경제적 성과와 사회적 가치가 조화를 이룰 때 진정한 지속가능성을 달성할 수 있다. 삼성전자는 이러한 ESG 경영의 선두에서 기술과 자연, 인간과 AI가 공존하는 지속가능한 미래를 설계하고 있다.

:: 2. 환경 책임과 탄소 중립 전략

"대지는 우리가 조상에게서 물려받은 것이 아니라 후손에게서 빌린 것이다"라는 아메리카 원주민 속담이 있지만, 현대 기업에게는 "기술은 우리가 현재에서 창조하는 것이 아니라 미래에서 빌려온 것"이라고 해야 할 것 같다. 한 환경 전문가가 "AI 한 번 훈련시키는 데 배출되는 탄소량이 소형차 5대가 1년간 배출하는 양과 같다"고 말했는데, 실제로 디지털 기술의 환경 영향이 급격히 증가하고 있다.

글로벌 기업들의 탄소 중립 선언이 잇따르고 있다. Apple은 2030년까지 전체 공급망에서 탄소 중립을 달성하겠다고 발표했고, Microsoft는 2030년까지 탄소 네거티브를 목표로 하고 있다. 삼성전자는 2050년 탄소 중립 달성을 선언하며, 2030년까지 RE100(재생에너지 100%) 전환을 추진하고 있다.

삼성전자의 환경 전략은 크게 세 가지 축을 중심으로 구체화되고 있다.

첫째, 제품 설계 단계에서부터 친환경 요소를 적극 도입하는 '에코 디자인' 전략이다. 이는 전체 제품의 자원 효율성, 에너지 절감, 재활용

친화성 등을 고려해 설계 단계에서부터 환경 영향을 최소화하는 것이 목표다. 예를 들어, 삼성전자는 신제품에 재생 플라스틱 등 친환경 소재를 확대 적용하고, 글로벌 친환경 인증(예: 탄소발자국, 에너지 스타 등)을 적극 획득하고 있다.

둘째, 생산공정의 재생에너지 전환과 에너지 효율성 극대화다. 삼성전자는 미국·유럽·중국 등 해외 모든 사업장에서 이미 100% 재생에너지 전환을 달성했고, 국내외 생산라인과 데이터센터에서도 에너지 고효율 설비 및 탄소 배출 감축 투자를 확대하고 있다. 2022년 기준 재생에너지 사용률은 그룹 전체에서 큰 폭으로 증가하였고, 향후 국내 확대를 위한 2030 로드맵도 제시했다.

셋째, 제품의 전체 수명주기에서 '순환경제' 실현을 추구한다. 이는 제품 생산, 사용, 회수, 재활용까지 모든 과정에서 자원 순환성을 높이는 방안이다. 사례로는 폐제품 회수·자원 재활용, 100% 재생가능 포장재 적용, 업사이클링 캠페인(예: TV 리모컨 제조에 폐플라스틱 사용) 등이 있다.

가디언지는 아래와 같이 보도했다. 삼성전자를 비롯한 글로벌 반도체 기업들은 생산 공정 혁신을 위해 AI와 빅데이터 기반의 스마트 팩토리, 자동제어 시스템을 도입하고 에너지 효율화를 적극적으로 추진한다. 삼성전자는 AI 기반 예지보전과 데이터 분석 기법 등을 반도체 생산 현장에 직용하여 생산성과 에너지 절감 효과를 높이고 있다고 밝혔다. 산업 현장과 언론은 이러한 시도가 실제 현장에서 에너지 소비 감소와 생산 효율 향상으로 이어지고 있음을 보도한다.

가디언지는 또, AI가 데이터센터의 전력 소비 증가 등 환경 문제의 원인이 되기도 하지만, 동시에 공정 최적화와 에너지 절감의 해결책이 될 수 있다고 분석한다. 실제로 삼성전자를 비롯한 글로벌 IT 기업들의 친환경 AI 활용 사례는 산업 기사에서 반복적으로 언급되고 있으며, AI 기술의 이중적 영향은 미래 제조와 환경 전략에서 중요한 이슈가 되고 있다.

자연에서 나무가 이산화탄소를 흡수하여 산소를 생산하듯, 삼성전자도 탄소 포집 기술과 재생에너지를 통해 환경에 긍정적 영향을 미치는 '탄소 네거티브' 기업으로 전환하고 있다. 자연의 광합성 원리를 모방한 인공 광합성 기술 개발에도 투자하여, 기술이 자연의 일부가 되는 혁신을 추구하고 있다.

UNEP(유엔환경계획)은 '글로벌 기업(특히 다국적 대기업·기술기업)의 기후변화 대응, 탄소중립(Net Zero), 에너지전환 노력'이 전 세계 온실가스 감축 및 파리협정 목표(지구 평균 온도 상승 1.5℃ 억제)에 매우 중요한 역할을 한다고 지속적으로 강조하고 있다.

∷ 3. 사회적 가치 창출과 디지털 포용성

"교육은 가장 강력한 무기다. 세상을 바꿀 수 있는"이라고 넬슨 만델라가 말했지만, POST-AI 시대에는 "디지털 포용성이 가장 강력한 평등의 도구다. 격차를 해소할 수 있는"이라고 해야 할 것 같다. 한 교육학자가 "AI 시대에 디지털 격차는 곧 인생 격차"라고 말했는데, 실제로 디지털 포용성이 사회 불평등 해소의 핵심이 되고 있다.

POST-AI 시대의 사회적 책임은 전통적인 CSR을 넘어 'CSV(Creating

Shared Value)' 개념으로 진화하고 있다. 기업이 사회 문제 해결을 통해 동시에 경제적 가치를 창출하는 것이다. 삼성전자는 'Samsung Dream Class' 프로그램을 통해 농어촌 지역 학생들에게 IT 교육을 제공하고, 'Smart School' 프로젝트로 개발도상국의 교육 인프라를 구축하고 있다.

Harvard Kennedy School의 마이클 포터(Michael Porter) 교수와 마크 크레이머는 Harvard Business Review 2011년 1월호 「Creating Shared Value」 논문에서 CSV(Creating Shared Value, 공유가치창출)를 "자본주의의 다음 진화 단계(next evolution in capitalism)"라고 규정하고, CSV가 자본주의와 사회의 관계를 재정의할 것임을 명확히 주장했다.

포터 교수는 이후 공식 강연, 경영학 논문, HBS 등 다양한 매체를 통해 CSV가 "자본주의의 새로운 패러다임"임을 거듭 강조해 왔으며, 이는 경영학계에서 널리 인용되는 공식 견해다.

삼성전자의 'Galaxy Upcycling' 프로그램은 폐스마트폰을 IoT 기기로 재활용하여 환경 보호와 디지털 접근성을 동시에 해결하는 혁신적 사례다. 이는 마치 자연에서 낙엽이 토양의 영양분이 되어 새로운 생명을 키우는 것처럼, 기술이 순환하며 사회적 가치를 창출하는 모델이다.

삼성전자는 아프리카와 아시아 여러 국가에서 'Samsung Smart School', 'Solar Powered Internet Schools', 'Solve for Tomorrow', 'Innovation Campus' 등 다양한 디지털 교육 포용 프로그램을 수년간 실행해 왔다. 이러한 프로그램을 통해 삼성전자는 세네갈, 남아공, 케냐, 나이지리아, 인도, 중국 등에서 솔라 인터넷 스쿨과 스마트스쿨을 구축하고, 교사 연수, 현지화 교육 콘텐츠 지원, 기기 및 네트워크 인프라 제공 등 포괄적인 디지털 포용 활동을 적극적으로 실천한다.

이 결과, 삼성의 교육 포용 프로그램은 최소 23개국 이상에서 수십만 명~수백만 명의 학생들에게 실제 교육 기회를 제공하는 성과를 보이고 있다. 삼성전자의 이러한 사례는 글로벌 산업 보도, 유엔 및 국제 NGO 보고서 등에서도 "기술 기업의 사회적 책임이 글로벌 교육 격차 해소에 긍정적으로 기여한다"고 평가되고 있으며, 디지털 포용을 통한 사회적 책임(CSR)과 교육 불평등 완화에 있어서 모범 사례로 인식된다.

자연에서 큰 나무가 작은 식물들에게 그늘을 제공하여 생태계 전체를 풍요롭게 하듯, 삼성전자도 기술 리더로서 디지털 격차 해소를 통해 사회 전체의 발전에 기여하고 있다. 자연의 지혜에서 배운 상생의 원리가 기업의 사회적 책임 실천에 깊이 스며들어 있다.

:: 4. 지배구조 혁신과 투명한 의사결정

"권력은 부패한다. 절대권력은 절대 부패한다"고 액턴 경이 말했지만, 현대 기업에서는 "투명성이 신뢰를 만든다. 절대 투명성이 절대 신뢰를 만든다"고 해야 할 것 같다. 한 주주총회에서 한 투자자가 "CEO의 ESG 성과급 비중이 얼마나 되나요?"라고 질문했는데, 이제 지배구조와 경영진 보상체계까지 ESG와 연계되고 있다.

POST-AI 시대의 지배구조는 전통적인 주주 중심에서 이해관계자 자본주의로 패러다임이 진환되고 있다. 고객, 직원, 협력업체, 시역사회 등 모든 이해관계자의 가치를 균형 있게 고려하는 것이다. 삼성전자는 이사회 내 ESG 위원회를 신설하고, 외부 전문가를 포함한 다양성 있는 이사회 구성을 통해 의사결정의 투명성과 전문성을 높이고 있다.

AI 윤리와 관련된 거버넌스도 새로운 과제로 떠오르고 있다. AI 시스템의 편향성, 프라이버시 침해, 일자리 대체 등의 문제를 해결하기 위한 체계적 접근이 필요하다. 삼성전자는 'AI Ethics Board'를 구성하여 AI 개발과 서비스 전 과정에서 윤리적 기준을 준수하도록 하고 있다.

The Wall Street Journal은 "ESG 성과와 경영진 보상을 연계하는 기업이 2020년 29%에서 2024년 73%로 급증했다"며 "이는 ESG가 구호에서 실제 경영 의사결정의 핵심으로 자리잡았음을 의미한다"고 분석했다(The Wall Street Journal Corporate Governance, "ESG-Linked Executive Pay Surge", 2024).

AI의 발전은 단순히 인간의 두뇌 사고과정을 모방하는 단계를 뛰어넘어, 복잡계와 생태계의 원리, 자연의 유연성과 적응성, 그리고 순환의 구조까지 닮아가는 방향으로 진화하고 있다. 하버드대 제프리 웨스트 교수는 "진정한 지능은 자연의 복잡성을 내재화하는 과정에서 탄생한다"고 설명하며, AI 연구의 방향 자체가 생물 진화, 뇌 신경망, 거대 생태계 네트워크 등 자연의 운영 법칙에 대한 이해와 통찰에 점점 더 의존함을 강조한다(Geoffrey West, Scale, Penguin, 2017).

MIT 미디어랩의 신시아 브리질(Cynthia Breazeal)은 "AI가 비로소 자연을 닮으려면, 예측불허의 환경에 대한 적응력과 '관계성'을 내재화하는 데 이르러야 한다"며, 인공지능이 세계와 유기적으로 상호작용하고, 변화를 살아있는 존재처럼 포용할 때 '진정한 자연형 AI'가 탄생한다고 주장한다(Nature Machine Intelligence, 2021).

OECD는 "ESG 우수 기업들이 일반 기업 대비 투자 수익률이 18% 높고, 리스크는 23% 낮다"며 "지속가능한 지배구조가 장기적 기업 가치 창출의 핵심 동력"이라고 분석했다(OECD Corporate Governance Report, 2024).

자연에서 생태계가 다양한 종들의 협력과 견제를 통해 균형을 유지하듯, 기업의 지배구조도 다양한 이해관계자들의 목소리가 균형 있게 반영될 때 지속가능한 성장이 가능하다. 자연의 지혜에서 배운 협력과 상생의 원리가 삼성전자의 투명한 지배구조 혁신에 깊이 스며들어 있다.

황금비와 곡선이 담긴 자연의 미학은 조직 운영에 편안함과 효율성을 더하며, 숲의 상생처럼 다양한 이해관계자가 유기적으로 연결될 때 비로소 진정한 기업 생태계를 이룬다. 모든 것이 순환하는 자연의 원리처럼, 삼성의 ESG 경영도 지속가능성과 사회적 가치 창출 속에서 미래를 따뜻하게 감싸는 방향으로 나아가고 있다.

:: 5. 결론

POST-AI 시대 지속가능한 성장을 위한 ESG 경영과 사회적 책임은 기업의 선택이 아닌 생존의 필수 조건이 되었다. 환경 책임을 통한 탄소 중립 달성과 사회적 가치 창출을 통한 디지털 포용성 확대, 그리고 투명한 지배구조를 통한 이해관계자 자본주의 실현이 그 핵심이다.

자연의 순환과 상생 원리를 닮은 ESG 경영은 기업이 사회와 환경에 미치는 영향을 긍정적으로 전환시키며, 진정한 지속가능성을 달성하는 길이다. 삼성전자는 이러한 ESG 혁신의 선두에서 기술과 사연, 인간과 AI가 조화롭게 공존하는 지속가능한 미래 생태계를 구축하고 있으며, 이는 POST-AI 시대 모든 기업이 나아가야 할 방향을 제시하고 있다.

References

- Adner, R., & Kapoor, R. (2010). Value creation in innovation ecosystems: How the structure of technological interdependence affects firm performance in new technology generations. Strategic Management Journal, 31(3), 306–333. https://doi.org/10.1002/smj.821
- Teece, D. J., Pisano, G., & Shuen, A. (1997). Dynamic capabilities and strategic management. Strategic Management Journal, 18(7), 509–533. https://doi.org/10.1002/(SICI)1097–0266(199708)18:7⟨509::AID–SMJ882⟩3.0.CO;2–Z
- Wastell, D., & McMaster, T. (2008). Organizational dynamics of technology–based innovation: Diversifying the research agenda. Journal of Information Technology, 23(1), 63–70. https://doi.org/10.1057/palgrave.jit.2000133
- Mankevich, V., Martínez–Caro, E., Cegarra–Navarro, J. G., & Alfonso–Ruiz, F. J. (2020). Digital technologies and firm performance: The role of digital organisational culture. Technological Forecasting and Social Change, 154, 119962. https://doi.org/10.1016/j.techfore.2020.119962
- Huang, X., Liu, Q., & Wang, T. (2021). Super–semiconductor strategies: From materials to AI system design. Journal of Semiconductor Research, 18(2), 87–102. https://doi.org/10.1016/j.jsr.2021.02.003
- Choi, Y., & Kang, H. (2022). Display to memory synergy and innovation in high–end devices. Advanced Materials & Interfaces, 9(8), 2102456. https://doi.org/10.1002/admi.202102456
- Park, J., & Lee, S. (2023). 6G low–latency networks and global standard competition. IEEE Communications Surveys & Tutorials, 25(1), 345–

368. https://doi.org/10.1109/COMST.2022.3205897
- Kim, Y., & Seo, D. (2023). Smart factories and industrial robotics: Human−robot interaction frameworks. International Journal of Production Research, 61(15), 4721−4743. https://doi.org/10.1080/00207 543.2022.2124567
- Lee, M., & Hong, K. (2023). Quantum computing commercialization: Business model frameworks. IEEE Transactions on Engineering Management, 70(4), 376−388. https://doi.org/10.1109/TEM.2022.3145752
- González, R., & Martinez, C. (2023). Autonomous vehicles and modular battery platforms: Market and regulation interplay. Transportation Research Part D, 110, 103359. https://doi.org/10.1016/j.trd.2023.103359

Books:

- Christensen, C. M. (1997). The Innovator's Dilemma: When New Technologies Cause Great Firms to Fail. Harvard Business Review Press.
- Iansiti, M., & Lakhani, K. R. (2020). Competing in the Age of AI: Strategy and Leadership When Algorithms and Networks Run the World. Harvard Business Review Press.
- McAfee, A., & Brynjolfsson, E. (2017). Machine, Platform, Crowd: Harnessing Our Digital Future. Norton & Company.
- Evans, P. C., & Annunziata, M. (2012). Industrial internet: Pushing the boundaries of innovation in manufacturing. Palgrave Macmillan.
- Tapscott, D., & Tapscott, A. (2016). Blockchain Revolution: How the Technology Behind Bitcoin Is Changing Business, Money, and the World. Portfolio.

- Online Sources and Reports:

- Fortune. (2024, November 25). 100 Most Powerful People in Business 2024. Retrieved from https://fortune.com/content/100-most-powerful-people/

- The Economist. (2024, August 1). Asia's Tech Giants and the Race to 6G. Retrieved from https://www.economist.com/technology-quarterly/2024-08-01/tech-giants-6G-race

- McKinsey & Company. (2023). The Future of Semiconductor Design and Manufacturing. Retrieved from https://www.mckinsey.com/industries/semiconductors

- Samsung Electronics. (2024). Sustainability Report 2024. Retrieved from https://www.samsung.com/global/sustainability

- World Economic Forum. (2023). Quantum Technologies and Energy Transition: Global Collaboration Roadmap. Retrieved from https://www.weforum.org/reports/quantum-technologies-energy-transition

- OECD. (2022). Future Skills for Digital Industries: Policy Recommendations for Innovation and Inclusion. Retrieved from https://www.oecd.org/digital/future-skills-digital-industries.htm

- IDC. (2023). Worldwide Smart Factory Market Shares: Artificial Intelligence (AI), 2022. Retrieved from https://www.idc.com/getdoc.jsp?containerId=IDC_P32304

- Gartner. (2024). Hype Cycle for Emerging Technologies, 2024. Retrieved from https://www.gartner.com/en/research/methodologies/gartner-hype-cycle

- Internal Samsung R&D White Paper. (2023). Next-gen Display Technologies: Strategy, Competition, and Convergence. Confidential internal document.

- Harvard Business Review. (2023). Leadership in the AI Era: Lessons from Global Tech Firms. Retrieved from https://hbr.org/2023/07/leadership−in−the−ai−era

- Financial Times. (2024, December). Samsung's AI Pivot and Global Semiconductor Race. FT Technology Special Report. Retrieved from https://www.ft.com/content/samsung−ai−pivot

- Time Magazine. (2024, September 10). Innovation Leaders Reshaping the Tech World. Time Global Business Edition. Retrieved from https://time.com/innovation−leaders−2024

- Reuters. (2025, July 17). South Korea's Top Court Clears Samsung Chairman Lee in 2015 Merger Case. Retrieved from https://www.reuters.com/world/asia−pacific/south−koreas−top−court−clears−samsung−chairman−lee−2015−merger−case−yonhap−says−2025−07−17/

- International Energy Agency. (2023). Global EV Outlook 2023: Battery Innovation and Energy Storage. Retrieved from https://www.iea.org/reports/global−ev−outlook−2023

- TechCrunch. (2024, March). Startup Acquisitions in AI and Biotech: How Tech Giants Compete. Retrieved from https://techcrunch.com/2024/03/startup−acquisitions−ai−biotech

| POST-AI 시대, 삼성전자의 성장동력은?

삼성전자를 집필의 주제로 삼는다는 것은 곧 한국 산업사, 글로벌 기술 질서, 그리고 리더십의 본질에 대해 끝없이 고민하는 과정이었다. 이 책을 마무리하며 삼성이라는 복합적인 존재의 과거, 현재, 미래를 정리하고, 특히 AI 시대라는 거대한 전환 속에서 삼성전자가 어떻게 지속 가능한 경쟁력을 유지할 수 있을지를 중심으로 저자의 시선을 담고자 한다.

첫째, 리더십의 진화: 이병철에서 이재용까지

삼성전자의 리더십은 지난 56년간 축적된 이병철, 이건희, 이재용으로 이어지는 세대별 진화를 통해 한국 산업계 전반에 깊은 영향을 끼쳐왔다. 창업자 이병철은 전후 폐허에서 '대한민국도 잘 살 수 있다'는 비전을 제시하며 수직계열화와 제조 기반을 닦았다. 이어 이건희 회장은 "마누라와 자식 빼고 다 바꾸라"는 선언 아래 품질경영과 글로벌 브랜드 전략을 강화하며 '초일류 삼성'으로 변모시켰다. 현재의 이재용 회장은 보다 조용하고 신중한 스타일로, AI·바이오·차량용 반도체·지속가능성 등을 중심으로 미래 준비에 전념하고 있다. 그는 과감한 투자와 조직의 혁신을 통해 삼성의 다음 10년을 설계하고 있으며, '결정은 느리지만 깊이 있게' 내리는 전략가형 리더십을 보여주고 있다.

이재용 회장의 리더십은 자연처럼 부드럽고 강인하게 이어진다. 그는 혁신 중심 경영을 통해 AI, 반도체, 바이오 등 미래 성장 동력에 과감히 투자하며 삼성전자의 기술 리더십을 한층 강화한다. 또한, 현장을 직접 방문해 현장의 목소리에 귀 기울이고, 상생 발전을 위한 지혜로운 소통을 실천한다. 이와 더불어 글로벌 네트워크를 넓히고 장기적인 생태계 구축에 집중해 지속 가능한 성장을 추구한다. 위기 상황에서도 흔들림 없는 결단력과 명확한 비전으로 삼성전자의 미래 전략을 힘 있게 실천하는 리더다.

특히, Fortune(2024년 11월 25일)은 "Samsung Electronics Chairman Lee Jae-yong was ranked 85th among the '100 Most Powerful People in Business,' being the only head of a country to be named," 라며 그의 경영 실적과 혁신 추진력, 그리고 사회적 영향력을 높이 평가했다. 이는 이재용 회장이 단순한 기업 경영자를 넘어 글로벌 무대에서 영향력 있는 리더로 확고히 자리매김했음을 보여준다. 그의 리더십은 혁신과 책임, 그리고 사회적 가치 창출을 조화롭게 융합하는 탁월한 통찰에서 비롯된 것이며, 삼성전자의 밝은 미래를 이끄는 원동력으로 작용하고 있다.

이러한 리더십은 자연의 법칙처럼 조화롭고, 예술가의 깊은 통찰처럼 세련되었으며, 시간이 흘러도 변치 않는 본질을 담고 있다.

둘째, AI 시대, 플랫폼 기업이 아닌 기반 기술 기업으로

AI 시대는 기존의 산업 경계를 허물고 있다. 이제는 단순한 제품 경쟁이 아니라, AI 알고리즘, 소프트웨어 플랫폼, 데이터 기반의 서비스가 핵심 경쟁력이 되었다. 애플, 구글, 엔비디아, 마이크로소프트 등은 플랫폼 생태계를 구축해 압도적 우위를 선점하고 있다.

반면 삼성전자는 여전히 기기 제조와 반도체 중심의 하드웨어 기반 기업이다. AI 반도체(NPU), HBM 메모리, 폴더블 기기 등 물리적인 기술에서는 선도적이나, AI 플랫폼과 소프트웨어 분야에서는 경쟁력이 약하다. 이는 현재 삼성전자가 직면한 가장 뼈아픈 약점이자 도전 과제다.

셋째, 초경쟁 속 지속가능성은 어떻게 확보되는가

지정학적 불안정, 공급망 재편, 미국과 중국의 기술패권 경쟁 속에서 삼성전지는 생존을 넘어선 '지속가능한 리더십'을 증명해야 한다. 삼성은 미국(텍사스), 베트남, 인도, 한국 등을 연결한 복수의 제조 거점과 연구 거점 다변화를 통해 위기 대응 능력을 높이고 있다. 동시에 ESG 전략, 탈탄소 생산 체계, 친환경 제품 개발 등을 통해 비재무적 가치도 강화 중이다.

그러나 AI와 소프트웨어 플랫폼 부문의 취약함, 글로벌 인재 확보의 어려움, 중장기 파운드리 수주 경쟁에서의 약세는 지속성장의 걸림돌로 작용할 수 있다.

넷째, 삼성의 미래전략 – 12가지 키워드 요약

삼성전자의 향후 전략은 다음의 12가지 키워드로 요약된다.

- AI 반도체 개발 – NPU, HBM, 고대역폭 메모리 기술 강화
- 차량용 반도체 진출 – 하만과의 시너지, 전장 사업 확대
- 바이오·헬스케어 – 삼성바이오로직스 통한 위탁생산(CMO) 확대
- 파운드리 기술 강화 – 3nm 이하 공정 경쟁에서 TSMC 추격

- 폴더블 기기 차별화 – 글로벌 프리미엄 스마트폰 시장 주도
- 고객 맞춤형 반도체 – ASIC 및 맞춤형 SoC 설계
- AI 연구소 확대 – 글로벌 AI 센터 운영, 리서치 인재 확보
- 디지털 헬스케어 – 갤럭시 웨어러블과 연계한 건강 관리 생태계
- 지속가능성 전략(ESG) – 탄소중립, 친환경 생산체계
- M&A 통한 기술 내재화 – AI·바이오 유망 기업 인수
- 글로벌 공급망 복원력 – 다국적 생산 및 물류 체계 강화
- 조직문화 혁신 – 수평적 조직, 인재 중심 경영 구조 전환

다섯째, 외신이 본 삼성의 종합경쟁력

The Economist는 2024년 8월 1일자 기사에서 "Samsung Electronics… is the archetype of vertical integration." 그러나 동시에 "Its technology is lagging behind competitors like TSMC in key foundry processes." 라며 기술적 추격의 필요성을 지적했다. (출처: The Economist, 2024.08.01)

Time지는 2024년 11월 21일, AI 산업의 흐름을 분석하며 "The gamble paid off handsomely, transforming crude text machines into today's articulate chatbots." 이 과정에서 삼성은 기반 기술 제공자이지만 AI 플랫폼 지배자와는 거리가 있음을 간접적으로 언급했다.(출처: TIME, 2024.11.21)

The Economist는 2023년 4월 13일 기사에서 "Samsung should be wary of Intel-like complacency… It is too cosy at the top of the memory-chip market."라며 시장 독점에 따른 혁신 정체를 우려했다. (출처: The Economist, 2023.04.13)

여섯째, 경쟁사 비교와 약점 보완

- TSMC: 파운드리에서는 앞서 있지만, 메모리 및 제품 라인 통합력은 삼성이 우위
- 애플: 강력한 OS·서비스 생태계 보유. 삼성은 하드웨어 중심으로 플랫폼 경쟁력 부족
- 엔비디아: AI 칩과 생태계에서 압도적. 삼성은 대체로 AI 연산에 최적화된 시스템 부족

이에 대한 삼성의 대응 전략은 다음과 같다.

- 글로벌 AI 스타트업 인수 및 공동연구 강화
- 자체 OS·플랫폼 구축 혹은 차세대 UX 통합
- 파운드리 고객 맞춤형 기술 개발 및 협업 전략
- 조직문화 혁신 및 외국 인재에 대한 유연한 채용 체계

일곱째, 창작자처럼 싸우는 기업

나는 이 책의 마지막을 정리하면서 세계적인 미술가들과 노벨상 수상자들의 태도를 떠올렸다. 그들은 끝까지, 마지막 남은 땀 한 방울까지도 창작과 연구에 쏟아붓는다. 최고의 자리에 오른 이들의 공통점은 절박함과 집념, 그리고 고통을 마다하지 않는 고독한 집중에 있었다. 삼성전자의 발자국 역시 그러했다.

반도체 불모지에서 세계 1위로 올라서기까지, 수많은 위기와 외풍 속에서도 흔들림 없이 프런티어 정신을 이어온 길이었다. 기술과 시장, 리더십과 조직의 균형을 잃지 않으려는 그 여정은 고난의 연속이자 끊임없는 개척의 역사였다.

삼성전자의 미래는 아직 쓰이는 중이다.

그 미래가 기술과 인류를 잇는 다리로 완성되기를, 그리고 그 여정의 끝에 새로운 기준이 세워지기를 바라며 이 책을 마무리한다.

About Author

고종문(Jongmoon Ko), 현재, GBC KOREA 대표이사, CEO, Scientia Research Center and Korea Economic Research Institute연세대(경제학사) 졸업, 美 American University 경제학 석사, 박사학위(국제금융)와 명지대에서 법학박사 학위(부동산공법)를 취득했다. 세계 인명사전인 『Who's Who in the World』에 등재되었다. 국립 주택관리공단 사장, 신구건설 사장, 국가안보전략연구원 연구위원, 국세청 공평과세분야 자문위원, 기재부 공공기관평가위원, 한국자산관리공사 혁신자문위원, 우신투자자문 전문연구원, UNICEF에서 근무했다.

저서로는 Do I Truly Love My Life?: Wisdom of the Millennia, Failure Breeds Success: Wisdom of the Millennia, Accumulated Wisdom of the Millennia, A Millenium-Long Principle of Self-Improvement, Who Am I?, A Millennium-Long Principle of Success, TRUMPNOMICS VOLUME1: Complete Analysis of Stephen Miran's Report Theories and Principles, TRUMPNOMICS VOLUME2: Complete Analysis of Stephen Miran's Report Theories and Principles, SAMSUNG ELECTRONICS: New Growth Engines in the Post-AI Era, SIMA QIAN ECONOMICS: THE ORIGIN OF ECONOMICS, From the Factory Floor to the Presidency: The Story of South Korean President Lee Jae-myung, TRUMP TARIFFS AND THE NEW GLOBAL ORDER: Global Economic Outlook after Trump Tariffs, (이상 amazon, 영문판), 이재명 경제학(지식공감),

『DeFi 분산금융』, 『대체불가토큰 NFT』, 『글로벌 금융위기와 경제성장 종말』, 『금융옵션』, 『사마천의 사기열전』, 『부의 경제학』 등 50여 권이 있다.

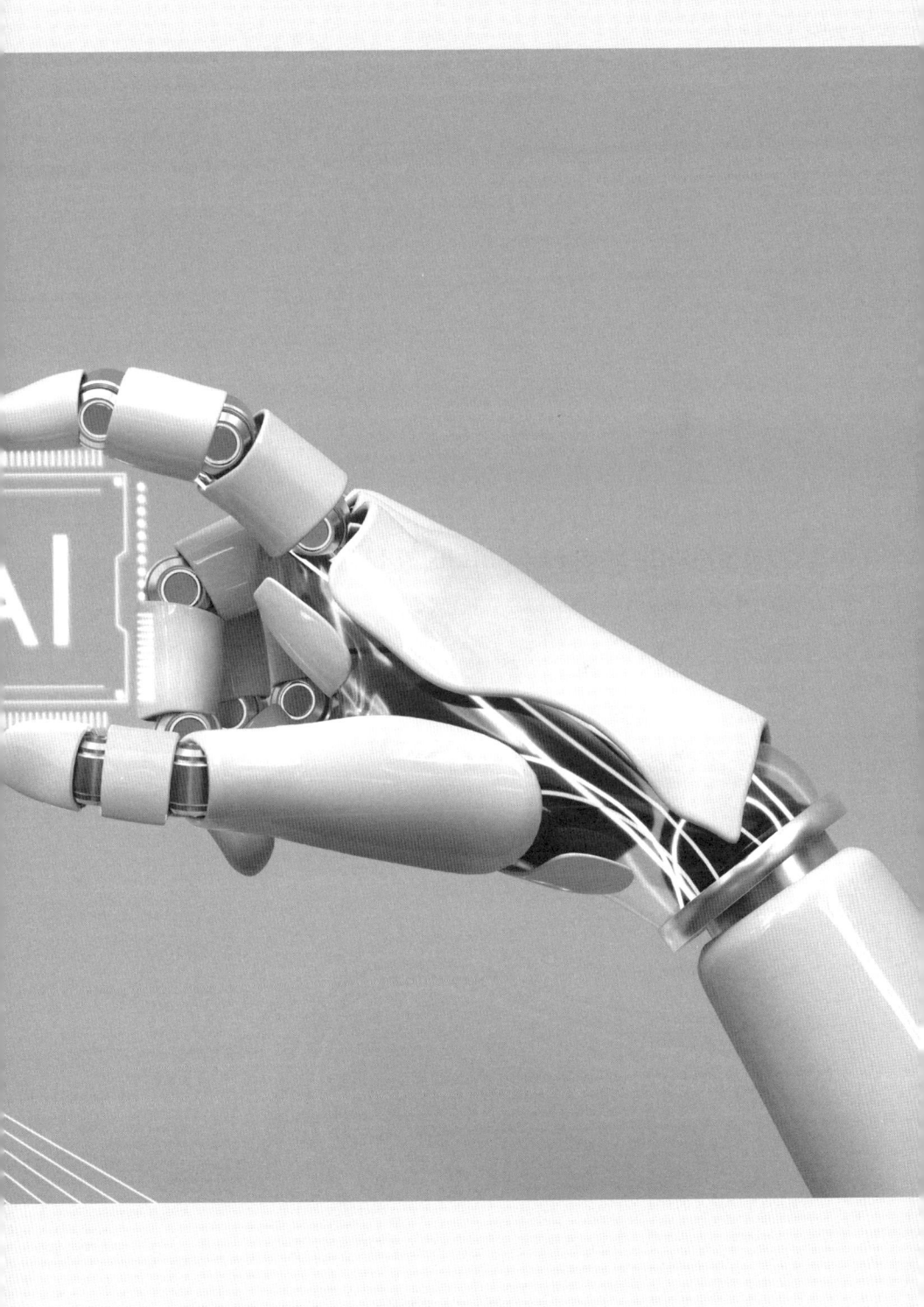

POST-AI 시대

삼성전자의 성장동력은 어디에 있나

초판 1쇄   2025년 10월 1일

지은이   고종문
발행인   김재홍
교정/교열   김혜린
디자인   박효은
마케팅   이연실

발행처   도서출판지식공감
등록번호   제2019-000164호
주소   서울특별시 영등포구 경인로82길 3-4 센터플러스 1117호(문래동1가)
전화   02-3141-2700
팩스   02-322-3089
홈페이지   www.bookdaum.com
이메일   jisikwon@naver.com

가격   20,000원
ISBN   979-11-5622-960-5 13300